西方修辞学教程

编者 李 克
编委 李淑康　马吉德　孙田丰
　　　朱虹宇　刘　娇　张子轩
　　　籍天璐　高　婷　马晓婷

中国出版集团有限公司

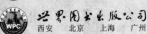

图书在版编目（CIP）数据

西方修辞学教程 / 李克编 . —西安：世界图书出版西安有限公司 , 2022.12（2023. 10重印）
 ISBN 978-7-5232-0049-0

Ⅰ.①西… Ⅱ.①李… Ⅲ.①修辞学—西方国家—教材 Ⅳ.① H05

中国版本图书馆 CIP 数据核字（2022）第 256819 号

书　　名	西方修辞学教程
	XIFANG XIUCIXUE JIAOCHENG
编　　者	李　克
责任编辑	赵芷艺
装帧设计	新纪元文化传播
出版发行	世界图书出版西安有限公司
地　　址	西安市雁塔区曲江新区汇新路 355 号
邮　　编	710061
电　　话	029-87214941　029-87233647（市场营销部）
	029-87234767（总编室）
网　　址	http://www.wpcxa.com
邮　　箱	xast@wpcxa.com
经　　销	新华书店
印　　刷	西安金鼎包装设计制作印务有限公司
开　　本	787mm×1092mm　1/32
印　　张	7.5
字　　数	200 千字
版次印次	2022 年 12 月第 1 版　2023 年 10 月第 3 次印刷
国际书号	ISBN 978-7-5232-0049-0
定　　价	48.00 元

版权所有　翻印必究
☆如有印装错误，请寄回本公司更换☆

前言

作为一个在西方修辞学领域从事教学与研究多年的教师，我一直有编写一本西方修辞学方面教材的意愿。深知编写一部教材需要对这个领域既有全面的了解，又有一定前瞻眼光，鉴于自己学识有限，我曾因此而退缩过。但想到为本科生和研究生开设《西方修辞学》课程已七年有余，虽多方借鉴学界成熟的西方修辞学研究资料，但在教学过程中，我也产生了诸多自身对西方修辞学这个学科方向的思考，希冀将这些思考融到西方修辞学教学体系中，从而形成一本对西方修辞学教学有借鉴意义的参考资料。

西方修辞学界已有诸多学术价值颇高的论著，如胡曙中的《现代英语修辞学》《西方新修辞学概论》《英语修辞学》；刘亚猛的《西方修辞学史》《追求象征的力量》；从莱庭、徐鲁亚的《西方修辞学》；温科学的《20世纪西方修辞学理论研究》；蓝纯的《修辞学：理论与实践》等。这些论著向读者勾勒了一幅西方修辞学的优美画卷，全方位呈现了西方修辞学的概貌。本教程旨在现有西方修辞学研究的基础上，参考与整合相关研究资料，添入之前未论及的西方修辞学理论（如邀请修辞学），并融入编者自己的学术思考（如修辞能力、修辞批评以及共情修辞等理论范式）；同时，本教程关注西方修辞学与相关研究领域的交叉融合（如西方修辞与翻译、西方修辞与写作、中西修辞传统对比等），从而拓展西方修辞学的边界，为从事西方修辞学的教学与研究者以及学习者提供有益的补充材料。

  这是我第一次编写教材，实感教材编写与学术论文写作大有不同。在整合材料中，也将之前发表的一些论文进行了体例改写，以适应教学需要；西方修辞学毕竟是一门专业课程，这需要学生不能单单拘泥于文中基本内容，因此为了便于学生进行知识拓展与课外思考，也在每章末端增加了"思考题"与"推荐阅读"板块。

  教材的完成不是一蹴而就，是将之前的教学科研资料的系统整理与提炼。在此，要感谢在本教材编纂过程中为之付出的机构与个人。首先感谢山东大学翻译学院对本教程的大力资助。正是学院将西方修辞学作为学院学科发展的一个重要方向给予了本教程编纂者出版的信心。其次，要感谢世界图书出版公司在教材的选题、编辑与校对过程中给予的大力支持，尤其感谢编辑赵芷艺的辛苦付出。最后要感谢参与本教材文字校对与编辑的团队成员，他们是山东大学李淑康博士、孙田丰博士、朱虹宇博士、刘娇博士、张子轩博士、籍天璐博士、青海师范大学马吉德副教授以及我的硕士——马晓婷、田钰涵、高婷、罗顺、王鑫、宋玮、白明怡、张倩。正是他们的辛苦付出，才有这本教程的面世。

  由于编纂者视野与能力均有限，教程中难免出现错误。文中错误与瑕疵均由编者本人负责。

李克

2022 年 9 月 10 日

山东大学威海校区知行楼

目 录

第一章　修辞与西方修辞 …………………………………… 1

第二章　古典西方修辞学发展史 …………………………… 6

　第一节　古希腊时期：修辞学的诞生 ………………………… 6
　　一、古希腊早期的修辞实践及修辞理论 …………………… 6
　　二、哲辩派的发展 …………………………………………… 7
　　三、古典修辞理论的反思与升华 …………………………… 9

　第二节　古罗马：修辞学发展的鼎盛时期 ………………… 19
　　一、希腊化以及古罗马早期的修辞学 …………………… 19
　　二、古典修辞思想的全盛期 ……………………………… 23
　　三、罗马帝国后期的修辞学 ……………………………… 29

第三章　中世纪西方修辞学发展史 ……………………… 32

　第一节　代表性修辞学家 …………………………………… 32
　　一、波伊提乌 ……………………………………………… 32
　　二、圣·奥古斯丁 ………………………………………… 33
　　三、波爱修斯 ……………………………………………… 35

　第二节　中世纪的修辞教育 ………………………………… 36
　第三节　中世纪的布道修辞 ………………………………… 36
　第四节　中世纪的书信艺术 ………………………………… 37

第四章　文艺复兴时期的西方修辞学发展史 …………… 40

第一节　概述 …………………………………………… 40
　一、古典修辞传统的重新发现 ……………………… 40
　二、话题与体裁趋向多元化 ………………………… 42
　三、文艺复兴时期的布道修辞 ……………………… 43
　四、书信艺术的发展与教育改革 …………………… 43
　五、修辞与其他学科的融合 ………………………… 44
　六、修辞复兴的发展趋势 …………………………… 44

第二节　代表性修辞学家 ……………………………… 45
　一、托马斯·威尔逊 ………………………………… 45
　二、伊拉斯谟 ………………………………………… 46
　三、拉米斯 …………………………………………… 48

第五章　启蒙时期的西方修辞学发展史 …………………… 51

第一节　概述 …………………………………………… 51
　一、修辞面临的智力环境 …………………………… 51
　二、修辞的应对 ……………………………………… 52

第二节　修辞学家 ……………………………………… 53
　一、勒内·笛卡尔 …………………………………… 53
　二、弗朗西斯·培根 ………………………………… 54
　三、贝尔纳·拉米 …………………………………… 55
　四、詹巴蒂斯塔·维科 ……………………………… 56
　五、乔治·坎贝尔 …………………………………… 57
　六、休·布莱尔 ……………………………………… 60
　七、理查德·惠特利 ………………………………… 63

第六章　新修辞学与21世纪西方修辞学发展史 …… 67

第一节　新修辞学 …………………………………… 67
一、困境下的改变 ………………………………… 67
二、新修辞面临的智力环境 ……………………… 69
三、20世纪西方修辞学的跨学科性特征 ………… 71
四、哲辩思想的回潮 ……………………………… 72
五、互动观念的发展 ……………………………… 73
六、话语伦理的兴起 ……………………………… 75
七、"新修辞"运动的得失成败 ………………… 76
八、新修辞的代表性发起者：钱姆·佩雷尔曼 … 77

第二节　21世纪西方修辞学的发展趋势 …………… 81
一、数字修辞 ……………………………………… 81
二、视觉修辞 ……………………………………… 82
三、多模态修辞 …………………………………… 85

第七章　代表性新修辞学家的修辞学思想 …………… 90

第一节　肯尼斯·伯克 ……………………………… 90
一、肯尼斯·伯克简介 …………………………… 90
二、肯尼斯·伯克的主要著作简介 ……………… 92
三、肯尼斯·伯克的核心修辞学理论 …………… 96

第二节　史蒂芬·图尔明的修辞学思想 ………… 106
一、史蒂芬·图尔明简介 ………………………… 106
二、史蒂芬·图尔明思想的产生背景 …………… 107
三、史蒂芬·图尔明的核心修辞学理论 ………… 107
四、史蒂芬·图尔明的核心贡献 ………………… 111

第三节　贝尔·胡克斯 …………………………… 114
一、贝尔·胡克斯简介 …………………………… 114

二、胡克斯的主要修辞理论 …………………………………… 115
　　三、对胡克斯主要评价 ………………………………………… 120

第八章　修辞批评理论 …………………………………………… 123
　第一节　修辞批评的内涵 …………………………………………… 124
　　一、修辞批评的定义 …………………………………………… 125
　　二、修辞批评的功能 …………………………………………… 128
　　三、修辞批评的主要模式 ……………………………………… 130
　第二节　修辞批评的外延：分析步骤 …………………………… 131

第九章　修辞能力理论 …………………………………………… 137
　第一节　理论渊源 …………………………………………………… 138
　第二节　古典修辞学时期的修辞能力 …………………………… 139
　第三节　新修辞学时期的修辞能力 ……………………………… 141
　　一、20世纪新修辞学的修辞能力 ……………………………… 141
　　二、21世纪修辞学的修辞能力 ………………………………… 143
　第四节　古典与新修辞学视域下整合的自筹
　　　　　能力 ………………………………………………………… 145

第十章　邀请修辞理论 …………………………………………… 148
　第一节　福斯简介 …………………………………………………… 148
　第二节　邀请修辞理论 ……………………………………………… 150
　　一、从女性主义修辞到邀请修辞 ……………………………… 150
　　二、邀请修辞的理论要点 ……………………………………… 152
　　三、邀请修辞的元理论基础 …………………………………… 154
　　四、批评与发展 ………………………………………………… 155
　　五、挑战与前景 ………………………………………………… 158

第十一章　共情修辞理论 162

第一节　共情修辞的渊源 162
一、从说服到认同：修辞发展的人文主义倾向 162
二、情感的凸显、隐蔽与回归 164
三、共情——情感与理智的糅合 166
四、"修辞"与"共情"的学理渊源 168

第二节　共情修辞的机制 170
一、共情修辞机制概览 170
二、共情修辞定位 173
三、概念纠偏 174

第三节　共情修辞的应用 177
一、共情修辞与建构国家认同 177
二、共情修辞与传播人类命运共同体理念 181

第四节　小结 186

第十二章　西方修辞与翻译 189

第一节　西方修辞与翻译的关联 189
一、语言与语境方面 190
二、动机与受众方面 191
三、现实交际方面 193

第二节　修辞之于翻译 194
一、翻译中的修辞动机 195
二、翻译中的修辞语境 196
三、翻译中的受众 197
四、翻译中的整体修辞意识 200

第三节　小结 202

第十三章　西方修辞与写作 …………………… 204

第一节　西方修辞学与写作的关联 ………… 204
一、修辞与写作作为一门学科 ……………… 206
二、修辞学与母语写作研究与教学 ………… 209
三、修辞学与二语写作研究与教学 ………… 212

第二节　中国语境下的修辞与写作研究 …… 215

第十四章　中西修辞传统的对比 …………… 218

第一节　中国古典修辞学发展历程 ………… 218

第二节　中西修辞传统的共性 ……………… 220
一、历史悠久 …………………………………… 220
二、实用价值高 ………………………………… 222
三、重视口头论辩 ……………………………… 223

第三节　中西修辞传统的不同点 …………… 224
一、劝说、认同与达意 ………………………… 224
二、学科独立与附庸 …………………………… 225

第一章
修辞与西方修辞

Rhetoric 一词通常被译为"修辞"。这种译法也被广泛接受。汉语界有汉语修辞研究,西方也有修辞研究,那么两种修辞是不是殊途同归,隶属于同一种修辞?这些问题都是值得深入思考的。

从修辞在西方的发展史来看,不论从古典时期的苏格拉底、柏拉图、亚里士多德、西塞罗、昆体良,中世纪的奥古斯丁,文艺复兴时期的维科,启蒙时期的拉莫斯、培根、笛卡尔,十八、九世纪的坎贝尔、布莱尔,还是 20 世纪的佩雷尔曼、伯克、图尔明,修辞都被赋予了不同的内涵。不管修辞的内涵经历了怎样的历时变化,修辞在西方始终与"劝说""认同"等概念紧密关联。修辞学的奠基人亚里士多德将修辞界定为"在每一件事上发现可用的劝说手段的能力"(1954:24)。这一概念包含几个要素:"每一件事""可用的""劝说手段""能力"。"每一件事"指的是只要与劝说有关的、只要蕴含劝说意图的事情均与修辞有关。你的朋友想尽办法劝你今晚陪他/她去看电影,那么他/她就是在运用修辞。"可用的"指的是可操作的,而非无法支配的手段。"劝说手段"指的是劝谏他人接受你的观点的手段。手段可以是语言的,也可以是非语言的。我们可以使用"漂亮的"语言或感染性的语言去劝说他人接纳你的想法,也可采用某些实物、数字手段等非言语手段去劝说他人。比如,一束鲜花、一个微笑可能会带给受众片刻的美好,对说服你的受众起到一定的辅助作用。而"能力"一词的选用则将修辞与修辞能力挂钩,表明修辞的运用本身就体现着一种能力。20 世纪新修辞学的代表人物伯克则将修辞定义为"人们使用语词形成态度或导致他人采取行动"（Burke，1969：41），并指出人性的基本特征是象征的使用；而作为象征的语言与修辞不可分割，因此修辞几乎无所不在。伯克对修辞的定义中也蕴含着"劝说"，但也不止于"劝说"。依据该定义，修辞则是人们使用语词形成态度或劝说他人认同自己的观点并引导他人采取进一步的行动。因此，伯克的修辞论比亚里士多德的修辞论更进一步，内涵更丰富，既包含传统的"劝说"观，也包含新的"认同"观。从经典的亚氏定义和新修辞学的伯克定义来看，西方的修辞多与包含"劝说""认同"等要素的互动性交际有关。

　　汉语界的修辞虽与其有相似的地方，但整体上存在一定差异。"修辞"这一词语在《周易》中就有其印记，即有所谓"修辞立其诚"。不过，作为学科意义的汉语修辞学若以唐钺的《修辞格》与陈望道的《修辞学发凡》为标志，其创立时间则不足百年。汉语界的修辞学泰斗陈望道先生所著的《修辞学发凡》开创了我国现代修辞学研究的先河。在《修辞学发凡》中，陈望道（2012：11）指出，修辞以适应题旨情境为第一义，不应仅仅是语辞的修饰，更不应是离开情意的修饰。该定义将修辞与语辞、语境等要素关联起来，与西方的修辞有所不同。其实，我国的修辞研究也源远流长。与公元前四世纪以前的古希腊人一样，中国古代人们的修辞经验也很丰富，可追溯到夏朝（约公元前21世纪），内容涵盖神话到理性，形式包括口头到书面。在春秋战国时期（722–221 BC），社会发生了巨大变革——贵族衰落，中低产阶级上升，自治国家之间战争不休，社会混乱无序，文化价值观遭遇危机。在此时期，各个国家之间的权力争斗和军事博弈催生了对能言善辩的谏客和政治顾问的需要，其与各国统治者之间的修辞谈判成为修辞活动的中心。为了应对政治和社会的紧急情况，当时的关键人物提出了一系列恢复秩序和重建社会文化的方案，他们的话题聚焦于语言的使用及说服与论证如何塑造和重塑人类思想与行动（吕行，1998）。这时出现了诸子百家争鸣的局面。以孔子、孟子和荀子为代表的儒家学派关注的是道德问题，特别是言语的道德影响和说话人的道德品质对伦理行为和社会秩序的培养和转变作用。墨子是墨家学派的创始人,他继承了一部分儒家思想,并创造出一套新的理性辩论体系。综上所述,先秦时期的修辞与古希腊罗马时期的修辞有诸多相似之处。

历史在变迁,社会在发展。现代汉语修辞学的关注点也发生了诸多变化。一般来讲,现代汉语中谈及修辞,一般想到的是遣词造句、修辞格等。自从陈望道在20世纪30年代界定了修辞之后,后来的诸多修辞学者都提出了类似的观点,如张弓(1993)认为,修辞是为了有效地表达意旨,交流思想而适应现实语境,利用民族语言各要素以美化语言。刘焕辉(1997)指出,修辞现象是言语交际中表达一方力求获得最佳交际效果的一种言语表达现象。这些观点大都将修辞与语言的修饰与运用、语言的效果等关联起来,聚焦在语言本体上。当然也有汉语界学者将修辞扩大至交际与传播范畴。陈汝东(2014)把修辞视作一定语境下的一种有意识、有目的的言语交际行为,或语言传播行为、媒介符号传播行为。胡范铸(2015:1-10)认为,当"修辞"重新被定义为"一切使用语言实现自己意图的过程",则"修辞学的根本目标"便应该设定为"以对言语行为的分析入手,有效地推进人的个体的社会化、群体的互动性、社会生活的现代化",并将"新言语行为"视作修辞的核心概念。

从修辞在中西修辞学界的发展来看,修辞的概念略有差异。当然,世界上只有一个修辞,只不过修辞在不同的文化背景与学术背景中会有不同的表征形式。为进一步厘清概念,现将西方修辞学视域下,对rhetoric的几种代表性的界定进行解读。

古典修辞学时期对rhetoric进行界定的学者,除了亚里士多德之外,还有柏拉图和昆体良。柏拉图将rhetoric界定为"The art of enchanting the soul with words, the influencing of the mind by means of words"(使用语词影响他人灵魂和思想的一种艺术)。这一定义的关键词包括"语词""影响他人""灵魂和思想",凸显了语言对他人的影响。昆体良将rhetoric界定为"The science of speaking well; a good [wo]man skilled in speaking"(善言的科学;人们擅长演讲的艺术),这一定义聚焦的是演讲。新修辞学时期,除了肯尼斯·伯克之外，I. A. 理查德兹、理查德·韦弗、道格拉斯·艾宁格[1]、杰拉德·胡赛、布莱恩、维科、索尼娅·福斯等均给出了 rhetoric 的定义。这些定义如下：

I. A. Richards: A study of misunderstanding and its remedies（*The Philosophy of Rhetoric*, p. 3; 1936）（研究误解及其解决方案的一门学问）；Richard M. Weaver: Truth plus its artful presentation; persuasive speech in the service of truth（*The Ethics of Rhetoric*, pp. 15, 25, 27–28, 115, 213; 1953）（真理与其艺术化表征；为阐明真理所作的劝说性演讲）；Douglas Ehninger: All of the ways in which, and all of the ends for which, symbols of any sort may be used to influence or affect another's mind（*Contemporary Rhetoric*, p. 3; 1972）（任何用于影响他人思想的以及为影响他人思想而创设的方式和符号）；Gerard A. Hauser: The management of symbols in order to coordinate social action（*Introduction to Rhetorical Theory*, pp. 3, 23; 1986）（使用符号促成社会行为的艺术）；Brian Vickers: The art of persuasive communication（*In Defence of Rhetoric*, p. 1; 1988）（劝说性交际的艺术）；Sonja K. Foss, Karen A. Foss, and Robert Trapp: The human use of symbols to communicate（*Contemporary Perspectives on Rhetoric*, p. 1; 2002）（人们运用符号进行交际的艺术）。

新修辞学时期，rhetoric 的定义与古典修辞学时期略有差异。在这一时期，rhetoric 既保留了传统的"劝说""演讲"要素，又与"交际""传播"等要素关联起来。整体上，rhetoric 的范畴被扩大了。从某种意义上讲，communication（传播、交际）是 rhetoric 的现代表征形式。当然也有学者认为，rhetoric 与 communication 分属于不同的学科领域。不管哪种观点，rhetoric 在新修辞学时期被赋予新的内涵，逐渐与其他学科领域产生了一定的融合与交叉。

[1] 一般来讲，除肯尼斯·伯克之外，I. A. 理查德兹、理查德·韦弗等学者均归入西方新修辞学时期。新修辞学的界限略模糊，因此我们把道格拉斯·艾宁格、杰拉德·胡赛、布莱恩、维科、索尼娅·福斯等 20 世纪 60 年代以后的知名学者也归入这一时期。

综上所述，汉语界的"修辞"的内涵与英文词"rhetoric"的内涵不尽相同，因此，我们将采用"西方修辞"的译法，用以对应rhetoric，进而区别于汉语界的"修辞"。

1. 陈汝东. 修辞学教程（第二版）. 北京：北京大学出版社，2014.
2. 陈望道. 修辞学发凡. 上海：复旦大学出版社，2012.
3. 胡范铸. 幽默语言、谎言、法律语言、机构形象修辞、实验修辞学研究的逻辑起点——基于"新言语行为分析"的思考. 华东师范大学学报（哲学社会科学版），2015（6）：1-10.
4. 刘焕辉. 修辞学纲要（修订本）. 南昌：百花洲文艺出版社，1997.
5. 张弓. 现代汉语修辞学. 石家庄：河北教育出版社，1993.
6. Aristotle. *Rhetoric and Poetics*. New York: Random House Modern Library, 1954.
7. Burke, K. *A Rhetoric of Motives*. Berkeley and Los Angeles: University of California Press, 1969.
8. Lu, X. *Rhetoric in Ancient China: Fifth to Third Century B.C.E. University of South Carolina Press,* 1998.

思考题

1. 汉语中的修辞与西方修辞之间有哪些异同？
2. 你所认为最权威的修辞定义是什么？为什么？

---

1. 亚里士多德. 罗念生译. 诗学、修辞学. 上海：上海人民出版社，2004.
2. 福斯，S., 福斯，K, 特拉普，R. 李克译. 当代西方修辞学之管窥. 上海：上海交通大学出版社，2021.

第二章
古典西方修辞学发展史

第一节 古希腊时期：修辞学的诞生

一、古希腊早期的修辞实践及修辞理论

（一）西方修辞学的诞生说

根据一些修辞学家的考证研究，修辞诞生于公元前5世纪中叶的西西里岛，该岛于公元前467年在锡拉丘兹城（Syracuse）发生了推翻寡头政治的革命，建立了民主制度。随着暴君希伦（Hieron）的死亡，各个家族都要求收回土地，并开展了有关土地所有权的争论。面对此种情况，修辞学家克拉克斯（Corax）趁机开展了司法辩护的培训，因此他可以说是推动民主革命发生的关键人物。

之后，随着民主制度的建立，公民享有了参政议政的资格。与此同时，他们也产生了更多因财产变更等问题为自己在法庭上进行辩论的需求，增强论辩能力便成为当时公民的普遍追求。在这样的形势之下，克拉克斯和提希厄斯等青年才俊针对这一需求，编撰出了囊括辩论原则以及技巧等的"修辞手册（art of rhetoric or technical handbooks）"，以此来指导人们在法庭以及议事会议中发表演讲。修辞逐渐发展为当时教育的基本内容。

从贵族统治到民主政治的转变是推动修辞学产生的关键要素。越来越多的人进入政治舞台，衡量个人能力以及公众影响力的标准也不再是阶级，而是劝说技巧。由此，修辞得以诞生和发展。

（二）代表人物及修辞理论

克拉克斯和提希厄斯是修辞学诞生初期的主要代表人物，也被后人认为是西方修辞学的创始人。他们的理论贡献主要为或然性（possibility）学说。所谓或然性学说是指论辩并非建立在确凿的证据之上，而是建立在或然性之上。关于这一学说的典型例证便是一个瘦弱的男子在法庭上所做的论辩，他被指控殴打了一个强壮的男子。瘦弱男子指出自己不可能殴打后者，因为自己自知比强壮男子弱，不会自讨苦吃。而强壮男子则说瘦弱男子正是利用了人们对于瘦小的人打不过强壮的人的观念，才对他进行了殴打。可见，这二人的论述都是以或然性为基础，并没有提供确凿的证据。

二人的另一贡献是编撰出了"修辞手册"，该手册被认为是公元 4 世纪之前具有最为完整的论辩技巧的手册。此外，"修辞手册"中首次明确了法庭等演讲词的结构，其包括介绍说明（introduction）、背景陈述（narrative）、人证（witness）、物证（evidence）、事情发生的或然性、双方辩驳（refutation）以及总结（conclusion）。

克拉克斯和提希厄斯的修辞贡献为之后修辞学的发展奠定了坚实的基础。

二、哲辩派的发展

（一）哲辩派的修辞理论和实践

古希腊民主政治制度的发展以及变革促进了哲辩派的产生。哲辩派的一些成员吸收了克拉克斯教授系统的辩论方法，将其带到了雅典以及其他希腊城邦。之后他们便在古希腊城邦游走，开班举办口才教学，赚取高额费用。哲辩派在当时所取得的成功吸引了包括普罗泰戈拉（Protagoras）、高尔吉亚（Gorgias）等修辞学家，他们纷纷从希腊各地涌入雅典来追求财富以及名声。

哲辩派在当时主要分为三类，一类是为各类演讲撰写发言稿的人，一类是开办学校、教授公共演讲的老师，第三类为职业演说家，他们的主要任务是收取费用为别人打官司。当然，任何一个诡辩者都能够同时提供以上三种服务，他们也因此赢得了广泛的名声和巨大的财富。

哲辩派的主要特点为将辩论技巧作为教授的重点内容，以说服受众为演讲的最终目的。但是他们的论辩以或然性为指导，违背了"求真务实"的原则，因此被称为哲辩派。也正是因为其无视正义进行诡辩，对社会风气造成了不良的影响，公元前5世纪末到4世纪，哲辩派逐渐衰落。但是哲辩派的修辞实践活动对西方修辞学以及西方文化的发展都起到了积极的作用。尤其是其教育思想以及教育实践在西方教育发展史上具有举重若轻的作用，一定程度上促进了古希腊教育体系的成型。此外，哲辩派的另一大作用便是强化了话语在民主政治生活当中的地位，也进而突显了修辞的作用。

（二）哲辩派的代表人物

哲辩派的代表人物有普罗泰戈拉（Protagoras）、高尔吉亚（Gorgias）、安提丰（Antiphon）、吕希亚斯（Lysias）、伊索克拉底（Isocrates）等。

1. 普罗泰戈拉

普罗泰戈拉是旧哲辩派的典型代表，是第一位希腊著名的诡辩家，也是修辞研究的开创者之一。他的代表作有《辩论艺术》（*The Art of Debating*）和两部《驳论》（*Contradictory Arguments*）。普罗泰戈拉是将论辩知识系统化的第一人，他要求学生用简短精练的话语表达自己的观点，并且要求学生熟悉语法，从而增加演讲的精确性。此外，他还是第一个对动词时态加以区分的人，可以说普罗泰戈拉奠定了语法研究的基础。

在言说方面，普罗泰戈拉是第一个将言说按照功能分为请求、问询、回应以及命令四大类的人。普罗泰戈拉提出在演讲以及辩论时，按照同一事物都存在着两种相反的说法的基本原则，修辞者要从正反两方构筑自己的观点。因此他要求每个学生对每一个题目都要从正反两方进行论辩。在探究论辩技巧时，他首创了通过质问对方进行论辩的话语模式。

普罗泰戈拉提出"人是万物的尺度"的哲学概念，促进了哲辩派对神权的怀疑，逐步颠覆了神权的统治，从而将人们的关注点从神转移到了人本身。他的这一哲学概念冲击了希腊的传统观点，促进了思想的解放。

2. 高尔吉亚

高尔吉亚是一位天才演说家，他的即兴发言能力很强，能够随时随地出口成章。他被称为古希腊最具有创新性的理论家之一。高尔吉亚主要强调言语的力量以及文体风格的重要性，他是最早认识到劝说在激起人的情感当中发挥着重要作用的修辞学家之一。

高尔吉亚对修辞这一言说艺术所下的定义为"会说服他人的能工巧匠"（artificer of persuasion）。他认为修辞是一门独特的艺术，它与其他艺术的不同之处主要体现在：第一，其他艺术所创造出的艺术品或者所产生的艺术效果都是可以看得见、摸得着的，而修辞所产生的效果以及影响看不见、摸不着；其次，修辞具有一种力量，这种力量就是劝说。高尔吉亚认为劝说能够操控人的心智以及影响他人的行为，其力量甚至可以和神相媲美。此外，言语还能够使对立面达到平衡，这也是言语的一种力量。

在文体风格上，高尔吉亚强调创新，因此他率先发明以及使用了偏喻（catachresis）、重复（repetition）、旁诉（apostrophe）、换置（hypallage）以及对照（antithesis）等修辞手法。之后的修辞学家都是在高尔吉亚所提出的修辞手法基础之上，对其进行不断的完善。

三、古典修辞理论的反思与升华

公元前 5 世纪，围绕着"理性诉诸"（或曰逻辑诉诸）（logos）这一概念兴起的希腊话语研究进入一个以修辞为中心概念的全新发展阶段。修辞在这时被认为具有影响着政治、社会甚至是整个人类命运的巨大力量,在各个领域都发挥着关键作用,因此享有至高无上的威望。随着修辞地位的不断提高,修辞者的地位也不断提高,甚至成为这一时期的英雄。

新阶段修辞学发展的主要特征为:修辞教育的制度化;修辞思想的系统化;修辞理论的多元化;修辞批评的诞生和开展(刘亚猛,2018:50)。这一时期修辞学的主要代表人物有伊索克拉底、柏拉图和亚里士多德。

(一)伊索克拉底

伊索克拉底是古希腊较有影响力的修辞学家、教育家以及政治家,在修辞、教育以及政治领域都颇有建树。伊索克拉底在修辞方面的贡献主要包括对教育以及修辞本质的阐释。

1. 教育观

受到"雄辩只有通过掌握各个领域的知识才能达成"这一观念的影响,伊索克拉底放弃了私塾式的修辞教育模式,在雅典开办了第一所修辞学校。这所修辞学校是古希腊最著名的学校之一,之后的希腊和罗马的学校都是按照这所学校的办学模式而创建。以伊索克拉底为代表的修辞学家还提出了开创西方人文教育传统的新教育模式,该模式强调基础教育应该在所有教育当中占有一席之地,对学生的培养也应该是全面的。

伊索克拉底认为美德是修辞学的一个重要成分,为此他将哲学作为培养学生灵魂的课程纳入到课程体系当中。他提出只有同时囊括提高身体素质和教育心灵的课程才是完美的课程。为了达到培养全面发展学生的目的,伊索克拉底还号召使用个别教育法,即因材施教,从而发挥学生真正的特长。

此外,伊索克拉底在前人思想的基础上提出了修辞教育的三要素:天赋,理论学习以及实践应用。伊索克拉底强调天赋是三个要素当中最为重要的,他拿自己因为声音嘶哑而不能成为演说家的例子来说明天赋的重要性。他的这一思想为后世教育思想的发展起到了启蒙作用。

伊索克拉底的另一个主要贡献便是将写作教育引入到修辞教育当中,并强调写作在有效思维当中的中心作用。在他的影响之下,"讲稿写作法"(logography)成为一门具有不可替代的价值的学科,使修辞学在法律、历史等学科中获得了尊崇地位。

2. 修辞的本质

同高尔吉亚一样,伊索克拉底认为修辞也是一种艺术,他同样强调了言语的力量,并指出言语是人类区别于其他动物的根本特征。言说能力并非与生俱来,而是通过后天努力习得的。此外他认为言说是心灵的外在表现,如果只拥有良好的表达能力只能说明其智力正常,而真正能够得到公众认可的、真诚的话语才是善良、诚实等良好内在品质的外在表现。因此,伊索克拉底认为言语具有教化能力,能够将我们变成更好的以及更加有价值的人。

除了强调言说的重要性之外,伊索克拉底还强调创新,认为创造力和想象力是修辞最基本的性质。他认为修辞作为一门艺术应该是充满创造性的,并不应该受某些固定的规则所限制。

(二)柏拉图

柏拉图是古希腊最伟大的哲学家和思想家之一,他师从苏格拉底,曾创办西方文明最早的有完整组织的正规高等学府和学术研究机构——阿卡德米学园(Academy),其代表作有《对话录》等。

1. 对修辞的批评及思辨思想

由于目睹雅典在政客的教唆下陷入战争以及哲辩派的种种诡辩行为,柏拉图对哲辩派的修辞思想、实践以及修辞本身都进行了尖锐的批评。柏拉图对哲辩派的批评主要体现在其著作《高尔吉亚篇》当中,他在书中提出了"邪恶的修辞"。"邪恶的修辞"主要是指哲辩派为了获得胜利无视真理以及正义,仅仅将事情发生的可能性作为判断标准。

此外，柏拉图还认为修辞只是对于受众的一种逢迎，它并不引导人们追求正义和真理，因而修辞是无知者通过对修辞技巧的使用，影响其他无知者的活动。柏拉图的这些阐释，强烈表达了他对于当时修辞的批判。最后在《高尔吉亚篇》中柏拉图以苏格拉底的口吻得出结论，真正的修辞是一门能够使人意识到正义、具备有关正义的知识、理解正义并尽力抵制以及消除非正义的一门学问。他在其另一部作品《费德鲁斯篇》(*Phaedrus*) 中提到了"正义的修辞"这一概念，并在书中指出真正的修辞应当以真理正义和智慧为基础，是对人类心灵和言语力量进行探索的语言活动。书中还探讨了修辞与权力的问题，将修辞与权力以及社会构建等相融合，对修辞的概念进行了扩展。

柏拉图对于修辞的这一批判逐渐将人们的关注点由修辞的工作机制引向了修辞是怎么产生的以及修辞者的动机到底是什么等问题上。他让人们明白了一切修辞活动都应该遵循真实以及道义的标准。所有的这一切都为修辞批评的产生奠定了基础，直到现在还一直影响着西方的修辞批评家。

此外，修辞学并不仅仅应该以教授以及运用说服手段并对受众施加影响为主要任务，还应该向受众提供观念和技术资源，使他们能够洞察修辞的机制，了解掩藏在修辞行为背后的动机，从而对修辞的说服力和影响力做出有效的抵制。

柏拉图在进行修辞批评时，提出了一系列二元对立的概念，如"知识与意见"(knowledge vs. opinion)、"真实与表象"(reality vs. appearance)以及"教导与劝说"(instruction vs. persuasion)等。这些二元对立的概念让人们明白了知识、真实等其实都是一些动态的概念，对于它们的内涵与外延在任何历史条件之下都是具有争议的。而这些争议只有通过不断争论以及交换意见，即通过不断应用修辞，才能得到暂时的解决。柏拉图的这一论述将人们对于修辞实践的认识提到一个新的思辨水平。

（三）亚里士多德

亚里士多德是柏拉图的学生，他同样创办了自己的学校——吕克昂（Lykeion）学园。亚里士多德对修辞学、教育学、政治学、自然科学、伦理学、哲学、诗学、逻辑学、神学等学科均有涉猎，被称为"伟大的百科全书"。

他的修辞思想以及理论都集中体现在其作品《修辞学》当中，该书是欧洲第一部系统完整的修辞学著作。《修辞学》分为三卷，主要论述了修辞学的定义、论证方法以及文体风格等。

1. 修辞的含义及分类

亚里士多德将修辞定义为一种能力，这种能力使得修辞者不管面对什么状况都能进行说服。该定义强调了对说服手段的探讨以及对修辞能力的培养，它继承了早期哲辩师将言说看成是一种力量的观点，但是同时又消除了言说本身带有的神秘色彩，使其成为一种可以被习得的能力。

此外，亚里士多德还继承了哲辩师的对言观念，指出修辞的基本特征是针对每个议题修辞者都能提出两个对立的观点。由此修辞者便能从不同角度思考问题，预知对手采取的论证手段，从而做出有效的应对。

修辞的另外一个特征是公共性，即修辞仅面向公众，关注与公众相关的话题，只有那些发生于公共领域的讨论、审议以及决定才属于修辞的范围。亚里士多德提出修辞还具有的另一特征是只有所采用的修辞手段没有被察觉时，修辞才能够真正发挥说服力，受众才有可能被说服。否则只会引起受众的反感与怀疑。

根据公共领域受众的种类，亚里士多德将演说分为三类，议政演讲（deliberative oratory）、宣德演讲（epidemic oratory）以及庭辩演讲（forensic oratory）。议政演讲发表在国家议会当中，主要探讨关于国家民生大计以及国家资源分配等问题。宣德演讲是在公众典礼上的演说，主要目的是赞扬英雄，公开指责罪犯以及悼念逝去的故人等等。宣德演讲对于弘扬美德，在社会中树立正确的价值观具有重要作用。庭辩演讲是在法庭上进行演讲辩论，从而进行指控和辩护的演讲。

亚里士多德认为任何言说情境都应该包括言说者、话题和受众这三个基本要素。其中受众关涉修辞的目的，最为重要。而受众又可以分为观众和判官两种，观众负责判断言说者的能力，判官负责对过去以及将来发生的事情进行判决。因此在这种情况下修辞的说服对象就变成了观众和判官。议政演讲的说服对象为裁决未来事态发展的判官，目的是趋利避害，因此议政演讲的关注点是未来发生的事件；庭辩演讲以负责裁判过往事件的判官为说服对象，其目的是弘扬正义，因此庭辩演讲面向的主要是过去的事件；宣德演讲的说服对象为观众，目的是区分荣辱，因此宣德演讲关注的是现在。

2. 说服方式与论证方式

亚里士多德认为演说有两种手段；一种是非人工手段（inartificial proofs），指的是那些已经存在，修辞者无法再进行加工的证据，包括证言、证人以及法律条文等。另一种是人工手段（artificial proofs），即事先并不存在，需要修辞者加以发明而产生的，如人格诉诸（ethos）、情感诉诸（pathos）以及理性诉诸（logos）。

在这三类诉诸当中，亚里士多德着重强调人格诉诸，认为它对于说服起着支配性作用。人格诉诸是指修辞者的道德品质以及人格，演讲者在演讲当中必须具备让受众认为可信的道德品质。一个成功的演讲者除了能够影响并改变受众的情感，使他们处于最有利于说服的状态以及向他们摆事实，讲道理之外，还必须具有人格魅力。只有这样才能够赢得受众的尊重和信赖，建立自己的威信，最终影响他们的决定。否则修辞者不仅达不到想要的修辞效果，还将失去受众的信任。

然而这里所知的人格并非修辞者的真正为人，而是修辞者通过言说进行的自我形象的构建。因此在构建修辞人格的时候，修辞者应该致力于构建出拥有理智、美德以及善意的形象。

"情感诉诸"是激起受众情感，改变其行为的一种修辞手段和修辞策略。亚里士多德在《修辞学》中着重论述"情感诉诸",从该书的第二卷的第二章至十一章亚里士多德一直在阐释情感诉诸的手段,并从定义与原因、情感抒发者的思想状态以及情感抒发的对象三个方面论述了愤怒与冷静、友好与敌对、恐惧和信心、羞耻和无耻、和蔼、怜悯、愤慨、嫉妒以及效仿等情感。情感诉诸在修辞互动的过程中可以通过调节受众的情感,使受众处于最易于接受说服的状态,所以是劝说的最有效手段之一。

之后亚里士多德又从特定群体的情感特征入手,对老年人、中年人、青年人以及出身高贵者、富有者和掌握权势者六类人的特定性格做出了表述。例如,青年人容易冲动,性子急,又很容易满足等等。

无论是在受众心中留下好感,还是调节受众的情感,归根结底就是为了使受众接受修辞者的道理。理性诉诸是逻辑论证,是言语本身的推理证明。亚里士多德将理性诉诸分成"修辞三段论"(rhetorical syllogism)、"例证法"(example)以及"准则"(maxim)。

3. 话题(topos)以及修辞发明

话题(topos)这一概念出现于公元前4世纪,这一概念是基于只有修辞者对说服因素加以应用,修辞说服才能生效的要求而产生的。亚里士多德认为话题(topos)是有助于修辞者进行有力说服的一切资源,可以包括理论方法、证据类型、策略原则、常规说法、流行观点等等。亚里士多德将话题分为具体话题(*idioi topoi*)以及一般话题(*koinoi topoi*)。具体话题指适用于特定的修辞场合或者演讲类型的命题,每一类事物都有其特有的命题。比如当谈到议政演讲时,亚里士多德认为言说者一般可以讨论的五大话题为:财政、战争与和平、国防、进出口、立法。而每一个大话题之内又可以包含一组小话题。

亚里士多德认为修辞者要尽可能记住各个领域各个层次的话题,并将其加以灵活应用,这就是"修辞发明"理论。所谓的修辞发明,即在特定的修辞情境下,修辞者根据其修辞行为搜索并选定有效的话题、论点与论据的过程。之后"修辞发明"同"布局谋篇""文体""记忆"以及"发表"一同被确认为修辞的五大任务。

4. 文体风格及言说结构

亚里士多德对于文体风格的论述以修辞功能作为出发点。亚里士多德指出合适的文体风格是完成出色演讲的关键因素，演讲的风格不同于诗歌，应该追求明晰同时又要有格调，这也意味着修辞者应该恰到好处地使用语言。

要达到这一要求，就要遵循一定的规则。首先，修辞者应该使用正确以及规范的希腊语，还要注意使用单词的常见意义。其次应该多使用隐喻，因为隐喻作为最常见的语言现象之一，在和单词的常见意义进行搭配时可使修辞文本获得既清晰又与众不同的意义。在句式方面，亚里士多德强调使用环形句，这种句子结构紧凑，意思完整，更有利于记忆和理解。最后，亚里士多德指出良好的风格应该是丰富和简洁的统一。他指出修辞作品之所以要明晰又自然，是因为这样能够增强对受众的说服效果。由此看来，亚里士多德认为影响与判别文体风格最重要甚至是唯一的要素就是受众，如果所使用的言辞能够最大限度地说服受众，则该文体风格便是合格、标准的。

亚里士多德认为言说结构最多可包括四个部分，引言（introduction）、说明（statement）、证明（proof）以及结语（epilogue），其中对主题进行陈述的"说明"以及对主题进行论证的"证明"是最基本的两部分。而具有介绍主题作用的"引言"以及有回顾要点、激起受众情感等作用的"结语"则与论证本身无关，因此并不是必不可少的基本结构。

（四）《献给亚历山大大帝的修辞学》

《献给亚历山大大帝的修辞学》一般被认为是公元前4世纪的希腊修辞学家阿那克希米亚的作品，该书同样是对当时希腊修辞实践的系统总结。全书大致分为5个部分，分别讨论修辞类别、修辞发明、文体风格以及篇章结构等内容。

1. 修辞类别、修辞发明及证明

同亚里士多德一样，阿那克希米亚将演说分为了议政演讲、宣德演讲以及庭辩演讲三类，但是他按照具体话语的目的细分出七种言说：劝说、劝止、赞颂、责骂、指控、辩护和探究。阿那克希米亚指出这七类言说在各种场合都可以使用。因此他的修辞范围也就不再局限于亚里士多德所提出的公共范围，而是适用于所有场合。

阿那克希米亚认为劝说和劝止、赞颂和责骂、指控和辩护属于同一个话语行为的正反两面。而言说者之所以能够使用这些言说，是因为事物同样具有两面性。得益于这一个特点，言说者既可以从正面角度确认其可行性，证明该事物所具有的正当以及合法等性质，也可以从反面说明其不正当或者不可行之处。

接着阿那克希米亚讨论如何证明上文所提到的性质，即如何进行修辞发明。阿那克希米亚指出应该对"正当行为"等概念的性质下一个定义，然后使用这一性质的常见的事例来进行解释说明。例如正当行为指的是所有人或者是大多数人所接受的不成文习俗，而对应的例子有孝顺父母、知恩图报等等。

证明是指说服手段的应用，阿那克希米亚将证明分为"直接证明"以及"辅助证明"两大类。直接证明与亚里士多德提出的"人工说服手段"大致重合，可以包括证据、修辞论证、具有确定意义和价值的人物、言论等。辅助证明和亚里士多德的"非人工说服手段"部分重合，可以包括言说者的个人意见、相关人员提出的证言等。

2. 文体风格及篇章结构

阿那克希米亚的文体风格侧重于功能，讲求实际，以实现说服为目的。他要求言说应该实现"优雅"，所谓的优雅便是指言说应该满足修辞者所面对的特定受众的要求。此外，他还指出言说应该根据预定的说服效果调整长短，并介绍了拉长和缩短言说的手段。

阿那克希米亚将篇章结构分为"前言"、"叙事"、"证明"以及"重述"四个部分。前言的作用是使受众做好准备接受说服，按照功能可以划分为"引起受众的注意"和"引起受众的好感"两个部分，"引起受众的注意"要求使受众了解谈论的主题，"引起受众的好感"要求尽可能地影响受众的态度。叙事是讲述过去发生的事件，解释正在发生的事件以及预想即将发生的事件。叙事部分应该注意要简短、清楚令人信服，使得受众领会并且记住叙述。证明指的是对叙述阶段所阐述的事实进行确认，可以通过提出证据等手段来确认。此外阿那克希米亚还指出证明的作用不仅仅是确认事实，还应该预见以及反驳反方可能提出的论点。最后的步骤是重述，即将前面的论述重新表达一次，言说者可以采取论辩、建议以及提问等不同形式。

刘亚猛．西方修辞学史．北京：外语教学与研究出版社，2018.

> **思考题**
>
> 1. 合古希腊时期不同修辞学家对修辞所下的定义，你认为这一时期修辞学家主要强调修辞的哪些特性？
> 2. 高尔吉亚与伊索克拉底都认为修辞是一门独特的艺术，二者的观点有何相似与不同之处？
> 3. 除了柏拉图之外，还有哪些修辞家的修辞理论中思想蕴含着思辨思维？

1. 胡曙中．现代英语修辞学．上海：上海外语教育出版社，2004.

2. 加佛．马勇译．品格的技艺：亚里士多德的《修辞术》．北京：华夏出版社，2014.

3. 刘亚猛．追求象征的力量：关于西方修辞思想的思考．北京：生活·读书·新知三联书店，2004.

4. 余友辉．修辞学、哲学与古典政治：古典政治话语的修辞学研究.北京:中国社会科学出版社,2010.

5. Kennedy, G. A. *A New History of Classical Rhetoric: An Extensive Revision and Abridgment of the Art of Persuasion in Greece, the Art of Rhetoric in the Roman World, and Greek Rhetoric under Christian Emperors, with Additional Discussion of Late Latin rhetoric*. Princeton University Press, 1994.

6. Murphy, J., et al. *A Synoptic History of Classical Rhetoric* (2nd ed). Davis: Hermagoras Press, 1994.

7. Schiappa, E. *Protagoras and Logos. A Study in Greek Philosophy and Rhetoric*. University of South Carolina Press, 2013.

8. Worthington, I. *A Companion to Greek Rhetoric*（Blackwell Companions to the Ancient World）. Wiley-Blackwell, 2006.

第二节　古罗马：修辞学发展的鼎盛时期

一、希腊化以及古罗马早期的修辞学

（一）希腊化时期

公元前 4 世纪 30 年代，马其顿人入侵希腊各城邦并建立政权，该政权依旧以希腊为中心。马其顿人将希腊的文化、艺术、教育和学术传播到其管辖之地，开创了"希腊化时期"（the Hellenistic period）。这一时代延续了两百年，由于政治以及社会条件的急剧变化，希腊的修辞实践也发生了较大的变化。复杂多元的民族以及社会等结构使得法律调节的需求增大，因此庭辩修辞不断扩展；帝国行政事务管理导致书面交际要求提高，修辞实践也由纯口语向口语与书面形式混用发展。

希腊化时期的修辞理论的发展可以分为承前派与启后派。

1. 承前派

承前派是指对于修辞研究黄金时代（公元前4世纪初以及中叶）承袭下来的经典理论进行修正补充的修辞学家所组成的派别。承前派为古罗马修辞学家吸收和发展古希腊修辞学理论奠定了基础。承前派早期的代表人物有亚里士多德的弟子泰奥弗拉斯托斯（Theophrastus）。泰奥弗拉斯托斯对于亚里士多德《修辞学》中的重要概念以及主题等进行了深入探究，并提出了一些创新观点。在其代表作《论风格》中，泰奥弗拉斯托斯强调了语言的规范以及纯正的重要性，对亚里士多德提出的风格原则进行了重要补充。在谈到修辞发明时，他强调不要把一切都讲得十分详尽，应该留下一些让听者自己去领会和推导。泰奥弗拉斯托斯对于修辞发明的这一论述，是对修辞观念当中"留有余地"原则的最早表述。该理论同时也体现出泰奥弗拉斯托斯对于受众的作用有较为深刻的认知。

承前派后期的代表人物为德米特里（Demetrus），其代表作为《风格论》。他在书中将风格分为平和、雄伟、优雅、强劲四类，并从措辞、篇章、主题等角度对这些类别进行了说明。德米特里还首次将思想辞格（figure of thought）与语言辞格（figure of speech）进行了区分，这一区分得到了罗马修辞学家的认可。此外，他在书中对信件这一话题的探讨，以及对平和、优雅两种文风的阐释摆脱了古希腊修辞以口语修辞为主的框架。

2. 启后派

启后派致力于构建起一个适应当时的历史以及文化条件的新修辞范式，代表人物有赫尔玛格拉斯（Hermagoras）。古希腊修辞强调在进行修辞发明时，修辞者的主要任务是明确在什么情况下可以选择什么样的常规话题。而赫尔玛格拉斯则认为讨论修辞发明的出发点应该是说服的起因，所谓说服的起因便是从事某一说服活动的初始原因。赫尔玛格拉斯还强调这一起因不能被笼统地概括为修辞情境，因为任何修辞情境都是由潜在的不同意见造成的。如果公众对某一件事已经达成了共识,那么就没有必要对这件事进行讨论和说服,也就不存在修辞情境。因此,意见冲突才是关键要素。赫尔玛格拉斯将这个意见冲突称为"争议点",认为争议点才是修辞发明的真正动力。

通过对上述内容的理解,修辞者在修辞发明过程中的首要任务便应该是确认什么是修辞情境内在的核心争议点。只有确定了内在争议点之后,才能进一步构建自己的观点。之后赫尔玛格拉斯以法律修辞为范例,提出了四大争议点:事实、定义、品质、程序。事实争议点指的是由于对事实本身的确认而产生的争议与冲突;定义争议点指的针对如何界定事物或者事件的本质属性而产生的冲突;品质争议点则是在事物的事实和性质都不容争辩的情况下,对于影响人们对该事实的看法和态度的相关因素而产生的不同的意见;程序争议点关注的是如何处理分歧。赫尔玛格拉斯的争议点理论为修辞者在从事修辞发明时提供了明确的方向感和顺序感,使他们在论述时不至于毫无头绪。争议点的提出,为论辩发展成为修辞的一种基本样式铺平了道路。

(二)古罗马早期

公元前2世纪初叶,罗马人经过一系列战争后征服了马其顿以及其领地,希腊诸城邦也沦为罗马的属地。在这之后,罗马才一改往日在文化以及智力上落后于希腊的状态,开始学习以及吸收希腊的先进文化。因此,古罗马早期的理论体系可以说是在吸收希腊经典理论以及希腊化时期理论的基础上建立起来的。与希腊修辞相比,罗马修辞更加注重理论的系统性,更加强调应用修辞学和修辞理论学的分野,同时也更加致力于修辞理论与修辞教育的结合。罗马修辞学家将修辞研究从实用层次升到哲理层次,将关注的中心从技巧和形式转移到修辞的社会规范。罗马修辞的发展主要可以分为早期、中期以及后期三个阶段,具有系统性和实用性的特点。

1.《献给赫伦尼厄斯的修辞学》

古罗马早期修辞的代表作是《献给赫伦尼厄斯的修辞学》。该书是保存下来的最早的和最完整的罗马修辞手册,也是现存的古典著作当中第一部明确地将修辞的研究领域划分为修辞发明、布局谋篇、文体、记忆和发表五个部分的书籍。《献给赫伦尼厄斯的修辞学》这一手册对于修辞的论述大体上与以亚里士多德为代表的古希腊修辞学家的观点类似,但也有自己的特色。如该手册认为修辞有三大动因:宣德、议政和庭辩。宣德类修辞用于褒贬某个人,议政类修辞以劝说为手段讨论政策,庭辩类修辞以解决法律纠纷为主。

1) 修辞发明理论

《献给赫伦尼厄斯的修辞学》指出修辞者应该掌握修辞发明、布局谋篇、文体、记忆以及发表五大能力。修辞发明指构想出真实的想法,使论点令人信服;布局谋篇指安排言说的顺序;文体指采用恰当的词句,使之与所构想的说法相适应;记忆指将言辞以及他们的言说顺序记在心中;优雅指对声音、表情以及动作的调节。而想要拥有这几个能力,需要三个途径:理论、模仿以及实践。

同希腊修辞家一样,手册作者认为证明和辩驳是修辞发明的核心。然而作者的发明理论却是将亚里士多德的"话题"发明模式以及赫尔玛格拉斯的"争议点"模式融为了一体,对两种模式取长补短。此外,作者将庭辩修辞看成是最具有代表性的修辞样式,认为如果弄清楚这一样式的发明过程,那么其他两类样式的发明过程就可以照此类推。

该手册的发明理论具有四个特点。第一个特点是它沿袭了古希腊的对言传统,分别从起诉者和辩护者互相对立的角度探讨修辞者对修辞和话语策略的选择。第二个特点是对话语策略的强调,古罗马发明理论致力于探讨的不是围绕什么样的话题组织发言,以便于获得总体的说服效果,而是关注运用什么特殊的步骤,达到某一个具体的修辞目的。该手册中修辞发明理论的第四个特点是重视对文本的解读。罗马修辞理论将"释法争议点"（the legal issue）作为三大中心争议点之一，并将其提到核心地位。该手册发明理论的最后一个特点是它不仅提出了如何进行修辞发明，还创造了一个评价体系，使修辞者通过评价言说，提高自己的修辞能力。如，手册作者认为完美的辩论应该由"论点"（proposition）、"理由"（reason）、"理据"（proof of the reason）、"修饰"（embellishment）、和"概述"（resume）五个部分组成。

2）文体风格及辞格

作者在书中区分了宏大（grand）、中和（middle）以及简朴（simple）三种风格（刘亚猛，2018）。宏大的风格指的是修辞者利用华丽的辞藻所产生的文体效果；中和风格是指修辞者采取华丽程度略低但并非最通俗流行的词语产生的文体；简朴的风格是指由修辞者使用通俗流行的词汇所产生的文体。接着，作者对文体风格的使用提出了两点意见，第一修辞者应该在言说中轮流使用这几种风格，避免单调。第二，对于这几种风格的使用要恰当，如不要将宏大风格变为"浮华"的风格（swollen），不要将中和风格变为"松垮"风格（slack），以及不要将简朴风格变为"干瘪"风格。

而衡量风格是否对于言说恰当的标准有三个，分别是得体性、整体性和卓越性。要达到得体性的标准，就要使用正确规范的拉丁语，达到整体性的标准则要做到话语的各个成分都做到协调一致，卓越性则体现在使用丰富多彩的表达。在本书中作者主要提出了两个层面的辞格，第一个层面为"思想内容辞格（figure of thought）"，第二个层面则为语言辞格（figure of diction）。

二、古典修辞思想的全盛期

古罗马修辞发展的中期是古典修辞思想发展的全盛时期。西方修辞作为一门学科在这一时期开始形成全面的自我意识，西方修辞理论实践成功地实现了范式转换。古典修辞在这一时期出现了西塞罗和昆体良这样卓越的修辞学家以及以西塞罗创作的《论演说家》

（*De Oratore*）和以昆体良创作的《论言说者的教育》（*Institutio Oratoria*）为代表的伟大的理论作品。正是由于这些优秀修辞家以及作品的出现，罗马修辞发展的中期不仅仅是罗马修辞理论发展的黄金时期，也是西方修辞理论发展最辉煌的时期。

（一）西塞罗

马尔库斯·图利乌斯·西塞罗（Marcus Tullius Cicero，前106年1月3日—前43年12月7日）是古罗马著名政治家、哲人、演说家和法学家，其修辞思想和修辞理论标志着古罗马修辞发展的高峰，也为西方修辞在接下来近两千年的发展提供了最重要的参照点和灵感源泉（刘亚猛 2018：119–120）。

西塞罗的修辞思想标志着古罗马修辞发展达到了高峰，同时他的思想也为之后西方修辞学的发展产生了重要影响。他对修辞的标准、修辞领域的本质特征等问题都进行过深刻探讨。西塞罗修辞理论创作最为成熟也最为辉煌的时期是从公元前55年到公元前44年的十年间，在这十年，他写下了诸如《布鲁特斯》（*Brutus*）、《话题》（*Topica*）以及《论言说者》（*De Oratore*）等不朽作品。

1. 修辞评价的标准及修辞领域

西塞罗修辞批评的思想主要产生于其作品《布鲁特斯》。在这本书中，他对希腊以及罗马的修辞学家的风格、技巧以及历史地位进行了逐个评价，开创了实用修辞批评的先河。但是其修辞批评以服务于罗马的政治意识形态为主，因此谈不上客观公正。

关于修辞评价的标准问题，西塞罗认为言说者的成功或者失败是由公众说了算，而得到公众认可的言说最终也会被批评家所接受。他的这一思想对于之后修辞批评的发展产生了很大的影响。

修辞领域与修辞评价的相关标准联系紧密。西塞罗认为公众认可的言说是修辞评价的标准，因此修辞是一门非常独特的领域。不同于其他艺术领域，修辞领域关注的是普通的日常事务、习俗以及人类语言，修辞的研究对象也因此应该是日常活动和现象。西塞罗认为其他艺术的主题通常来自隐藏和偏远的资源,而演讲的艺术则关注惯例、习俗以及人类的话语。因此,在演讲术中,最主要的罪过是背离日常生活的语言,背离为社会意识所认可的用法。但是西塞罗对修辞领域的这一叙述并不意味着修辞便是浅显的,反而证明了修辞将其深刻内涵隐藏在通俗易懂的形式之下。

2. 话题论

西塞罗首次在《话题》(*Topica*)里对古典修辞学的经典概念"话题"进行了系统的界定。他将话题界定为"论点的居所(a residing place of arguments)",并将话题分为"内在话题"和"外在话题"。内在话题由主题的本质确定,外在话题是指对权威的引用。

3. 演说家的素养以及修辞教育

1)优秀演说家的品质

西塞罗认为优秀演说家必须博览群书,知识结构丰富且完整,需上知天文下知地理,不仅需要精通政治、法律、哲学、经济等知识,还需了解人性。借助渊博的知识,可以融入不同文化进行交流,可以理解他们的复杂情感,才能在演说中口若悬河,打动人心。一个完美的演说家必须将知识与修辞、行动与语言相结合。

2)演说获胜的要领

亚里士多德认为理性诉诸是说服过程中较为重要的手段,因此演说家需要关注合乎逻辑的论证。而西塞罗从自身演说经历出发,认为情感诉诸也很重要。在他自己的演说中,大量运用情感诉诸,夸张的表达喜、怒、哀、惧,试图引发听众的共鸣,唤起强烈的情感反应。听众情感波动很大程度上影响自身理性判断,最终影响演说结果。

3)修辞的研究对象

古典修辞理论研究对象聚焦于口头表达,古典修辞学家花了大量心血研究演讲的技巧与方法,缺少书面表达相关的研究。西塞罗则肯定了修辞实践的重要性,但他也强调了书面表达的重要性。他认为在初步学习修辞时,要尽可能多数学书写,笔杆子打磨出来的演讲稿是成功演说的前提。

4）演讲者的五大能力

西塞罗对演讲者的五大能力进行了较为系统的研究并将其分为修辞发明、布局谋篇、文体、记忆与发表。

所谓修辞发明，就是对那些真实的或者似乎有理的事情进行设想，从而使其变得可信（西塞罗，2007：3）。修辞发明是演讲者最重要的能力之一，是顺利演讲的前提和基础。演讲者在正式演讲前，需要寻觅相关话题、搜寻与主题相符及说服受众的素材。布局谋篇指的是对整件事情进行安排或配置，从而使要点变得清晰明朗（西塞罗，2007：3）。西塞罗认为布局谋篇的方法有两种：一是从修辞学原则中产生；另一种是从具体环境产生。合理的布局不仅能增强演讲本身的逻辑性，也更能打动受众。

文体就是针对构思采用恰当的词句（西塞罗，2007：3）[1]。即选用何种语句、演说风格来准确传达演讲者思想。西塞罗将文体分为三种类型：平实、中和、宏伟。选择合适的文体是演讲成功的关键一环。

西塞罗主要讨论了后天形成的记忆，将其分为背景和形象两种。所谓背景指的是一些天然或人为确定的较为深刻显著的场景，如，空地、客厅、农场等。所谓形象就是我们想要记住的对象的形状、标志或肖像，例如我们想要回忆起一匹马，我们必须把它的形象放在一个确定的背景中（西塞罗，2007：61）。

5）修辞教育观

西塞罗受伊索克拉底的启发，提出了大修辞教育观。他认为修辞无处不在的认识是教育和学习的基本出发点，所以修辞教育应该努力从道德、生活、法律以及政治等在人类社会活动的所有方面汲

---

[1] 西塞罗：《西塞罗全集·修辞学卷·论公共演讲的理论》，王晓朝译，北京：人民出版社，2007 年版。该译著将"invention、arrangement、style、memory、delivery"译为"开题、布局、文采、记忆与表达"。为统一表述，我们采用"修辞发明、布局谋篇、文体、记忆与发表"。

取力量。因此，西塞罗认为理想的修辞应该是雄辩和智慧的统一。这意味着雄辩家必须精通各个领域的知识，由其要对哲学和法学具有深刻的体会。如果一个人不具备所有重要学科和艺术的知识，他就不可能成为一个十全十美的演说家。此外，西塞罗强调修辞教育必须将修辞实践放到首要地位。西塞罗是一个务实的人，他反对教条，并指出对公众生活的参与以及在法律、国务机构和国家礼仪中得到的历练就是在接受教育。古希腊思想一直以口头训练，培养口才作为修辞教育的主要目的，西塞罗对这一传统思想进行了反思，强调了写作的重要性。

（二）昆体良

昆体良（Marcus Fabius Quintilianus，约35年—约100年）是古罗马时期的著名律师、教育家和皇室委任的第一个修辞学教授。昆体良一定程度上延续了西塞罗的修辞学理论，但他更关注演讲者的品德。其作品《论言说者的教育》改变了西塞罗之后罗马修辞学的停滞状态，使其再次得到发展。《论言说者的教育》全书包括12卷，该书论述全面系统，体系完善，是史无前例的作品。《论言说者的教育》一书的主要特点是其创新性，如在论述方法上，昆体良首先会对话题提供一个概览，然后将亚里士多德，西塞罗等不同修辞学家的观点进行点评，最后才表明自己的观点。除了《论言说者的教育》外，《论雄辩式微的原因》（*De Causis Corruptae Eloquentiae*）也是昆体良的代表作。

昆体良的突出贡献主要体现在其修辞教育观上，但是他在修辞内涵等方面的论述对于西方修辞学的发展也具有很大影响。

1. 教育观

昆体良的修辞观是将修辞与道义相统一，他认为修辞受到道德的制约，道德准则是修辞的一个内在成分。他认为修辞者应当追求的是"义"，是以道德原则为基础的"善言"，而不是"利"或者是完美的说辞。因此他提出在教育中应该将培养口才与道德相结合，他认为儿童必须学习的不仅仅是有说服力的东西,更应该学习什么是道德上的优秀,从道德和正义的角度考虑哪条道路是最好的和最重要的。

像西塞罗和伊索克拉底一样,昆体良也认为修辞学教育应该培养出完美的演说家。他认为雄辩是上天对人类的恩赐,但是同时它也需要许多其他学科的支撑,这些学科即便在实际言说过程中的作用未得到明显体现,也依然为言说提供内在的力量。

在教学方法方面,昆体良认为范例和模仿是有效的教学方法,他不赞同向学生传授抽象的规则以及方法。在修辞教育的基本内容方面,昆体良认为写、读以及说在提高修辞能力方面都起到一定的作用。三者相互关联、密不可分。在阅读方面,昆体良主张精细阅读,阅读不能停留在表面,还应该由表及里进行深入阅读。

昆体良的教育观中有很大一部分体现了他以学生为中心的教育理念。如他坚持教育面前人人平等,并认为推理以及学习能力是与生俱来的。此外,教育应该根据学生的接受情况调整学习进度,实施渐进式教育,并且为学生营造良好的学习环境。他还提倡劳逸结合,因为玩耍是活泼性格的标志。拒绝放假会使学生讨厌他们的任务,然而过度的放纵也会使他们习惯于懒惰。此外,昆体良不赞成体罚,因为他认为体罚只适用于奴隶贩子。昆体良强调启发式教学方法,这意味着教师不仅要教授东西,而且要经常提出问题。教育的目的就是激发学生的兴趣,引导他们主动进行探究而不是被动接受,教育唯一的目的就是使学生获得独立学习的能力。

2. 修辞的起源及本质

昆体良的大修辞观主要体现在对修辞的起源以及本质的探讨之上。

关于修辞的起源问题,昆体良也有自己独特的见解。不同于广泛流行的"修辞起源于诉讼"以及"修辞起源于都市文明"的观点,昆体良认为修辞的真正起源应当是人类的交流天赋。当人们在交往过程中发现某种交流方式有用时,在之后的交流中便会对其进行模仿,并且会加强练习,最终这一实践便会得到完善。

与西塞罗等修辞学家将修辞界定为说服不同,昆体良认为说服可以通过金钱、权势等与语言无关的手段实现,并且修辞学家所承担的任务也不一定是说服。为此他将修辞界定为"善言的科学"。昆体良对修辞内涵的这一界定同时也体现了其"修辞应该事关一切事物"的观点,他并没有将修辞限制在政治或者是哲学等领域。此外,昆体良指出,称为"言语行为"的人类话语活动都属于修辞的范畴。

从修辞与其他学科的关系看,昆体良认为修辞的学科特征需要通过与相邻学科的关系而确定,其理论与实践的独特性也只有通过与其他学科的比较才能体现出来。从修辞的艺术属性看,昆体良认为艺术可以分为理论艺术(如天文)、实用艺术(如舞蹈)以及生产艺术(如绘画)三大类。对于修辞到底属于何种艺术的问题,昆体良指出修辞同时涉及这三种艺术。

三、罗马帝国后期的修辞学

在罗马帝国后期,罗马内忧外患,逐渐开始没落,修辞学也不可避免地发生了变化。随着罗马进入衰落期,希腊修辞学家的作用在罗马帝国日益凸显,"第二波哲辩修辞"出现,传统希腊修辞实践复兴。这一时期较具代表性的是赫摩根尼修辞理论。

(一)赫摩根尼修辞理论

赫摩根尼是第二波哲辩修辞的代表人物,他被认为是罗马帝国史上最杰出的希腊裔修辞学家。赫摩根尼的思想由于受罗马帝国政治框架的制约,相对较保守,总体上是对希腊化时代范式的回归与改进。其代表作有《论争议点》(*On Staseis*)等。

1. 修辞风格

赫摩根尼在修辞风格方面提出了"风格理念"这一概念。某些作者拥有区别于其他作者的独特风格就是因为突出了某一风格理念,同样议政、庭辩体裁拥有不同风格也是由于风格理念的不同组合产生的。赫摩根尼确定了7种基本风格理念:明晰、宏大、优美、迅捷、品格、诚挚以及力量。赫摩根尼对于风格理念的这一论述意味着修辞效果总是通过不同要素之间的配合以及冲突相形成的。

2. 发明模式及争议点

赫摩根尼最为人称道的成就是在其代表作品《论争议点》中对赫尔玛格拉斯发明模式的继承与发展。他提出"区分"和"证明"是修辞发明的基本途径。这里的"区分"是指从政治问题中区分出各种"题头",赫摩根尼将政治问题界定为"就某一具体事务进行的一种理性争辩。这种争辩以任何一民族的既成法律或习俗为基础,所关注的是怎么做才会被认为是——而非才真正是——正义、体面、有利"(刘亚猛,2018:166)。他的这一定义突出了议政性互动的对抗性特征,对于传统发明理论关注修辞者与受众的非对抗关系等有明显差别,是对其的修正与改进。

1. 刘亚猛. 西方修辞学史. 北京:外语教学与研究出版社,2018.
2. 西塞罗. 西塞罗全集:修辞学卷. 王晓朝译. 北京:人民出版社,2007.

思考题

1. 古罗马修辞学的特点是什么?
2. 古罗马修辞学与古希腊修辞学相比有什么发展?二者的区别体现在哪些方面?
3. 古罗马时期的修辞教育观念对如今我国的修辞教育的发展有什么启示?

1. 从莱庭,徐鲁亚. 西方修辞学. 上海:上海外语教育出版社,2007.

2. 胡曙中. 现代英语修辞学. 上海：上海外语教育出版社，2004.
3. 昆体良. 昆体良教育论著选. 任钟印选译，北京：人民教育出版社，2001.
4. 胡传胜. 公民的技艺：西塞罗修辞学思想的政治解读. 上海：上海三联书店，2012.
5. Clarke, M. L. *Rhetoric at Rome: A Historical Survey*. London and New York: Taylor & Francis e-Library, 2002.
6. Connolly, J. *The State of Speech: Rhetoric and Political Thought in Ancient Rome*. Princeton University Press, 2007.
7. Enos, R. L. *Roman Rhetoric: Revolution and the Greek Influence*. Parlor Press LLC, 2008.

第三章 中世纪西方修辞学发展史

修辞在每一个阶段产生的变化几乎都与当时社会环境的变化相吻合，由于基督教在4世纪的欧洲占有支配地位，新的宗教秩序彻底取代了原有的古典世俗社会，修辞面临着严重的社会变革。

在中世纪时期，修辞发生的变化包括：修辞教育的场所从世俗学校改为了修道院，修辞功能由培养社会精英议事表达能力变为了帮助教会成员解读《圣经》与布道。议政修辞退出公共领域，在世俗和宗教权力机构内部发挥作用；庭辩修辞由于政治以及宗教的压迫而缺乏生气；宣德修辞因为基督教仪典的盛行而发挥关键作用，成为最主要的修辞形式。此外由于政治以及社会生活的日益复杂，修辞的应用和研究领域不断扩大，这个时期也出现了新的主导体裁：布道和书信。然而，虽然中世纪时期修辞产生了较多的变化，古典修辞思想的思想体系在这一时期仍然得到了保留。

第一节 代表性修辞学家

一、波伊提乌

波伊提乌是中世纪西方修辞的代表人物。他将古典话题理论哲学化，将修辞从具体社会的实践中抽象出来，使其发展为中世纪经院哲学的一个组成部分。此外波伊提乌一直致力于在新的秩序中保存古典文化，并且将古希腊经典著作翻译成希腊文。然而他却以亚里士多德的有关逻辑和推理的论述为主传承古希腊和古罗马文化，放弃了以西塞罗等人为代表的话语主流。

（一）话题

在其代表作《话题辨析》（*De topicis differentiis*）中，波伊提乌探讨了话题的基本概念以及话题理论体系的比较等。他首先将话语科学分为话题学与分析学两个部分，前一个部分主要探讨如何发现思想观点，后一部分主要探讨如何对各种观点加以判断。经过对相关概念的讨论，波伊提乌认为人们可以从话题中提取论据，用于解决所面临的问题。他指出话题的目的是揭示从表面上看真实的理由。因此，话题不仅有利于提高言说能力，为修辞学家的言说提供素材，也能够在探索真理方面发挥较大的作用。

接着波伊提乌又对辩证话题与修辞话题进行了区分。辩证话题适用于所有问题，修辞话题只适用于具体情况下的问题。

（二）境况

波伊提乌还令人值得注意的理论是他对"境况"的论述。他给"境况"下的定义为："境况由决定争议性质的所有那些事物汇聚而成。之所以如此，是因为一件争议案（case）要是少了行事者、他做的事以及他做这件事的原因、时间、地点、方式和手段中的任何一项，就不能成其为案子"（刘亚猛，2018：207）。波伊提乌对于"境况"的这一论述，为"修辞形式"概念的论述奠定了基础。

二、圣·奥古斯丁

圣·奥古斯丁的《论基督教教义》是古代欧洲唯一一部从基督教角度探讨修辞的理论著作，至今仍然发挥着很大的影响。该书创作的背景是罗马帝国在名义上已经基督教化，只是一些知识分子还拒绝皈依这一新国教。因此，《论基督教教义》的主要内容是布道，即向会众宣讲《圣经》以及阐释信仰，促使信徒接受基督教的生活方式。圣·奥古斯丁认为《论基督教教义》的受众是不分行业地位的大众，基督教修辞之所以与众不同是因为其拥有与众不同的话题。

圣·奥古斯丁的《论基督教教义》标志着基督教修辞的滥觞。他通过将布道，圣经诠释等与修辞相结合开创了修辞学领域的神学传统。然而圣·奥古斯丁的修辞思想依旧将基督教教义放在核心位置，对基督教话语的发展起到了重要作用。

（一）信仰、发明与解读

圣·奥古斯丁认为基督教话语关注的事物是"物（res）"以及"象（signa）"，"象"是指被用于指代其他事物的事物，如词语，而"物"的概念则与之相反。圣·奥古斯丁将"象"界定为"除了它本身留给我们的印象之外，提及它还能使我们想起其他东西的事物"，比如想起火我们便能想起烟。此外，圣·奥古斯丁将"象"分为"约定象""天然象""直言象"以及"寓言象"等类型，并且指出《圣经》之所以难懂，就是因为其被笼罩在寓言之中，为了解决这一晦涩的难题，人们应该增进对相关事物的了解。

在书中，圣·奥古斯丁将"物"进一步区分为"可用于欣赏""可加以利用"（如修辞和其他世俗知识）以及"赏用皆宜"三大类，并指出对于不同的类别应该采取不同的态度。比如，由于"可用于欣赏"的这一类事物指的是与上帝或者是信仰相关的事物。此外，圣·奥古斯丁还进一步强调了在基督教修辞的发明过程中，寻求话题和争议点都应该严格限定在信仰的范围内。

同时，圣·奥古斯丁认为解读的最终目标不是意义，即文本语言结构本身所产生的效应，而是意愿，即文本创造者想通过创造这一文本所产生的效果或者实际目标。文本只是生产者和受众互动，并且在其身上产生效果的一种手段。确定文本生产者的意图，就能了解到他希望对受众所产生的影响。因此，通过这一阐释可知诠释的本质是一种修辞活动。

（二）修辞人格观及教育观

古典修辞学认为修辞人格与现实中的为人处世没有关系，圣·奥古斯丁的基督教修辞则持相反的观点。他认为修辞人格与现实人格一致，言说者的日常为人处世本身就必须是一篇雄辩的演说。因此基督教有关修辞人格的基本原则为：应该做到言行统一，只有先行善，才能劝善。

在此基础之上，圣·奥古斯丁进而指出，修辞本身是一种中性的技巧。它可以被用来倡导真理，同样也可以被用来发表虚假的言论，雄辩技术对于劝恶和扬善具有同样大的价值。因此，修辞人格在劝说中就占据了重要的作用。

对于基督教修辞教育，圣·奥古斯丁主张从小进行修辞培训。他认为模仿范例是比掌握修辞原则更加有效的教育手段，而模仿应该通过阅读经典文献，听布道家演说以及在此基础上进行写作和演讲练习等步骤来实现。

此外，同西塞罗一样，圣·奥古斯丁认为基督教修辞的基本目标是实现智慧和雄辩在言说中的统一。要想实现这一目标，必须保证所说的话真实。在智慧以及雄辩不可兼得的情况下，言说者首先应该考虑的是智慧。坚持用真诚的描述以及实质内容来打动听众，否则那些雄辩的却表达虚假观点的人要比结结巴巴地表达观点的人更加可悲。圣·奥古斯丁的这一思想与柏拉图类似，都是将修辞当作从属，认为其是一种手段和工具，应该从属于教义。

三、波爱修斯

波爱修斯一生致力于保留和继承希腊、罗马文化，对希腊哲学拉丁化所作的贡献仅次于西塞罗。波爱修斯对修辞学的贡献主要在于他吸收古典修辞学，在新的社会环境下发展了论题体系。波爱修斯提出了论题逻辑，即一种运用修辞话题来产生思想的逻辑。波爱修斯还对哲学和修辞学的明确分界进行了论述，他认为哲学辩论论辩涉及的是一般性的问题，而修辞论辩涉及的是具体的问题。他否认修辞具有的独特的产生知识的地位，认为修辞只是哲学论辩的附属。

第二节　中世纪的修辞教育

修辞和语法、辩证一起构成了中世纪的三大语言学科（trivium），其中西塞罗的修辞学著作以及理论在这一时期受到了广泛重视。在中世纪初期，西塞罗的修辞理论以及著作一般都会被列入必修典籍里面，这也是修道院的规定。12世纪，法国和德国的天主教学院将西塞罗的《论发明》和《话题》（Topica）一起作为将修辞和辩证学结合起来研究的教科书以及指导理论。

从13世纪开始，不同的大学对修辞的态度不同。如巴黎和牛津的大学更加注重逻辑的教学，修辞仅仅是辩证学的一个方面。南欧的大学侧重法律研究，其主要教育目的是培养民事和教会的管理人员，因此这些学校将西塞罗修辞理论作为核心学科。

此外，除了西塞罗的修辞著作之外，贺拉斯的《诗艺》也同样在中世纪受到了较大的重视。《诗艺》能够教授当时的人们写作、文风以及文体规范的基本原则，除此之外该书还教人们如何通过模仿其他文学作品确定自己作品的题材等。

修辞教育在这一时期的发展特点还体现在越来越淡化口头表达，越来越侧重书面表达。

第三节　中世纪的布道修辞

在中世纪，基督教不仅在宗教方面处于支配地位，而且还拥有极大的政治影响力甚至权力。由于布道是教会的基本任务，布道艺术在这一历史时期发展极为兴盛。"布道手册"也广为流传，

"布道手册"是对基督教的布道实践进行理论总结，系统讨论发明布道文和取得布道效果的各种策略的手册。但是在 12 世纪之前，这些手册中的布道方法大都沿袭了西塞罗的修辞理论，并没有创新之处。直到"主题布道"这一种新布道文形式的出现才改变了这种状况。在基督教修辞手册中比较有代表性的是罗伯特（Robert）的《布道之形态》（*Forma Praedicandi*）。该书对布道的定义、对布道者的要求、布道的典范以及布道修辞的"二十二法"等都进行了阐释。罗伯特对"布道"下的定义为"说服众人行善的举动"，其中"行善"是这一定义的核心概念。但是这里的行善必须服从于基督教的信仰，而不仅仅是一种世俗价值，否则就不能被认为是布道。

以罗伯特对布道下的定义为基础，他提出成为一名布道者必须满足三项基本条件，即"良心、知识和权力"。首先，布道者本人不能做任违背良心的事。其次，他应该对基督教话语的基本构成成分了如指掌。最后，布道者还应该拥有教会授予的权力，这是这三个基本条件当中的核心条件，否则不管他的人品多么好以及知识多么丰富，都不能从事布道工作。此外，罗伯特还提出真正的布道者应该具有纯正的动机，专注于教化的任务，不应该有追逐名利的想法。

罗伯特对于布道者所提的这些要求是受到了古典修辞理论当中的经典概念"人格诉诸"（ethos）以及西塞罗和昆体良在讨论修辞者的修养素养时的阐述的启发。此外他还创新性地将"权力"这一条件加到了从事修辞行为的条件当中，这与当时修辞发展的"布道"特征不无关系。

第四节　中世纪的书信艺术

书信艺术是一直到中世纪才发展起来的一个独立研究领域。虽然古典修辞曾经提及过书信，但是对其的关注也远远不够。进入中世纪之后，由于各地教会和各国之间日渐频繁的交流越来越依靠书信，书信逐渐成为一种主要的交流形式，并逐渐引起了当时修辞学家的兴趣。11世纪的意大利的修道院修士阿尔贝里克（Alberic）被认为是第一位对书信艺术加以系统总结的理论家，他的理论同样受到了西塞罗修辞思想的影响。

一直到16世纪，书信艺术成为欧洲热门出版物并且都采用了同一种格式规范，这种格式规范在当时被称为是"认可格式"（approved format）。认可格式包括"招呼"（salutation）、"赢取好感"（securing of good-will）、"叙事"（narration）、"诉请"（petition）、"结语"（conclusion）五个部分（刘亚猛，2018：223）。12世纪佚名作者撰写的《书信艺术原则》当中，对认可格式的五大部分进行了介绍。作者首先将"书信"归类为不带韵律的散文，并将它界定为表达寄信人情感和思想的一种话语或者是文体。

此外，《书信艺术原则》虽然提出了规范格式，却提倡灵活应用，反对循规蹈矩。例如，虽然信件通常由上述五个部分构成，但这些部分对每一封信来说都不是必不可少的。如果信件的目的是通报，就不必包括"诉请"这部分。此外，除了"招呼"和"结语"，中间其他部分的顺序都可以根据实际情况进行调整。

刘亚猛．西方修辞学史．北京：外语教学与研究出版社，2018．

思考题
1. 古典修辞思想体系中的哪些思想在这一时期得到了保留？
2. 波伊提乌所提出的话题理论与亚里士多德的"话题"有哪些相同或不同之处？

1. 弗朗西斯·费里埃. 户思社译. 圣奥古斯丁. 北京：商务印书馆, 1998.
2. 邓志勇. 修辞理论与修辞哲学. 上海：学林出版社, 2011.
3. 胡曙中. 现代英语修辞学. 上海：上海外语教育出版社, 2004.
4. Cox, V. & Ward, J. O. *The Rhetoric of Cicero in its Medieval and Early Renaissance Commentary Tradition.* Leiden & Boston: Brill, 2006.
5. Troyan, S. D. *Medieval Rhetoric: A Casebook* (1st Edition). New York: Routledge, 2004.
6. Ward, J. O. *Classical Rhetoric in the Middle Ages: The Medieval Rhetors and Their Art 400–1300, with Manuscript Survey to 1500 CE.* Leiden & Boston: Brill, 2019.
7. Murphy, J. J. (ed.). *Medieval Eloquence: Studies in the Theory and Practice of Medieval Rhetoric.* Berkeley: University of California Press, 1978.

第四章
文艺复兴时期的西方修辞学发展史

从 14 世纪到 17 世纪,西欧发生了一场惊天动地的思想文化运动——文艺复兴。它的核心思想是人文主义,强调人的尊严和价值,强调"人道"而不是"神道"。文艺复兴建立了一种新的意识形态,欧洲已不再像原来一般思想教条,文化、艺术领域迟钝无聊乏味,社会生活没有活力,由宗教秩序完全支配,替代这些的是丰富多彩的现代西方文明。文艺复兴的成就主要集中在科学、文学和艺术等方面。修辞复兴是人文主义兴起的主要因素之一,也是文艺复兴的重要组成部分。它的发展演变也展现了整个欧洲社会文化发展演变的状况。修辞学在文艺复兴时期的特点是复兴和变革,即恢复修辞的原貌,并运用所获得的知识来发展修辞学并将其服务于变化中的现代早期的欧洲社会(姚喜明,2009)。

第一节 概 述

一、古典修辞传统的重新发现

自罗马帝国灭亡以后流失的或并不完整的修辞文稿在文艺复兴时期被系统地寻找。与此同时,对言语的兴趣,特别是公众演讲的兴趣也推动了对古典修辞学的深入研究,引发人们进一步思考劝说性演讲在人类文明形成过程中所发挥的作用。面对社会发生的巨大变革,古典修辞传统在欧洲教育和社会生活中的地位日益突出。

第四章 文艺复兴时期的西方修辞学发展史

古典修辞传统的重新发现大致包括以下四个阶段：首先是古典修辞学手稿的发现，一系列的发现从 14 世纪后期开始逐渐展现了古典修辞学的原貌，如彼得拉克整理西塞罗同阿提库斯之间的书信；其次是在印刷机发明之后拉丁文和希腊文手稿得以在欧洲传播，如西塞罗的《论演说家》就曾先后在苏比亚克和罗马等地出版；第三个阶段是用本土语言对典籍进行翻译，提供给不懂拉丁语和希腊语的读者，如亚里士多德的《修辞学》就先后用拉丁语、意大利语进行翻译；第四个阶段是解释典籍，对典籍进行注解和评论，其中最重要的是对西塞罗修辞著作的评注，而这些评注也逐渐变得复杂和博学（Miller，2006：697）。

古典修辞学著作对文艺复兴的思想基础——人文思想的萌芽和成长起到了催化作用。修辞复兴是文艺复兴的核心部分，而古典修辞的复兴则始于一些重要的古典修辞学手稿的重新发现。古典修辞学作品之所以没有在西方古典时期到中世纪转型的动荡中消失，是因为它们主要关注修辞的技术层面，而没有触及言语艺术作为一种社会实践、文化形态和智力领域所涉及的关系和问题。

修辞在很大程度上推动了人文主义文化意识的发展。一般来说，古罗马的言说艺术被认为是修辞的典范和发展高峰，西塞罗是古罗马共和国杰出的律师和政治家——他既是一位著名的修辞实践者，著有《论演说家》等一系列作品，又是有史以来伟大的话语理论家，因此备受文艺复兴时期人文主义者崇拜。对人文主义者来说，雄辩能催生智慧，产生文化，是一种人类独有的特殊天赋。基于此，文艺复兴时期人文主义者批判经院哲学，这一批判也随着对古典雄辩的深入研究而更加有力。修辞的社会影响由于人文主义的高涨逐渐扩大，自 15 世纪中叶开始后的一百多年间，其地位可与古典时期媲美。

重新发现的拉丁语和希腊语文本通过印刷传播到整个欧洲，标志着修辞复兴进入新阶段。由于只有少数读者能直接阅读希腊语和拉丁语，以及学术界和社会对修辞艺术的强烈追求，一股将希腊语的修辞经典翻译成国际学术语言拉丁语，然后将拉丁语译著或原著进一步翻译成各国当地语言的翻译热潮出现。修辞经典翻译和各种本土语言译文的涌现，进一步推动了修辞的复兴，使其进入更为盛行的阶段。修辞复兴并不是一个简单复刻古典修辞思想和实践的过程，而是有选择地利用和发展古典修辞，使中世纪文化发生深刻变革，由此使古典修辞成为适应时代的新学科、新艺术。基于对这些古典修辞文本的研究和解读，人文学者也开始根据自己时代的要求，撰写修辞学论著。

二、话题与体裁趋向多元化

部分人文学者通过模仿西塞罗和昆体良代表作，撰写了系统教科书，内容覆盖了五大修辞艺术的全部内容。相较古典时期，文艺复兴时期的社会组织结构变得更为复杂，修辞艺术在不同行业、场合和情境下有不同的要求，急需提供针对特定行业和场合的说服技巧来取代笼统的综述，因此出现了大量以教育为目的的系统修辞教科书以及为满足各场合和行业需要的专门修辞手册。对记忆的研究获得了独立地位，逐渐从修辞原有的五大艺术中脱离出来，专门研究记忆的作品出现。关于记忆技巧的认识由于目标读者和语境的变化而偏离了古典观点，而文艺复兴时期对发表技巧的研究兴趣却逐渐淡化。在重构和改造古典修辞体系的同时，文艺复兴时期的修辞还超越了传统范围以进一步发展自身，例如"仪范修辞"的出版物产生，内容囊括成语、格言、警句、模范信函、美文、语录等各种修辞资料以供修辞者模仿、效法和利用，但是尚未论述修辞的概念、原理和原则。其目的只是提供一个素材库收集各种常言常理和范例，可以方便地搜索并发现各种可资利用的言说材料，极大地方便和促进了修辞发明。然而这也存在一定的问题，会导致平庸的修辞者产生依赖，采用与语境脱节的陈言旧例完成自己的言说或写作，不能因时因地制宜，独立主动地进行修辞发明。除传统领域以外，某些不以语言为媒介的艺术实践也开始受到修辞的影响。"得当""发明""雄辩"等一些修辞概念和范畴被运用到绘画、音乐等领域,通过类推成为艺术话语的基本词汇,例如1600年出版的《音乐诗学》便体现了音乐理论的修辞化趋势。

三、文艺复兴时期的布道修辞

修辞复兴强烈地冲击了中世纪的社会文化和价值观念,但这一复兴本质上也只是将诞生于古典文化土壤的一种实践和观念形态移植到中世纪末期的体制框架中。因此,古典修辞观念的传播更多地表现为对中世纪原有修辞实践方式的更新和改造。布道修辞由于新观念的引进在此期间获得了长足的发展。1535年,伊拉斯谟出版了《布道者或布道的方法》一书,以传播基督教教义这一根本目的为出发点系统地讨论了整个修辞艺术。在伊拉斯谟之后,众多的宗教修辞学者基于自己所属教派的特点深入讨论了如何进行有效的布道。此时的修辞学者不同于古典修辞仅以修辞者为中心,从修辞文本创作的角度来思考修辞艺术。相反,他们还同样关注布道词的接受和解读过程,以及文本诠释过程所需要的特殊修辞技巧。

四、书信艺术的发展与教育改革

由于当时的学者将修辞由单纯的言说艺术改造为写作艺术,尺牍逐渐发展成为中世纪最主要的一种修辞体裁。文艺复兴初期,意大利人文学者重新发现了西塞罗书信并将其设为学校的拉丁语教材,有关私人信件写作技巧和标准的章节也在新出版的尺牍中得以增加,扩大了书信艺术这一概念的外延。这一时期的作品通常把传统修辞基于言说实践上发展起来的各种范畴、程序、结构等用于描述和规范书信写作的理论,还运用大量事例详细阐述说明这些理论规则。

文艺复兴时期的人文学者大都期待对现实作出干预,不再只把学术活动看成个人的事业,或将学术成果用于自我欣赏和满足,他们努力向大众传播自己的感受、领会和发现。这种干预首先体现在改造当时教育制度的方面。例如，西班牙人文学者胡安·路易斯·比韦斯努力将修辞学确立为学校的课程之一，以使其成为所有受教育公民的一种基本修养。

五、修辞与其他学科的融合

中世纪已经出现文学理论和创作修辞化的现象，文艺复兴时期修辞的兴起则进一步促进了这一趋势的发展。具有代表性的文学作品普遍跟修辞密切相关，如辞格和其他修辞手段被广泛地用来修饰文字；融合不同的修辞体裁和结构；注重追求情感效果；对事物的描绘力求"生动活泼"，给予读者身临其境的感觉。

到文艺复兴时期，修辞不再局限于某一领域，而是涉及许多理论和实践活动，一方面对学者和哲人的思维产生影响，另一方面也影响政界和宗教界的事务。修辞在学术、政治、教育、文化、科学和文学领域发挥的作用尤其重大。文艺复兴时期的修辞学家最早的身份往往是发掘古籍的人文学者，同时他们积极投身于公共领域的工作，如法律、政务等。

六、修辞复兴的发展趋势

首先，修辞观点与著述不再只通过拉丁文进行出版和交流，而是经历了"地方化"的过程，开始以民族语言为载体，以地方性读者为受众，以出版地独特文化和话语条件为参照。其次，在这一时代潮流的影响下，修辞思想突出地表现为对风格的器重，尤其是提倡丰满富丽、多姿多彩的风格。第三，由于对科学知识的广泛兴趣和热烈追求，科学复兴也逐渐成为文艺复兴的另外一个重要组成部分，科学话语以必然性和确定性作为观念基础，影响力与日俱增。部分人文主义者敏感地意识到这一新发展冲击了当时的社会观念，尤其影响了以或然性为观念基础的修辞话语，他们开始改造以修辞为核心的主流话语观，并且开始关注与"修辞"相辅相成的"辩证"。

第四章　文艺复兴时期的西方修辞学发展史

第二节　代表性修辞学家

一、托马斯·威尔逊

威尔逊生于英格兰林肯郡的一个中产阶级家庭。威尔逊的父母在贵族朋友的帮助下将他送到伊顿公学和剑桥大学，在此他接受了受拉米斯影响的人文主义课程教育。文艺复兴时期所出版的原创修辞著作虽然种类和数量都十分庞大，然而绝大多数都是以当时通用的学术语言拉丁文创作和出版。随着教会在政治上不再对欧洲长期保持一元化控制以及欧洲各民族国家的崛起，各国通行的地方性语言的地位得到了极大的提升，用其写成的学术著作也开始出现并出版。其中威尔逊的《修辞艺术》同时兼有突出的系统性和强烈的地域感及时代感，被认为是将欧洲大陆流行的人文主义修辞学进行英国化的最完备、最成功的作品。

《修辞艺术》全书除献辞和前言以外共有三卷。就体例而言，这本书总体十分接近古典修辞典籍。卷一首先概述修辞艺术，然后基于修辞的三个主要类型分别讨论了修辞发明的方法。卷二以讨论修辞文本的基本结构成分为主，即古典修辞的"布局谋篇"。卷三则关注对文体风格的讨论。然而威尔逊并非仅将古希腊、古罗马的典籍简单地译成英文。在具体论述中，他会根据具体历史文化条件，再思考和再表述源于古代世界的经典修辞思想，还会在革新和改造旧体系的基础上提出新视角。例如，他的整体论述架构与古典范式并不完全相同，他根据中世纪以来宣德（或曰仪典）修辞已经成为主导性修辞样式，在社会、文化、意识形态领域发挥关键作用的这一事实，将其置于经典修辞学家作为参照点的议政修辞和庭辩修辞之上，进行重点论述。在讨论修辞文本结构时，他还添加了如何扩展内容和调动情感等两项内容，并使"组织结构"这一传统范畴的内涵得以丰富。他有关文体风格的讨论不仅涉及两个传统标准"清晰"和"确切",还提出另外两个基本因素,即"组合"和"异彩",认为两者同样是修辞者必须予以考虑的。

威尔逊再思考了以 16 世纪中叶欧洲的历史文化条件为出发点的古典修辞观念,提出了很多具有鲜明时代特色的新观点。他将修辞定义为:"修辞是通过言辞的表达阐明一切事物的艺术"(Wilson,1994:45)。一切理解、认知、表述、表达要么是修辞,要么依赖修辞,后天接受的修辞教育和训练是领会和掌握修辞艺术的关键环节,而不是先天获得的言说禀赋。威尔逊还从三个方面解答了"为什么要对修辞艺术加以总结和阐述"这一问题,这是过去鲜有作者触及的。首先,有关修辞艺术的著作"使那些原来对此道不甚了了的人也可以洞察行家采用的修辞手法和手段"。其次,不管是在说话还是写作方面,都有助于人们能自觉遵照发明的一般规则和程序。最后,提高人们的修辞艺术素养能使原来就有言说天赋的人进一步提高自己的口才,同时使原来不善言辞的人也能在艺术的启迪下更好地表达自己。这些观点号召整个社会努力培养出具有修辞批判能力的受众和具有理论反思能力的修辞实践者,并且通过修辞教育开发社会成员的潜能,具有明显的现代性。威尔逊在谈及教化、愉悦、说服这三大传统修辞功能时反复强调,在言说实践中,使受众毫无障碍地理解所说的内容是最为重要的。

二、伊拉斯谟

荷兰学者伊拉斯谟是 16 世纪文艺复兴时期人文主义运动的突出代表,也是修辞复兴运动的主要推动者。1466 年 10 月出生于鹿特丹的神父家庭,1492 年成为神父。1495 年在巴黎深造时开始接触一些人文主义者。他在教育领域有诸多建树,著作等身,一生所求都体现了修辞思想和人文主义之间存在的密切关系。他对人文主义语言研究影响深远,所著的《格言集》被视为文艺复兴时期"仪范修辞"的代表作。书中精心挑选古典著作中的 3000 多条格言,加上伊拉斯谟自己的理解、评注与发挥,他的人文主义精神得以充分体现。他创作的《布道方法》是这一时期最完整的关于宗教演说的修辞学课本。从传播基督教教义这一根本目的出发,这本书系统地探讨了整个修辞艺术。虽然仍受中世纪布道修辞写作的纲要式方法影响,宗教修辞的范围却因此书得到极大的拓宽。伊拉斯谟反对一切会导致僵化、凝固、单调的陈腐观念和烦琐规范,提倡思想和表达的丰富多变。他将注意力放在文风的修改方面,将多样性和"丰裕"融于一体,还兼顾了思想和言辞的"丰裕",将这一概念确认为最高文体价值。他还在1511年左右出版了《论言辞和思想的丰裕》一书,针对这一概念详加阐发。在全书的引言部分,伊拉斯谟开门见山地提出洋溢着多姿多彩思想,汇集了多种多样词语的言论是最令人赞叹不已的。从"丰裕"这一概念出发,伊拉斯谟区分出两个层面,言辞和思想。针对言辞层面修辞者可以通过同义、故意离题、词形变化、隐喻等手段实现丰裕效果。在思想层面则可以通过论点、事例、相关事物、相似事物、对照事物等的叠加、扩张和铺展实现丰裕效果。同时,伊拉斯谟也为"丰裕"设置了严格的限制条件。追求"丰裕"的前提条件是言说者首先应该熟练掌握纯正优雅的拉丁语。此外,应该只选用经典作者用过的或者其正确性、规范性获得公认的那些词语及表达,以保证语言的纯正。伊拉斯谟还强调在追求丰裕的同时,应当谨慎地区别和选择可资利用的所有话语资源,着重关注材料的组织和安排,避免使自己的言辞成为一堆夹生的原材料,给受众带来昏头昏脑、无所适从的感觉。

在伊拉斯谟看来,同义词的应用是使表达免于单调的首要和最简单的方法,同义词虽然在表达的意义方面基本相同,其文体效果却区别较大。他指出在选用同义词时,应该将与其应用相关的人、时、场合等因素考虑在内。除同义词之外,伊拉斯谟还列举了利用同一单词的不同词形、同一事物的不同名称、迂回表述等同样基于同义现象的铺展手法,并逐一进行说明和例证。

伊拉斯谟对隐喻的定义是词语从其"真正"的或"本来"的意义转移到另外一个并不属于它的意义上。他按照实现手段将隐喻分为五大类型：形/义转移型（词语形态和意义互相转移）；理性造物/非理性造物（即人和动物）转移型（将理性造物的名称转给非理性造物或相反）；生物/非生物转移型（将生物的名称转给非生物或相反）；生物间转移型（将某一生物的名称转给另一生物）；非生物间转移型（将某一非生物的名称转给另一非生物）。按照其基本成分是否固定，隐喻还可以分为单向和双向两种。伊拉斯谟还一同讨论了跟隐喻相关的讽喻、偏喻、多步转喻、换喻、提喻等转义辞格。不仅逐一阐述如何通过这些辞格的应用提高表达的多样性，还在讨论中顺便提出涉及修辞整体的一些具有新意的视角。

伊拉斯谟是文艺复兴时期人文主义运动极具代表性的人物，他著作等身，而且在教育领域也很有成就。他精通希腊语和拉丁语，坚持用拉丁文写作，对大量古代典籍和《圣经》进行翻译和校订，创作了大量的人文著作，在欧洲极大地传播了人文主义思想，对当代和后世都影响深远。

三、拉米斯

拉米斯是另一位文艺复兴时期人文主义者，1515年在一个贫穷的家庭出生，8岁开始学习拉丁语，12岁时至巴黎大学学习，在克服重重困难完成学业以后，于1536年获得硕士学位。在他还是学生的时候，他曾听过德国学者约翰·斯特关于阿格里科拉《论辩证发明》一书的讲座。后来他在当时的学术中心巴黎大学任教，却严加抨击其经院式学术论辩传统，并将矛头直指这一传统的观念基础亚里士多德体系本身，尤其是其中的辩证学。他一方面长期讲授修辞学，另一方面却著书立说攻击西塞罗和昆体良的传统修辞思想。他是一位杰出的人文主义者，不同于其他人文学者那样谴责经院哲学家利用其享有的话语霸权压制对古代经典的学习和传播，他针对古典思想家也提出批评，此外他还反对当时的教育部门侧重古典语言，极力主张提升各国民族语言的学术地位，各国民族语言的学术地位在当时还是登不上大雅之堂。此外，他还要求重新划定三门传统学科的界限，对从中世纪以来一直是基础课程的"三艺"——即语法、辩证学和修辞学的传统分工和分野不以为然。

拉米斯在16世纪中叶出版了一系列著作，将批判的矛头直指西方话语和修辞传统的三大权威——亚里士多德、西塞罗和昆体良，批判他们将辩证学和修辞学混为一谈。拉米斯对三大权威口诛笔伐，主要原因在于他反对古典话语理论对话语领域不同学科的定位。在他看来，修辞与思想的生成和意义的构筑并不相关，思维和言辞是人类完全不同的两种禀赋，修辞只能修饰通过非修辞途径产生的想法和念头，以便使其表达更准确、生动、有力。因此，在将思维的艺术和言说的艺术，辩证和修辞严加区分的基础上，再次认识修辞是很有必要的。他提倡严格区分思维的艺术和言说的艺术，认为修辞的研究对象应当只包含文体和表达两项，而它一向承担的中心任务包括念头、话题、论点的发明以及材料的组织和安排应当划归辩证学。经他改造以后，辩证学成为统辖包括修辞构思在内的一切思维活动的艺术。

拉米斯的思想有力地抨击了这一时期诞生的经院哲学。在他看来，经院哲学的说理方式太过烦琐，他倡导运用自己的方法，因为其方法更能有效地明晰和完成经院哲学的目标——表述现实。与早期谨慎地将中世纪知识界与他们所宣称的中世纪被曲解的古典作者割裂开来的人文主义学者不同，拉米斯希望能够摆脱一切权威的束缚，无论是古典时期的还是中世纪的。

拉米斯的改革传播开来，在欧洲引起了很大反响。拉米斯反对将不确定性、具体性和综合性等概念或原则作为话语研究的前提，而要求用确定性、普世性和分析性取而代之。他也不认可修辞诉求的全面和多元，反对在修辞发明过程中诉诸情感和人格，认为思想的唯一源泉和诉求的唯一对象是理性和心智。拉米斯是一位重要人物，在古典修辞思想传统向现代修辞理论过渡的关键时刻发挥了桥梁作用，在西方修辞思想史上也享有独特的地位。他本身虽然并不处于随后出现的所谓"理性的时代"，其对理性和心智的着力强调却呼唤了这一时代的来临。

参考文献

1. 姚喜明. 西方修辞学简史. 上海：上海大学出版社，2009.
2. Miller, Thomas P. "Eighteenth-Century Rhetoric." In *Encyclopedia of Rhetoric,* Thomas O. Sloane, (ed.). New York: Oxford University Press, 2006.
3. Wilson, Thomas. *The Art of Rhetoric*(1560). University Park: Pennsylvania State University Press, 1994.

思考题

1. 文艺复兴和修辞复兴之间的关系是怎样的？
2. 修辞复兴的特征有哪些？

---

1. 胡曙中. 现代英语修辞学. 上海：上海外语教育出版社，2004.
2. Erasmus, Desiderius. *The Colloquies of Erasmus.* Chicago: University of Chicago Press, 1965.
3. Erasmus, Desiderius. *On Copia of Words and Ideas.* Milwaukee: Marquette University Press, 1983.
4. Jerrold E Seigel. *Rhetoric and Philosophy in Renaisance Humanism.* New Jersey: Princeton University Press. 2015.
5. Machiavelli, Niccolo. *The Prince.* Atlantic Highlands: Humanities Press, 1996.

第五章
启蒙时期的西方修辞学发展史

16世纪,修辞复兴的大格局并没有戏剧性的发展。16世纪末,由于印刷出版业的兴起,信件成为大量的政治与商业事务交流信息的主要方式,修辞学的重心在教学实践中和课本中都逐渐自口头表达转向书面表达。直至17世纪,西方现代主义思潮席卷整个欧洲,修辞研究才发生质的变化,修辞学又一次通过自我改造来适应其所存在的文化语境中发生的新一轮剧变,这是一个漫长而缓慢的双向过程。一方面它对现代主义主流话语采取顺应、吸纳和利用的态度,根据其要求对自己进行必要的改造,以保持其作为传统"言说艺术"的学科相关性和正当性;另一方面,它继续在社会、政治、法律等话语领域发挥不可或缺的指导作用,使主流思想不得不对自己采取一种爱恨交集、既打压又容纳的矛盾态度。

第一节 概述

一、修辞面临的智力环境

当时修辞面临的现代主义思潮包括三个主要流派:在17世纪中叶盛行的理性主义,代表人物有法国哲学家、数学家和科学家笛卡尔;于17世纪末18世纪初获得长足发展的经验主义,代表人物有英国哲学家培根和洛克;在18世纪末叶融合以上两股思潮形成的独特思想体系的德国哲学家康德。在这样多种思潮构成主流思想意识的条件下，不同于文艺复兴时期，修辞享有的话语空间遭到严重挤压。修辞是一门集古典智慧之大成的综合学科，与现代主义秩序以颠覆传统思想的信条不相符，引发跟"古人"和"过去"的联想，而且其核心概念"修辞发明"也不算是发现"新知识"的手段，因此修辞学科在知识界很难受到重视。

二、修辞的应对

修辞在面对这一困境时再次借助不同装扮重新登场。在其新装扮中，有两件至关重要，首先，它将传统意味特别浓烈的概念和范畴淡化甚至放弃，以打出"语言""交流""论辩""作文""阐释"，甚至"美文"等跟时代相适应的旗号的方式，使自己得以在现代主义盛行的环境中顽强地生存，并在不少具体研究领域（如论辩学、作文理论）获得发展；其次，它还屈从于提倡专门化研究的科学方法（刘亚猛，2018）。17世纪之后出现的人文领域的语言学、心理学、现代哲学等现代学科，都是在传统修辞研究基础上构建起来的，这些学科所研究的课题，最早都是在修辞的学科框架内首先得到关注、讨论和表述的。语言学等现代学科的出现也完全可以被视为修辞本身采取的一种策略性行为。

相较于中世纪早期之后经历的没落，修辞从17世纪到20世纪初叶的三百多年处于没落的阶段则更为单纯和彻底。这主要是因为这一新阶段的现代性需要通过与传统思想观念的决裂而得到界定，修辞学代表传统智慧和古典学术，只能被视为时代潮流的对立面。但现代主义思想家却都在修辞问题上表现出一种"知"与"行"的脱节，他们虽然对修辞艺术进行口诛笔伐，在理论上剥夺了修辞技巧和手段的合法性，却同时将其广泛运用在自己的文字与论述中。

第二节　修辞学家

一、勒内·笛卡尔

1596年，勒内·笛卡尔出生在法国安德尔-卢瓦尔省的图赖讷。他出身于一个贵族家庭，父亲是雷恩的布列塔尼议会的议员，同时也是地方法院的法官。他自幼便颇具哲学家的气质，然而他父亲希望他未来能够成为一名神学家。笛卡尔1613年到普瓦提埃埃大学学习法律，于1616年获博士学位。笛卡尔毕业后在欧洲各地游历，长期没有固定职业，专心在"世界这本大书"中汲取智慧。自1628年移居荷兰长达20多年。在此期间，笛卡尔深入研究了哲学、数学、天文学、物理学、化学和生理学等领域，与数学家梅森神父及其他欧洲主要学者联系密切，逐渐形成了自己的思想，完成了好几部重要著作。

从表面上看，理性主义作为现代主义思想的主要构成成分之一，与传统修辞观念是完全矛盾的。勒内·笛卡尔拒绝"接受所有只不过可能是正确的观念，只要信任已经被透彻理解，就不可能存在任何疑义的事物，并将这一做法当作规则加以实行"（Barilli，1989：75）。然而笛卡尔在自己的话语实践中并没有身体力行上述规则，在阐述和解释对普通读者来说抽象晦涩的内容时，他也会不自觉地使用起各种诉诸感官和情感的修辞手法，如具有感情色彩的词语等，他本人也逐渐意识到只有采用各种修辞手法并对受众做出必要的顺应，才能让更多的读者对自己反修辞的理性主义世界观感兴趣，并认同这一新思想体系。因此，笛卡尔不再简单地持排斥态度，开始重新审视修辞艺术。他肯定了"内容"对文体风格的依赖和文体风格的重要性，区分了修辞的核心理念——雄辩，将其分为"伪雄辩"和"真雄辩"，依照的标准是为言说者对自己所表达的观点是否抱有真挚的个人信念（Carr，1990：16-18）。此外，他还公开承认自己提出的基于"自明"原则的推理方法仅应用于形而上学和科学,并不适用于对事关人类行为和人生态度的讨论,后者仍需依赖说服以及通过这种说服产生的一种"道义上的确信"(Carr,1990:31-32)。这一矛盾的态度在17世纪法国著名科学家、哲学家布莱兹·帕斯卡身上也有体现。他指出话语实践者除了用道理证明之外,还必须取悦于受众。与使人信服相比,使人愉悦更困难,更不容易把握,更有用,因而也更令人赞叹(Barilli,1989:76)。

二、弗朗西斯·培根

弗朗西斯·培根是经验主义思想先驱之一,在其相关论述中也表现出经验主义者针对修辞所持有的复杂立场与态度。在他看来,修辞的"职责和功能"是"将理性施加于想象,以便更好地调动意志"(刘亚猛,2018)。这一定义同时强调了"理性""想象"和"意志"三个范畴,暗示只有当"理性"和"想象"协同配合时,行动才可能发生和完成,强调了修辞在社会和人生进程中能激发意志、促成行动的关键作用。他还详细阐述了理性本身的局限性及其对包括修辞在内的各种因素的依赖,他提出理性在发挥作用的过程中会受诸如似是而非的论辩、冲动的热情和过度想象等的影响,因此需要诉诸逻辑、道德与修辞,以克服相关干扰。他重新阐述了修辞的核心概念"修辞发明",将"心智艺术"按目的分为四类:探索或发明、审验或判断、保存或记忆、表达风格或"传统技艺"。在这一分类体系中,他将"修辞发明""记忆"和"文体"等纳入"心智艺术"的范畴,并将"传统技艺"和表达风格相等同,由此看来,培根已经完全从智力的角度来看待话语领域的构成。此外,在17世纪"波尔罗亚尔逻辑学家"的作品中,现代主义者对待修辞的矛盾态度也十分典型,代表人物有安东·阿诺德和克劳德·兰斯洛。他们的作品几乎只关注人的心智活动,并阐述了两个基本观点,使笛卡尔思想得到普及,并进一步加剧了修辞的边缘化。这两个观点是:一、不受感觉和想象影响的"纯心智"享有最高的地位;二、思想完全独立于语言。

虽然培根并没有系统地描述修辞学，但是他作品中所呈现的关于修辞的论述对17世纪修辞理论的发展方向极具启示意义。在他看来，科学话语是真理的科学版，而修辞是将知识与社会问题联系在一起。在培根所生活的追求科学至上的大环境下，这种区分意味着将思维和言语区分开来。他对柏拉图的观点持批判态度，因为柏拉图认为修辞会扭曲真理，而他认为问题并不在修辞，而是含糊的词语和他们在外延和内涵意义之间不可避免的转换。修辞使知识在外部世界发挥作用，它是一门严肃的艺术，同时也承担着重大的责任。培根认为修辞将道德与理智联系起来，但修辞本身却无法实施道德的行为。

三、贝尔纳·拉米

贝尔纳·拉米是波尔罗亚尔学派的另一位重要成员，他后来用法语创作的《言说艺术》（1675）十分与众不同，是一部以修辞为中心议题的话语理论力作。书中对修辞表示极大的重视和肯定，与阿诺德、兰斯洛等人对它的贬抑形成鲜明对照。拉米将全书划分为五个大部分，分别讨论"语音和语法""辞格""发表""文体风格"和"说服艺术"。虽然不同于传统上对修辞进行的"修辞发明""布局谋篇""文体""记忆""发表"五大部分的划分，但讨论的却都是古典修辞理论家，尤其是昆体良探讨过的话题。拉米在书中阐述的不少关于意义、符号和语用习俗的观点令人耳目一新或深有启发，他认为不将问题完全说清说透正是调动读者主动精神的一个基本条件，从而鼓励读者的主动精神和批判态度。他将辞格视为使激情在"话语中得到表达"的形式，是"激情"的"独特字符"。在他看来，虽然激情可能夸张和扭曲我们的观察、理解和判断，影响我们只有通过冷静推理才能获得的真知，但它却是"意志和思想的动力"，是言说和社会互动的决定性因素之一。修辞者对激情的利用在很大程度上决定着修辞的成败得失。他从文体风格的角度批评了修辞学家的传统习惯，提出风格必须以具体受众、语境和体裁为转移，不能不加区别地采用同一套标准和价值。此外，拉米对言说和说服艺术的界定和表述，既颠覆了亚里士多德传统将修辞等同于"说服"，也反对西塞罗传统对"言说"和"说服"不特别加以区分的做法，他认为说服是一种特殊的言说形式，这一观点极具启发性。

四、詹巴蒂斯塔·维科

1668年，詹尼蒂斯塔·维科出生于那不勒斯的一户普通人家，他从小勤奋好学，偏爱语言学、法学、历史学、哲学等学科，把追求最高智慧视为自己终身的目标。1694年，维科于那不勒斯大学毕业，获得法学博士学位。1699年，维科的系列讲座开始，用于传播自己的创新思想。詹巴蒂斯塔·维科是18世纪意大利著名的语言学家、法学家、历史学家、美学家和哲学家，维科的理论对孟德斯鸠、赫尔德尔、马克思等都有着相当的影响，被誉为"意大利的黑格尔"。维科重点关注对修辞思想的挖掘和阐发，特别是继承与发扬西塞罗思想，注重对修辞传统承载的深刻人文主义内涵的开拓和发扬，为修辞思想在20世纪的蓬勃复兴奠定了坚实的基础（刘亚猛，2018）。他批判了理性与科学时代的主流思想，认为所有知识，包括科学在内，都是通过论辩和成功的说服而产生，修辞因而是我们研究知识的一个更有用的视角。他对现代主义教育也有自己独到的理解，批评其"过分注重自然科学，对伦理则不够重视"。伦理研究严重失衡致使培养出的人才无法适应社会的需要，现代主义教学大纲忽略传统修辞，使受教育者的言说无法体现对人类心理的熟练把握，缺乏热情，无法识别、抵抗和化解那些带"欺骗性"的"模拟和伪装"，因而无法在生活中稳健行事。维科强调的人文主义教育观与18世纪的智力秩序严重矛盾，因而受到主流思想家的集体攻击，针对相关攻击他也作出了回应，他重申自己鼓励受教育者追求"既有其实亦有其表"的真理，"既符合道义又受到众人赞许"的美德。此外，维科还认为雄辩诉求的对象几乎全部是我们的情感而非理性，雄辩的作用是说服，言说者必须能在听众心中唤起他希望看到的那种情绪，这需要采取更为感性和具体实在的手段。

五、乔治·坎贝尔

1719年，乔治·坎贝尔出生于一个牧师之家，自幼受到良好的教育，这为其后来在语言、神学、修辞学方面的研究奠定了坚实的基础。从马歇尔学院毕业后，他开始学习法律，起初在一所苏格兰律师处实习，后又继续在爱丁堡学习神学。学习结束后，坎贝尔在宗教界与学界逐渐拥有了一定的声望，成为传教士。他是苏格兰神学家和修辞学家，于1776年完成的《修辞原理》是西方修辞理论承前启后的一部重要著作，也被视为18世纪西方修辞发展的高峰。此书标志着近代修辞思想体系的基本形成，同时也为20世纪中叶"新修辞"的崛起奠定了坚实的基础。在书中，他力图勾勒出人类心智的轮廓，并且受诗人和言说家的指点，揭示其隐秘的活动方式，探索出感觉和行动产生的主要途径及根源；研究如何通过语言的应用，以告知、证实、取悦、感动和说服为手段，对听者的灵魂施加影响；在人性科学的指引下，更准确地探明言说艺术的根本原则（刘亚猛，2018）。对坎贝尔而言，用科学话语重新表述或者"重新包装"修辞学既是目的，又是达到这一目的的基本手段。

坎贝尔认为修辞是一门十分独特的学科，比任何一门学科同人类所有禀赋或心智能力的联系都更密切。他以"目的"和"效果"两个关键词为支点，系统地表述了"雄辩"这一核心概念。他指出任何言说都有一定的目的，归根结底就是言说者试图在听者心中或身上产生的效果。因此雄辩应该被理解为使话语适配其目的的艺术或才能。具体来说，这种目的以人类心智的四大功能为标准，可以分为四类：启发理解、愉悦想象、引动情感、影响意志。一般来讲，任何话语都会选择其中一类作为自己的主要目的，此外，还需确定和考虑某些次要目的的辅助实现主要目的。坎贝尔直接用"雄辩"这一表达效果的概念来指代"修辞",突出强调"目的"和"效果",标志着对修辞的见解向功能主义转化,逐步脱离传统的形式主义和结构主义视角。他强调话语和目的相适配,这是一个前所未有的、带有突出原创性的新理解。传统修辞话语预设的典型研究对象是严肃正规的修辞场合,并没有特别区分不同类别语言交流中的雄辩,坎贝尔则注意到那些讨论"轻松琐细话题"的话语交流。他对存在于后者中的雄辩形态进行审视,将原有的修辞领域划分为"交谈之雄辩"和"演说之雄辩"两大板块,并对前者进行了初步的理论探讨。他认为和严肃言说一样,"交谈"的效果也是通过诉诸想象、情感和意志得以实现。坎贝尔也详细探讨了修辞与"逻辑"和"语法"两门相关学科之间的关系。他认为逻辑和语法是话语的"灵"与"肉",分别涉及话语的意义和表达这两个基本构成成分。逻辑只关注话语的题材,而雄辩考虑的还有言说者和受众。但雄辩不仅启发理解,而且有愉悦想象、引动情感、影响意志等其他功能。此外,修辞和语法的区别则主要表现在文体和句法的区别上。语法学家只对语言作出"纯正"的要求,即不违背常用意义和习惯用法,只运用相关语言中的标准用语。针对语言使用,修辞学家提出了更高的要求,即话语实践者不仅要达到"纯正",而且还必须"优美"和"有力"等。

  为适应理性科学时代的智力环境,坎贝尔在《修辞原理》一书中关注"逻辑",并且认为"证据"是讨论逻辑性说服手段的核心概念。他将证据划分为"直观性"和"推导性"两大类。直观性证据包括三小类:源于"纯理智"的"公理",源于亲身体验的"觉察",以及"人同此心、心同此理"的"常识"。它们全都是自然的、原始的、不负自证责任的。推导性证据则是通过一定的程序和步骤,基于"自我明了"的终极原则和道理证据推导出来的,它包括两个部分:以公理为原始基础的"实证性"或"科学性"证据和以觉察以及常识为原始基础的"显然性"证据。后面这一部分可以再细分为"经验""类推""证词"和"概率"四种。

  对于修辞来说,受众至关重要,然而从古希腊一直到18世纪,专门探讨受众这一话题的修辞学家并不多见，通常认为受众是说服技巧研究的附属概念。坎贝尔实现了突破，在其著作《修辞原理》中对"受众"做出了有理论意义和深度的思考。在他看来，受众这一概念具有普遍性和特殊性双重性。普遍性是指其成员具有由人的本性决定的一些基本素质，包括理解能力、想象力、记忆能力和情感能力，对这些素质的了解和利用将对赢得受众信服大有裨益；特殊性则表明言说者应关注受众独特的性格特征，并据此调整自己的表达风格和说服手段以与之相适应。

坎贝尔认为修辞者能否赢得受众的好感决定修辞者说服的成败。当受众不看好修辞者的智力或道德水准时，受众对修辞者的好感度将急剧下降，两者相较而言，对修辞者操守的负面评价影响更大。在他看来，修辞人格所起的作用受具体的演说类型、修辞者在公共话语中被指派担任的角色（尤其是修辞者和受众关系）的影响。修辞者应根据不同的修辞形势对演说者应该表现出的修辞人格做出调整。不管如何调整，都含有两个基本构成成分："身份"（如议员、律师、牧师等）——修辞者作为社会和其中某一界别的成员而获得；以及"人格"（如温良恭谦或严肃刚直）——修辞者作为个人所具有的人品性格。换言之，修辞人格是一种"身份／人格"组合。一定的身份要求一定的人格作为其配套，如果想获得最大的修辞效果，修辞者以某一身份致辞时只能刻意营造与之相匹配的那种人格（刘亚猛，2018）。坎贝尔的观点一方面继承了古典修辞学家的表述，认为"修辞人格"是一种修辞构筑，另一方面突破了他们在古希腊、古罗马的特定社会、文化框架内形成的多重见解。他不仅按照自己的独特感受，强调修辞人格必须随具体修辞形势和受众的期待而做出调整，必须将"身份"和"品质"组合，而且率先指出修辞人格乃至修辞作为一个整体都与"权威"这一概念密切相关。

修辞和文学在17、18世纪，尤其是18世纪此消彼长。面对这一状况，坎贝尔试图重新确认长期存在于修辞和文学之间的关系，明确指出文学对修辞的从属地位。他认为诗只是修辞分支中的一种形态或样式,因为文学的直接目的,都只不过是言说目的的一部分,不管是"颐悦想象"还是"激发情感"。文学和修辞的媒介同为语言,二者在叙事、描述及论辩方面,都遵循文章的一般规则,同时二者也都会运用一些辞格来增加文采或活跃言辞。坎贝尔不仅从总体上探讨了修辞原理,还重点讨论了原理在具体语境中的应用。他将话语划分为三个体裁:在法庭、议院和布道坛上发表的演说,还从各种话语因素中抽象出五项基本要素用于理解和分析话语,即"言说者""致辞对象""主题""场合""目的",从实用的角度出发,坎贝尔逐一审视这些要素。例如,关于"致辞对象",他着重讨论了"混杂受众"的相关内容,如果考虑受众混杂程度的话,他认为布道演说是最具挑战性的修辞样式,而庭辩演说是最容易的类别(刘亚猛,2018)。

在西方古典修辞理论中,语法是语言学习入门或基础学科,包括掌握基本词汇,学会正确书写和造句等。而修辞则是更高层次的话语艺术,指在真实语境中应用语言、实现交流并产生效果。语言和语法受这一观念的影响历来未得到修辞学家较高的关注,通常也仅限于从文体风格的角度讨论如何通过遣词造句来对语言进行论述。《修辞原理》进一步破除了这种不重视语言的传统观念。他认为传达思想感情,产生行为效果是修辞的根本目标,而语言是达成这一目标的"唯一手段"。这一认识使他在书中对语言进行了深入细致的思考,并得出一些令人耳目一新的结论,具有突出的现代语言思想特征。

六、休·布莱尔

休·布莱尔是18世纪苏格兰除坎贝尔以外的另一位著名修辞学家。他于1783年出版《修辞与美文四十七讲》,是又一部在近代西方修辞史上曾产生重大影响的作品。这部书和《修辞原理》都与18世纪勃然兴起的"苏格兰启蒙运动"有密切的关系,标志着修辞已经成功地经受住现代主义思潮的强大冲击,在新的智力环境中站稳脚跟，而且开始再试锋芒，迈向继文艺复兴之后的又一个理论发展高潮，这一过程正是通过其长期自我调整和改造实现的（刘亚猛，2018）。《修辞与美文四十七讲》的讨论内容包括几乎所有传统修辞研究课题，如"语言史""语言结构""辞格与风格""言说体裁""篇章结构"以及"修辞史"等。布莱尔将修辞与发挥培育情趣、陶冶性灵功能的人文作品综合起来考虑，集中深入地讨论了历史、哲学，特别是文学等人文学科与修辞的关系，文学修辞的社会功能，文学及修辞批评对社会习俗和话语行为的匡正作用等方面，极具原创性和启发性。布莱尔撰写这本书的主要目的是按照18世纪末叶英国资产阶级主流社会对话语的总体期待和要求，将历来着重研究如何说服小范围受众的传统修辞学改造为探讨如何通过对"美文"的"批评"和欣赏，在整个社会培育起某种"公共情趣"的现代交流学（刘亚猛，2018）。当时的社会环境极大地促进了他作品的受欢迎程度。由于18世纪欧洲社会对文化和人性关注的全面复兴，修辞学得以恢复到早期的地位。其次，《修辞与美文四十七讲》的成功还得益于布莱尔卓越的口才、富有洞察力的批评、优美的文体。

在传统修辞思想中，理性通常被认为是与生俱来的天赋。修辞者可以通过推理、论辩等手段，诉诸受众成员的理性机能，产生说服效果。然而，布莱尔在有关人类理性的见解方面与传统修辞思想迥然不同，他认为相较个人"言说能力"，使社会成员能够相互"将自己的思想传达给别人"的那种"交流能力"要更重要，而个人"言说能力"往往被当作修辞实践的基础，倘若思想之间不能实现有效交流，理性就只是一个孤独而且在一定程度上不起作用的天性。这里所指的"人类理性"是指通过话语和写作互相启发而产生的那种理性，并不是个人的某种努力或能力。

对那些将写作和言说作为职业需要的人来说，修辞艺术的重要性不言而喻。在布莱尔看来，修辞艺术即使对于大多数不以说和写为职业的公众来说，也十分有益。修辞艺术和修辞话语涉及所有社会成员的话语行为及对其的认识和判断，尤其将改变他们的"情趣"，使他们愿意并且能够从事"批评"的活动（刘亚猛，2018）。这种批评艺术教会我们如何在独立思考与判断的基础上全面评价作品，而不是盲目地"人云亦云"。布莱尔认为如果人们"将健全的思维原则应用于作文和话语，审视其中蕴含的美及其成因，将似是而非的论调和实在可靠的观点、做作的装扮和自然的修饰加以区分"，则他们对人性的理解必将大大加深，也就是说他们将不仅提高自我认知水平，也会更加透彻地理解想象究竟如何运作，心灵如何被触动（Bizzell & Herzberg，1990：799–801）。

"情趣"在布莱尔的修辞理论体系中取代"雄辩"成为核心概念。他将情趣界定为人人具备的一种从自然美和艺术美中间领略到乐趣的能力。美感往往并不产生于理性的理解和推导，而是感性的直观和印象，但理性的参与可以增加情趣的欣赏和判断能力，因此，布莱尔也将情趣称为一种"复合能力"，由"理解"和"情感"交织在一起，"细致"和"正确"两种性质在其身上相辅相成。细致性涉及情感，得益于此，富有情趣者能发现别人看不出的美并且对美有更深的感受。正确性则与理解更密切相关，它使具有较高情趣的人能够识别真美和假美，不为美的"赝品"所欺骗。

他认为培养情趣的方式之一是与美文的亲密接触。诗歌、雄辩和历史等话语体裁为公众提供了"高尚的榜样"，使情感得到升华。"情趣的应用"具有"净化道德"的"内在倾向"，因而在修辞产生宏观、长远社会效果的过程中至关重要。因此，情趣研究的必要性也是不言自明的，最需要关注的问题是究竟如何确定情趣的标准。一方面，情趣是人性的组成部分，源于人类与生俱来的某种"内在美感"，因此标准趋于统一和确定。另一方面，某一社群成员行使和发挥情趣能力的方式不可避免地会受到国度、宗教和政制等社会文化因素的"扭曲"，甚至具有相同文化和时代背景的不同个人对美的判断和感受都不一样（刘亚猛，2018）。因此在这个意义上情趣并没有统一固定的标准。

总之，布莱尔从多个角度将情趣确立为一个修辞范畴。情趣，和"雄辩"一样,是一种"复合能力",是智力、情感和感知共同作用的结果。情趣的目的并非为了理解或认知,而是通过观察和阅读,发现、欣赏和鉴别"美",并从中获得乐趣。但其终极目标是利用情趣,倡导包括"公共精神"在内的各种主流价值观念,培育"温雅""仁慈"等文明品质,提高社会成员对美德的"亲近感",促进"道德净化",并非仅仅获得对美的感受。

七、理查德·惠特利

惠特利1787年出生于英国伦敦,在牛津大学奥瑞尔学院完成高等教育,1821年婚后定居于牛津。相较于坎贝尔和布莱尔,惠特利的修辞思想诞生得较晚,到了19世纪20年代才成书,50年代才被人们所熟知。1828年,19世纪英格兰著名神学家和逻辑学家理查德·惠特利写成《修辞基本原则》,标志着近代修辞学的发展高潮达到最后一个峰点,成为修辞研究的一个高潮和一个低潮的分水岭。同《修辞原理》一样,《修辞基本原则》深入探讨"论据的发现与组织""情感的激发和处理"以及"文体和表达"等三大修辞问题,不仅对整个修辞领域提出一个独特而系统的表述,又进一步调整了修辞学科以适应当时的历史文化条件(刘亚猛,2018)。但惠特利从两个方面改造了经典修辞,一方面,他对修辞传统进行再叙事,描绘其发展主线,将亚里士多德视为源头,经由昆体良、培根、坎贝尔和布莱尔传承下来,并将在西塞罗思想指引下形成和延续的欧洲修辞传统重新表述为以亚里士多德思想为核心的发展过程。19世纪中叶到20世纪中叶的一百多年间,修辞的自我认识和修辞史的编撰便深受这种重构的历史叙事的影响。另一方面,惠特利更加强调修辞对理智的诉求,他将修辞视为"逻辑的一个分支",并在很大程度上将言说艺术的视野局限在对论辩的研究。他将修辞的任务定义为以论辩为手段进行"话语构筑",使受众接受经由科学研究或上帝启示而发现或显露的真理。这一定义中的修辞实践并未包括发明,而是用"论辩性话语构筑"取代,将在逻辑指引下的论辩确定为基本说服手段,但他在关于论辩的具体讨论中所提出的一些核心观点,却与现代逻辑观念完全不同。换句话说,该书中作出的一般性结论和具体论述中对待修辞的认识和态度并不完全一致。这一现象主要是由两方面造成的。其一,19世纪现代主义话语秩序已经确立,惠特利的修辞观难以避免受到现代主义这一时代产物对待这门学科矛盾态度的影响。其二,如前文所述,修辞这一古老的学科生命力顽强,一直通过披上各种"与时俱进"的语言"外衣"及概念"伪装",在整个理性与科学时代实现自己的生存和发展(刘亚猛,2018)。

以亚里士多德的名义,惠特利提出修辞如同逻辑都只是一种工具学科,虽然可以使用在各种各样的题材中,却不能将这些题材称为修辞的构成成分。他在"散文话语构筑"和"说服性言说"的艺术这两个极端立场之间采取折中的办法,将修辞学科的范围界定为通常和单纯意义上的论辩性话语构筑,并且依据亚里士多德的哲理观点将修辞视为逻辑学的分支。此外,惠特利为进一步明确其学科定位,还辨析了修辞和哲学的关系。在它看来,人的理性思维最终归于两大目的,"推断"和"证明"。"推断"指通过研究发现真知,属于哲学领域;"证明"则指说服其他人,使其心悦诚服地接受自己"推断"出来的真知,属于修辞的领域。两个目的通常密不可分。对修辞历史进行再叙事是惠特利重新定位这一学科的另一重要手段,他把"系统"和"严谨"的理论表述当作对修辞最重要的衡量标准,一方面将亚里士多德视为"最优秀的系统修辞作者",另一方面也指出西塞罗体系虽实践性强,但理论性不足,因此不足为训。惠特利猛烈地批评了启蒙时期以来形成的一种根深蒂固的观念,即解决一切社会问题的关键是通过获得和传授"知识"来消除"无知"。他认为最大的问题是不善于组织和应用自己掌握的知识,不善于综合已经了解的事实,并从中正确地推导出一般性原理并正确地运用这些原理。惠特利将修辞重新定义为"论辩性话语构筑",一方面缩小了传统修辞研究范围,另一方面极大地促进了现代论辩学作为一门学科的发展。理论的一大亮点是将"推定"和"举证责任"

这两个法律话语的核心概念引进论辩研究并将其树立为基本范畴，来确定争议双方对争议点必须承担的不同责任。虽然《修辞基本原则》认为修辞的任务是在逻辑提供的理论框架内研究"论辩性话语构筑"，但惠特利却将阐述重点放在对论辩策略的探讨上。

虽然惠特利自始至终都未把研究修辞视为自己的责任，但在长期的学术生涯中，他逐渐意识到修辞和语言形影相伴，具有非凡力量，因此，他撰写了这本唯一有关语言艺术的书，也借此实现了自己修辞学史上的成就（姚喜明，2009）。他的修辞学思想既有对前人的借鉴，又有大胆的超越，融贯古今，以一个逻辑学家的视角打开了论辩研究的新视域。同时，他顺应时代的发展将写作也纳入了修辞学探讨的范围，极大地推动了19世纪修辞学研究的发展。

1. 刘亚猛. 西方修辞学史. 北京：外语教学与研究出版社, 2018.
2. 姚喜明. 西方修辞学简史. 上海：上海大学出版社, 2009.
3. Barilli Renato. *Rhetoric*. Minneapolis: University of Minnesota Press, 1983/1989.
4. Bizzell Patricia & Bruce Herzberg, eds. *The Rhetorical Tradition*: *Readings from Classical Times to the Present*. Boston: Bedford Books, 1990.
5. Carr, Thomas M. *Decartes and the Resilience of Rhetoric*: *Varieties of Cartesian Rhetorical Theory*. Carbondale: University of Southern Illinois Press, 1990.

思考题

1. 在"理性与科学"的时代，修辞面临怎样的新"智力气候"？
2. 现代主义思想家对待修辞的矛盾态度主要体现在哪些方面？

1. 胡曙中. 现代英语修辞学. 上海：上海外语教育出版社, 2004.
2. Enos, Theresa, (ed.). *Encyclopedia of Rhetoric and Composition: Communication from Ancient Times to the Information Age.* New York: Garland Publishing, 1996.
3. Hartwood John T. (ed.). *The Rhetorics of Thomas Hobbes and Bernard Lamy.* Carbondale: Southern Illinois University Press, 1986.
4. Lanham Richard A. *A Handlist of Rhetorical Terms: A Guide for Students of English Literature.* Berkeley: Oakland: University of California Press, 1991.

第六章

新修辞学与 21 世纪西方修辞学发展史

"修辞复兴"于 18 世纪末到 19 世纪中叶在欧洲政治文化中心——英国兴起,这标志着现代主义修辞理论发展至高峰。此后近百年间,对坎贝尔、布莱尔和惠特利等人思想观点的应用和引申是修辞研究和出版的主流,关注书面表达的"作文手册"是修辞创作的主要体裁,取代了以口头表达为主、兼顾书面表达的作品。进入 20 世纪,修辞学的发展进入一个新阶段。这一阶段通常被称为西方新修辞学时期。该时期涌现出了大量修辞学家,他们提出了鲜明的修辞学观点,既是对传统修辞学观点的挑战,也扩大了修辞学的"疆域",赋予了修辞新的涵义。而随着现代科技的发展,修辞学在 21 世纪也出现了一些新的表征形式。本章将着重介绍新修辞学与 21 世纪西方修辞学的发展脉络与特征。

第一节 新修辞学

一、困境下的改变

(一)理查德兹

I. A. 理查德兹是英国著名文学理论家,他意识到了传统修辞学存在的问题,并试图振兴这门"衰朽"学科。1936 年出版的《修辞原理》成为现代修辞经典的重要著作。他在其中提出了一系列颇有见地的观点。他认为语境和语用能极大地制约意义的生成和确定，相互结合的词语总是能影响彼此的意义，即"语言的相互激发"的概念。他运用这一概念，对隐喻的作用方式产生了新的理解。他认为隐喻是这一概念最典型的例子，其作用方式为通过喻旨和喻体之间的"词语互激"产生新意义。然而，理查德兹对修辞的总体认识仍未能摆脱现代主义观念的束缚，他试图把修辞视作一门致力于探讨"研究误解及其解决方案"的学科，相较对效果的追求，他更关注"对意义的研究"。这一意图表明他没有充分意识到意义及其理解固有的内在不稳定性。他认为修辞应该是"一门哲学学科，其目的是掌握语言应用的基本规律，而不是掌握不时也会产生预期效果的一套技巧"（Richards，1936：7）。理查德兹的努力只能算作修辞的一种蓄势待发，催生另一场凤凰涅槃式的复兴，因为他无法摆脱如"法则""规律""正解"等现代主义观念的束缚。

（二）弗里德里希·尼采

弗里德里希·尼采是 19 世纪末欧洲思想界怪杰，他曾经专门开设过修辞讲座并有详尽提纲传世，对在古典话语中享有中心地位的修辞学有很深的造诣。如同他的哲学观一般，其修辞观充满了石破天惊的观点，具有划时代的意义。尼采彻底打破了现代主义思想观念长期套在修辞头上的两大枷锁，即"修辞是与自然语言对立的造作"和"修辞是与真知不相容的虚矫"。针对"自然语言"/"修辞表达"这个二元对立，尼采指出语言本身就是"修辞艺术的产物"，否认存在着一种"非修辞的'天然'语言"。他还提出我们日常识别出的那些辞格"并非偶尔被添加到词汇中"的一种"特殊"表达形式，相反，它们"最恰如其分地体现了词语的本质"，因此是最典型的语言表达（刘亚猛，2018）。"真实"和"欺骗"长期被用来贬低、打击修辞，在提及这一二元对立时，尼采首先从存在主义人类学的角度对其釜底抽薪，指出"真实"只是一个起调节作用的概念，是群体为了避免其成员陷入一场人与人之间的大混战而"发明"出来的，而"掩饰"才是心智出于"维持个体生存"的需要而发展起来的一种"基本能力"。其次，他从语言发生学的角度，表明词语只不过是以声音为媒介，对神经所感受到的刺激加以复制。由于神经的感受本身就全然是一种主观刺激，跟事物的"客观本质"不同，词语与"真相"之间存在着不可逾越的双重隔阂，"真实"本来就具有隐喻本质（刘亚猛，2018）。尼采的修辞思想极度超前，直到他逝世半个多世纪之后，其观点才随着西方智力环境再次发生重大变化而逐渐受到重视。

二、新修辞面临的智力环境

（一）现代主义和后现代主义

自 17 世纪开始，欧洲进入"理性与科学"时代。人们普遍认为一切有意义的问题都可以通过科学手段得到实证检验，获得确定答案，相反，那些无法通过科学手段或程序被证实或证伪的不具确定性的命题则毫无意义。修辞学正是因为试图在非确定状态下对事物进行推理和讨论而被忽视。20 世纪上半叶，现代主义文化潮流作为现代工业文明的产物，在西方十分盛行。它强调人对自然进行理性把握和技术征服。同时，逻辑实证主义盛行以及社会生产力的迅猛发展导致现代主义的思潮越来越极端。思想界甚至有人宣称，任何思辨哲学实质上都是欺骗和蒙蔽，自然科学可以解决所有具有争议的问题（姚喜明，2009）。然而，随着时间的推移，尤其是在爆发了两次惨绝人寰的世界大战后，人们逐渐开始对科学思维方法能否被应用于解决人类面临的重大社会和道德问题提出质疑。由于对科学理性的盲目性降低，20 世纪中叶出现并逐渐盛行各种"反体制"理论，这冲击了现代主义智力秩序。斯蒂芬·图尔明是英国当代著名哲学家和修辞理论家，他着眼于人们的"知识"和"认知"观念，指出现代主义认同以下三个基本设定："知识"存在于个人的"寸心"而非公众或集体意识；解释"知识的本质"必须以认知者的脑及感觉神经的生理机制作为出发点。用已被确证因而不容置疑的"材料"构筑起来的知识才是真知，才可以被接受（刘亚猛，2018）。后期一些语言哲学家（如维特根斯坦等）系统批驳了源于笛卡尔和洛克的心智观念，认为学会一种语言其实是掌握正在其使用者社群中流行的那些语言游戏和其他集体语言应用程序，知识不存在于个人心智，而是存在于社会和文化形态中。与此同时，许多以科学为研究对象的哲学家也不再盲目崇拜现代归纳逻辑，而是重视知识的历史和社会语境。从图尔明的评论可以看出，后现代主义主流思潮极大地促进了饱受现代主义学术秩序压制和扭曲的修辞学科的恢复和发展，与修辞传统关系密切。

（二）战争与冲突

进入20世纪，整个人类社会大喜大悲，跌宕起伏。现代科学技术突飞猛进和人类物质财富高速增长没有给人类带来预想的和平、快乐和安康，人类反而遭受了灾难性的战争和危机。残酷的战争将西方的现代主义幻梦彻底摧毁，人们不得不开始寻求一种非暴力手段以解决冲突、化解矛盾。面对这一现状，语言便自然而然地作为人与人之间相互交流和影响的符号以改善交际效果、推动人类理解与联系。修辞也因此重新回归人们的视线。

西方在20世纪发生了许多尖锐冲突和重大变化。由于西方列强内部权力斗争和利益争夺爆发了第一次世界大战，此后更为血腥的第二次世界大战由于相似的原因爆发，造成二战后美苏两大军事政治集团之间长期"冷战"，直至"反恐战争"剑拔弩张、行将爆发的前夜结束，百年间战事不断。其内部也经历了历史性变革，如大规模、有组织的意识形态对抗，各种特殊利益的全面体制化等。在对外关系方面，西方也经历了非殖民化、经济全球化以及正日益由预言变为现实的"文明冲突"等具有深远影响的历史进程。这些形形色色的冲突和变革都对适应当代语境的新修辞艺术有强烈的需求。无论是发动战争的理由，进行战前和战时动员，还是瓦解对方的民心士气；无论是各种权力机制、社团组织对自身合法性和合理性的辩解和捍卫，还是相互竞争的意识形态或利益集团为争取获得公众认可而竭力进行的自我证当和自我推销；无论是外部的殖民地人民，还是内部的弱势群体利用西方话语资源向西方权力体制"叫板"或者向西方公众提出诉求，修辞的实践能力和水平都至关重要（刘亚猛，2018）。

（三）多源性修辞思想

交流活动开始以国家、集团、政党、运动或意识形态为宣传主体，以"公众"为受体，在宏大的时空场景内展开，这跟西方修辞传统在20世纪之前所理解的"言说"十分不同。例如，"修辞者"这一概念最常见的是一整个"班子"而非一个口才十分了得的个人。又如传统概念"发表"不再仅指言说者的表情手势、音量声调、速度节奏等，而是指将信息传递到宏大时空场景内每一个角落的技术手段和组织方法。20世纪新修辞实践的典型受众和任务还促成了一个重要意识的产生，即修辞主体必须成功地调动、组织和应用所有领域和学科提供的可资利用资源，才有可能影响和改变一个庞大而复杂的受众的认识、态度和行为，也就是所谓的"民意"和"公众态度"（刘亚猛，2018）。

三、20世纪西方修辞学的跨学科性特征

"修辞学"的学科建设始终处于一个困境。要想在现代大学的机构框架内构建一个现代修辞学科，就必须严格遵循专业化和可操作性原则，明确地界定出修辞独特而专门的研究目标和研究方法，以使其研究领域范围清晰明了，观念架构连贯紧凑，理论兴趣具体可行。但是如果这样的话，一方面它与传统意义上涵盖整个人文领域的修辞学相差较大；另一方面其眼界和兴趣相对于20世纪修辞实践现状而言又将过于局促和狭隘，因为当代社会文化实践对修辞研究提出"整合所有相关领域、融合不同学科视角"这一基本要求。

修辞学家们关于"大修辞观"和"小修辞观"一直未达成一致，在哲学、文学、社会学、政治学、人类学等人文社科领域的中心学科，许多学者虽然不将自我视为修辞学家，也不具备修辞学背景，却对修辞产生了浓厚的兴趣。他们从修辞的角度重新审视各自的学科，意识到它所提供的知识也不过是在该领域从事理论实践的学术群体通过内部交流、讨论、论辩和说服而普遍接受的意见。西方思想界将修辞意识在人文科学各领域的迅速蔓延和"研究修辞"运动的蓬勃发展看成又一重大智力思潮，并将其称为"修辞转折"，这一转折对于20世纪修辞学的发展历史来说意义深远。首先它意味着现代研究领域对修辞的一种回归。其次，20世纪修辞思想的主干和精华基本与这一"转折"相关的学术探讨和理论建设相关。此外，这一"转折"还戏剧性地凸显了当代西方修辞的跨学科性，这也是其最具代表性的特征。例如，从修辞和文学理论关系的角度来说，当代西方修辞研究对20世纪中叶之后西方文学思想的关键构成成分进行了融合，同时这些文学思潮的兴起也为"新修辞"的形成推波助澜，发挥了重大作用；从修辞和语言学的关系上，修辞学一直关注语言如何实现有效使用，但语言学的发展直到20世纪初才将修辞学引向了纵深并使其具有了十分明显的语言学科性质（柴改英、张翠梅，2007：21-24）；从修辞和哲学的关系上，西方修辞学与哲学一直有着深远的渊源，至柏拉图时代，两者才有所区分，之后这两门学科的关系分分合合，若即若离。至20世纪初，由于哲学的语言学转向使两者进入了共同关心的领域，修辞学和哲学才重新联系起来。

四、哲辩思想的回潮

西方学术界在20世纪中叶发生的"修辞转折"一方面凸显了当代西方修辞的跨学科性结构特征，另一方面使其获得了基本理论形态，哲辩思想的回潮与兴盛是其中最突出的表现。公元前5世纪到前4世纪之间，哲辩观念风起云涌，产生从完全不同的角度来思考问题、搜索话题、开展论辩或进行其他形式的观点交锋的可能性，从而解放人们的思想。然而，由于对"神祇中心观"的冲击和对正统、常规认识的大胆质疑在西方传统社会中极其出格，哲辩思想从一开始就背上了各种恶名，遭到历代哲人们的批判，被指责为通过似是而非的"诡辩"亵渎神明、颠覆真理、蛊惑民众等，后来又被认为代表着"相对主义""不可知论"等。20世纪下半叶这一古老的禁忌终于被彻底打破，当代西方修辞学家一方面为哲辩师平反，推翻了自柏拉图至洛克等思想家对其施加的种种罪名；另一方面在"反基础主义""新实用主义"等各种名义下极大地继承和弘扬哲辩思想。如同公元前5世纪的古希腊哲辩师一般，当代反基础主义思想家也批判各种人们深信不疑的观念和预设，他们认为这具有负面作用，实际上起着禁锢思想、限制话语可能性等。

当代哲辩思想家针对"言"和"力"之间密切关系的观点极具启发意义。在他们看来，词语本身并无内在价值和能力，但是倘若它们被应用在具体的社会、文化、政治语境中，产生实际效用，从语言层面上升到修辞层面，就具有异乎寻常的力量。例如：罗蒂将话语发展史看成人类进行的"语言游戏"，是一部通过运用不同"词汇"对事物进行各种"描述"和"再描述"来达到各种不同目的的历史。在这种语境下，修辞是指具有高度技巧性，能够在当代独特社会文化条件下成功地掩盖自己的运作方式，使受众不知不觉地认同说服者观点和态度的宏观修辞。修辞不仅是一种力量，而且还是最为强大的力量（刘亚猛，2018）。

五、互动观念的发展

"修辞转折"于20世纪中叶出现，推动了话语互动观念的发展，并且赋予当代西方修辞的基本理论形态。西方传统修辞理论往往只从言说者的角度出发，研究如何调动各种资源来成功说服或影响处于被动地位的"被致辞者"，属于典型的"修辞者中心"理论体系，修辞开始转向指代用来培训雄辩人才和指导言说发明的"手册"，因此与政治和话语权力在西方传统等级社会中的高度集中关系密切。由于资产阶级的诞生及其地位的提升,"公共领域"在近代欧洲出现,在有限的范围内允许参与者以大致平等的身份进行话语互动得以实现,这一新社会结构的变化也导致言说实践的语境条件的改变,修辞的观念也随之改变。20世纪修辞研究的主要兴趣和议题不再是单向的说服,一家独大,而是逐渐转向双向互动式的商讨,突出地表现为带有平等含义的"对话"和"会话"在修辞和话语相关的讨论中上升为常用关键词;带交互含义的"交流"一词作为指代整个领域的名称被广泛用于替换带有传统单向含义包袱的"修辞";带有消极被动意味的"受众"也往往用强调平等地位和双向互动模式的"对话者"来取代。

在西方当代修辞思想中,互动意识不断增强,是语言研究领域的"修辞转向"的其中一个突出表现。语用和话语分析学派的语言学家将语言学的核心关注从"语言"转移到"话语",从"语言形态"转移到"语言应用",语言被当作交流工具来看待,而不再单纯地被当作符号体系。其次,语言研究领域的"修辞转向"还体现在社会语言学和语用学等跨学科领域的蓬勃发展,他们关注交流者怎样通过对话和交谈建立并维持社会关系,怎样在言谈中表现出对受众的关注。

此外,著名苏联学者米哈伊尔·米哈依洛维奇·巴赫金的理论思想在欧美的盛行也表明互动意识的迅速上升。西方学者十分推崇巴赫金,主要是因为他提出的以"对话观念"为核心的语言理论。这一理论强调语言应该被视为"话语",即在具体语境内由"交流事件"引发的那些"活生生的言辞"构成的集合,而不是按照结构主义语言学家的主张,被当作独立于人际交流之外而自成一体的观念系统,或根据心理主义语言学家的观点,被等同于个体的自我表达。巴赫金本人坦陈自己的理论体系与修辞之间存在渊源,但他强调自己所认同的是一种处于更高层次的修辞,并不是传统意义上的"修辞"。他认为这种修辞可以使人不再只是着眼于赢得争议的胜利,而是就所有在具体时空范围内能够找得到答案的问题达成一致意见。不少欧美思想家赞同巴赫金的观点。尤尔根·哈贝马斯是当代德国大思想家，也致力于从语言、话语、交流的角度重新审视与社会、文化、伦理等相关的人类重大问题，并且针对语言应用的认识上和巴赫金态度一致。他的"交流行动理论"被认为是对巴赫金所强调的"回应性互动"概念的一种深入开拓和系统表述。

六、话语伦理的兴起

双向互动是20世纪修辞研究预设的基本言说模式，修辞理论的基本关注集中于交流者之间的关系。一旦"言辞"与"力量"或"权力"的高度相关性被充分认识到，交流者之间的权力关系便成为无法避免的敏感话题。"民主"的体制要求平等而又充分知情的公民通过观点、意见的有效表达和交换充分参与政治进程。然而在当代西方，话语资源在社会成员中分布并不均匀是无法否认的事实。当代有社会意识的修辞思想家致力于探讨如何基于这一事实使话语互动者享有真正的平等地位这一重大理论课题。目前理论界主张从两方面解决这一问题，首先是加强修辞教育，特别是加强对一般受教育者修辞批评能力的培育，造就一个具有较高修辞素养又了解修辞运作方式的公众来改变话语资源不对称分布的局面。其次，理论家们还试图通过某种理论"立法"，制定并促成某种适应当代现实需要的新话语伦理和互动规范（刘亚猛，2018）。

相关领域学者的大量关注开始集中在修辞伦理这一热点问题上。例如，论辩学界在互动观念的影响下，一方面摆脱了形式主义研究传统的束缚，将论辩与基于个人的"逻辑推理"脱钩，另一方面则着重对论辩伦理进行探讨和总结。韦恩·C.布斯是美国当代文学理论家和修辞学家，也是20世纪西方修辞伦理研究的重要代表性人物，最突出的贡献是将修辞视角引入当代文学研究领域。他倡导对文学作品进行"修辞批评"并身体力行。他的经典论著《小说修辞》主张将一切文学作品视作诉诸读者的话语而不是作者的自我表达，认为批评家应当审视作者怎样调动一切可资利用的技巧和资源来使他/她创造出的虚构世界更容易被读者接受（刘亚猛，2018）。

七、"新修辞"运动的得失成败

（一）成就

修辞思想的新浪潮冲破学科界限并席卷了整个西方学术界，以哲辩思想、互动观念和话语伦理意识为基本特征的理论形态蔚然成风，因此修辞学领域的不少学者认为接下来应重建一个统一的修辞学科，构建一个具有清晰内涵与外延的，具有内在凝聚性、一致性和完整性的"修辞理论"。来自不同学科如哲学、典籍研究、言语交际和英文等等的一些修辞研究者付出诸多努力，至20世纪60年代末取得突破性进展。1968年，"美洲修辞学会"正式成立并开始出版《修辞学会季刊》，完全属于修辞学者自己的论坛成立。与此同时，"全美修辞学发展项目"也正式启动，得到官方和民间基金组织广泛赞助。同年，探讨、建设当代修辞理论的季刊《哲学与修辞学》创刊。1971年出版的论文集《修辞学的前景》成为一个全新发展阶段的纲领性文件指引西方修辞学前进，它从理论上论证了当代修辞在西方学术话语中的地位，勾勒出一幅修辞作为一门独立学科长期发展的清晰蓝图。在"新修辞"这一理念指导下，致力于修辞研究的学者能够以一个学术共同体成员的身份自觉地为一个共同目标和理想而奋斗。这一学术共同体并不仅仅是《修辞学的前景》所激发的集体想象，而是一个拥有特定理论宗旨、出版阵地、专业组织和研究生培养基地的新兴跨学科领域。

（二）局限性

然而，新修辞学科的发展也面临一定的问题。首先，虽然《修辞学的前景》为修辞提供了"存在理由"或合法性来源、观念基础、机构框架、基本途径，甚至具体行动方针，为其理论体系的形成提供了一切必要条件，但一直到20世纪末，机构化的修辞研究仍未成为一个理想的独立学术部门，未能将自己扩展、提升为一门覆盖面宽广、具有突出基础性和综合性因而不可或缺并广受尊重的学科。20世纪的修辞研究本应有极为开阔的学术视野，然而体现于"新修辞"特色研究的理论兴趣通常却比较狭隘。"新修辞"仍未摆脱对强势学科的依附和对古典修辞的依赖，前者使修辞永远只能充当强势学科的"补充"；后者则由于古典修辞提供的那些概念、范畴、法则等在理论上过于"单薄"，难以使当代修辞批评家在进行表述和分析时达到应有的深度、强度、精度和信度（Gaonkar, 1990: 341-366）。

八、新修辞的代表性发起者：钱姆·佩雷尔曼

钱姆·佩雷尔曼是当代修辞思想大师的代表人物之一，也是扛起"新修辞"大旗的先驱者。1912年，佩雷尔曼出生于波兰华沙，1925年全家移居比利时。佩雷尔曼在大学和研究生阶段专修法学和哲学，获得哲学博士学位后一直在大学任教，曾担任比利时法理和逻辑研究中心主任，是一位备受尊重的哲学家和法学理论家。不过，他最为影响深远的是他在修辞领域从事的开拓性工作和他在当代西方话语思想从"逻辑中心"到"论辩中心"的范式转换过程中发挥的关键作用。佩雷尔曼的新修辞观极大地推进和促成了20世纪欧美主流话语观念的三大转变："非形式逻辑"的崛起及其对"形式逻辑"形成的挑战；"论辩"观念的崛起及其对逻辑长期享有的中心地位的挤占；修辞思想的扩展及其对逻辑实证主义代表的"哲学方法"的取代（刘亚猛，2018）。佩雷尔曼的新修辞观一方面是对西方修辞传统进行的继承和发扬，另一方面又具有鲜明的时代特色。这一理论首先实现了证明和推理从规定性表述向描述性表述的转移。

佩雷尔曼的修辞思想源于他对西方论辩传统为参照关于现代主

义推理论证方式做出的审视和反思。佩雷尔曼并不否认将"事实""真理"等概念从"认知主体"（即话语实践者）的主观意识中分离出来而形成的"客观方法"在"纯粹的形式科学"（如符号逻辑或数学）和"纯粹的实验领域"中确有长处。但同时他也提出在科学之外的其他所有领域，即使是相关的"内行""专家"，也往往见解迥异，更何况一般人的意见更是难以达成一致。而且采用何种方法和程序解决分歧往往就是一个主要争议点。佩雷尔曼认为人类话语无法消除的一种内在属性，便是意见的多元性和方法的不确定性。

佩雷尔曼长期研究逻辑，精通在数理推论方法的基础上发展起来的现代逻辑思想。论辩的目的是影响受众的态度，因此论辩者和受众必须进行一定的"智力接触"，论辩者也必须在推理和论证过程中把受众纳入考虑。而只着眼于推理规则的逻辑体系却彻底忽略对论证者和受众之间的"智力接触"这一关键环节，因而无法明确解释人类在真实社会文化条件下如何从事思维、推理、证明等智力活动。能够完成解释的理论模式必须基于自然语言，以真实语境为前提，并充分考虑言说者与受众这两个能动因素以及他们之间的互动，即"论辩"（Perelman & Olbrechts-Tyteca，1969：13–14）。论辩要求论辩者与受众进行心智接触和交流，因此，二者不仅应该掌握共同的语言和交流技巧，还应该进一步接受共同的交谈规则，遵守同样一些社会生活规范。有两个含义是采用论辩作为解决分歧的手段，虽然佩雷尔曼没有挑明但至关重要。第一，论辩者和受众属于同一个文化和社会，具备进行"智力接触"的基本条件；第二，相互尊重、平等协商是他们共同接受的行为准则（Perelman & Olbrechts-Tyteca，1969：15–18）。

西方修辞学的核心问题历来包括对受众的考察。传统意义的受众指一切经历话语/文本的个人或群体，人们普遍接受这一界定，并认为此处的"经历"涵盖了听、读、看等所有感知行为。佩雷尔曼挖掘和开拓"受众"这一概念的内涵，特别是受众与论辩者的复杂关系。一方面，他认为受众要成为论辩的核心关注，论辩者应做到尽自己的最大努力顺应受众，满足其要求。另一方面，他强调在论辩话语中，受众其实一直是论辩者的一种心智"构筑"。论辩者会随着对语境、目的等各种因素的考虑对受众实现"虚构"，对真正的受众成员施加压力，迫使他们"就范"。佩雷尔曼认为论辩这一话语实践须"面向受众"，论辩者的基本任务是使自己所讲的道理与受众的兴趣和愿望相适配。"受众"应被定义为"言说者希望通过自己的论辩加以影响的所有那些人"（Perelman & Olbrechts-Tyteca, 1969：19），或在场或不在场。言说者总是根据自己所能得到的有关受众成员的性别、年龄、职业等信息以及相关的人物特征如年龄特征、职业特征等，在心中构想出一个他认为最接近"真实状况"的"受众"，并据此确定自己将使用的论辩策略、内容、结构和风格。在这个过程中，社会因素的重要性与心理因素同样重要。论辩者将成分复杂的一群说服对象想象为超越类别差异的"普世受众"来进行说服是西方论辩实践中的一种常见手法，但现实生活中并不存在所谓的"普世受众"，佩雷尔曼明确指出"普世受众"的"普世性"和"一致性"从来都只是论辩者的"想象"。

　　面向未来的事态发展，论辩的目标是论辩者促成某一行为或动作，产生实际效果。起码通过影响受众的思想，改变他们的态度，为他们最终采取行动进行心理和情感铺垫。实际上，人类社会总是以建立起各种或明或暗的制度的方式，强制性地限制或节制论辩实践，使得论辩尚未完成对强制的解脱。所谓"客观标准"或"超然""中立"的立场在论辩解决争议的过程中并不存在。佩雷尔曼认为论辩是将"受众的信奉由前提转移到结论上去"，这一运作方式决定着论辩者只能选择那些已被受众接受的见解，或者说受众认为不具争议性的意见，作为自己的"出发点"，即论据或前提，具体包括"真实类"和"偏好类"。所有这些"真实类"和"偏好类"前提作为论辩"出发点"在论辩过程中承载着受众已抱有的信奉、认可和喜好等态度，论辩技巧便是将这些信念和偏好由前提转移到受众尚未接受的结论上去。他将这些技巧分为"关联"和"分离"

两大类。

在新的历史条件下,佩雷尔曼用哲学家的视角开启了修辞学研究的新视域,他关于论辩的修辞学思想极具启发意义。佩雷尔曼虽然在修辞学是不经意的涉猎,却对 21 世纪修辞学的发展影响深远。"人们发现原来修辞学可以解决现代论辩理论所碰到的新问题,而修辞学通过论辩理论又与辩证法重归于好,佩雷尔曼的新修辞学就新在这个上面"(温科学,2006:175)。

参考文献

1. 柴改英, 张翠梅. 从修辞学定义管窥西方新修辞学的特点和发展动态. 修辞学习, 2007(6): 21-24.
2. 刘亚猛. 西方修辞学史. 北京:外语教学与研究出版社, 2018.
3. 温科学. 20 世纪西方修辞学理论研究. 北京:中国社会科学出版社, 2006.
4. 姚喜明. 西方修辞学简史. 上海:上海大学出版社, 2009.
5. Gaonkar, Dilip P. Rhetoric and Its Double: Reflections on the Rhetorical Turn in the Human Sciences. In Herbert W. Simons (ed.). *The Rhetorical Turn*. Chicago: University of Chicago Press, 1990: 341–366.
6. Perelman, Chaim, and L. Olbrechts-Tyteca. *The New Rhetoric: A Treatise on Argumentation*. Notre Dame: University of Notre Dame Press, 1969.
7. Richards, I. A. *The Philosophy of Rhetoric*. New York: Oxford University Press, 1936.

思考题

1. 在新修辞学时期,修辞学发展面临怎样的语境?
2. 佩雷尔曼的修辞学理论对我们学习外语有什么启示意义?

1. 胡曙中. 美国新修辞学研究. 上海：上海外语教育出版社, 1999.
2. Burke, Kenneth. *Language as Symbolic Action*. Berkeley: University of California Press, 1966.
3. Burke, Kenneth. *A Grammar of Motives*. Berkeley: University of California Press, 1969a.
4. Burke, Kenneth. *A Rhetoric of Motives*. Berkeley: University of California Press, 1969b.

第二节 21世纪西方修辞学的发展趋势

西方修辞学发展至21世纪，又出现了新的趋势，修辞领域更为广泛，涉及国际关系、医药健康、组织机构、体育、视觉化、社区服务等领域的修辞研究。在这一阶段，修辞呈现出更丰富的形式。学界开始将语言、非语言、视频、音频等象征符号囊括在修辞中。数字修辞、视觉修辞与多模态修辞等研究方向应运而生。

一、数字修辞

数字修辞（digital rhetoric）是一个跨学科的研究范式。数字修辞这个术语最早出现在Lanham的讲座——"Digital rhetoric: Theory, practice, and property"中，后来出版于论文集——*Literacy Online: The Promise（and Peril）of Reading and Writing with Computers* 中。Losh（2009）也将数字修辞追溯至Lanham（1992）。一般来讲，数字修辞与修辞和写作、技术传播、读写研究、媒介研究、人机互动以及互联网研究等领域相关。与数字修辞类似的术语有电子修辞、计算机修辞与科技修辞等。

要理清数字修辞，必须解读"数字"与"修辞"两个概念。Eyman（2015：19）认为，"数字"一般指的是基于电子或计算机的层面，与印刷制品相对。而涉及"修辞"，亚里士多德把修辞看作一种发现劝说性手段的能力；中世纪修辞学将修辞限定在传教或与教会相关的法律信件写作方面；文艺复兴时期则复兴了修辞文体及西塞罗时期的修辞学思想；18-19世纪将修辞与心理学关联；现代修辞学家理查德兹认为，修辞是研究误解及其解决方案的学问。肯尼斯·伯克把修辞视作研究人类语言行为的动机及效果的学问。不论古典还是新修辞学，数字修辞中的"修辞"主要指的是运用到数字化写作的修辞学理论与方法。基于两个基本概念，Eyman（2015：13，44）认为，数字修辞最简单的定义莫过于将修辞学理论（作为分析方法等）运用到数字语篇或行为中。这个概念涉及的修辞学理论主要包括修辞策略（Zappen，2005）。

二、视觉修辞

　　起源于古希腊和古罗马时代的修辞，原本指为加强劝说性陈述的表达效果而巧妙地运用语言的方法与技巧。随着修辞在语言以外的应用范围不断扩展，修辞研究也逐渐渗透进各个领域。视觉修辞学是一门新兴的修辞学交叉学科，起源于20世纪60年代的图像修辞学，目前所见到的较早的论著是罗兰·巴特1961年和1964年发表在法国《交流》上的论文《摄影讯息》和《图像修辞学》等，主要以图像传播规律作为研究对象，探讨图像建构艺术，包括摄影、摄像艺术以及相关的图像处理艺术。至20世纪末期，这方面的研究逐渐深入，冯丙奇（2003：3-7）将其界定"为了使传播效果最大化而对传播中运用的各种视觉成分进行巧妙选择与配置的技巧和方法"。1970年，语言传播学会（SCA）作为当时全球最有影响力的传播学学会，在其主办的美国修辞学大会上，形成了一份关于修辞学发展的未来报告——《修辞学批评推进与发展的委员会报告》，标志着视觉修辞成为一个显性的学术领域并获得学界普遍认同。2001年9月，在美国印第安纳州布鲁明顿的印第安纳大学，视觉修辞学研讨会召开。2008年，克恩视觉修辞与科技大会正式举行，视觉修辞的研究视域进一步拓展，与会者们一致认为互联网图像传播将会成为视觉修辞研究的一个新的学术增长点。此外，有的大学还开设了专门的视觉修辞课程。

新修辞学于 20 世纪 60 年代兴起，为视觉修辞"出场"提供了理论合法性支持。具体来说，肯尼斯·伯克揭开了新修辞学的序幕，人们对修辞的认识与观念得以重新定义。在伯克看来，人们开展象征实践都是处于不同的符号系统，一切人类行为都是符号性的。而象征符号不只包含人类的语言交流，也包含其他的非语言性符号系统。相应地，修辞分析应该拓展到数学、音乐、雕塑、绘画、舞蹈、建筑风格等符号系统（Burke，1966）。因此，修辞学的文本对象不再局限于语言文字，而是拓展到一切具有"象征行动"属性的符号形态。图像符号之所以能够跨越古典修辞学对修辞对象设置的壁垒，根本上是因为新修辞学在理论上重新界定了修辞的本质和对象，从而将包括图像在内的一切符号系统都纳入到修辞学的对象范畴。

国际学术期刊《符号学》主编马塞尔·德尼西认为视觉修辞的起源离不开三大奠基性成果（2017）：第一是罗兰·巴特于 1964 年发表的重要论文《图像的修辞》，第二是鲁道夫·阿恩海姆于 1969 年出版的《视觉思维》，第三是约翰·伯格于 1972 年出版的《观看之道》。

法国著名文学理论家与评论家、结构主义思潮代表人物罗兰·巴特与其弟子、传播学家杰克斯·都兰德等率先提出修辞研究的"视觉转换"，即在视觉成分的运用现象中寻找传统语言学修辞研究中已经基本确定的各种修辞手段，视觉修辞这一研究领域由此开创。二人最开始的研究聚焦于广告图像，巴特是在分析一则广告图像的基础上解释了视觉修辞这一概念，都兰德则基于上千幅杂志广告的分析总结出了广告图片中使用的一套修辞手段。巴特视野中的视觉修辞实际是指图像中的暗示成分，因为在他看来，倘若某语言中含有某种隐含意义，修辞就是这种语言的外在表达层面，运用到视觉修辞领域，修辞便是图像中的暗示成分。

德裔美籍作家、美术和电影理论家鲁道夫·阿恩海姆是格式塔心理学的代表人物，他从视觉思维和视觉心理的角度思考图像的认知机制问题以及可能存在的"语法"问题。如果说图像的构成存在一个结构上的"语法"问题，阿恩海姆则从视觉认知心理上揭示了视知觉的思维方式及其深层的观看的"语法"问题。而伯格首先在对图像的意义进行研究时，强调将图像置于一个观看的结构中，通过观看的"语言"来把握图像的语言和修辞意义问题，因而提供了一种有别于传统图像阐释学的分析范式。其次，伯格强调以一种自反性的方式来观看图像，尤其是强调在一个观看结构中反思和批判图像文本的生产结构，这其实是将传统的修辞批评拓展到视觉图像领域，从而在理论上证明了"视觉修辞批评"的可能性与现实性（刘涛，2017b）。

视觉修辞研究最具代表性的成果是三本论文集：查理斯·希尔和玛格丽特·赫尔默斯合编的《定义视觉修辞》（2004），卡洛琳·汉达主编的《数字时代的视觉修辞：一个批判性读本》（2004），以及莱斯特·奥尔森、卡拉·芬尼根和黛安·霍普合编的《视觉修辞：传播与美国文化读本》（2008）。三本论文集关注的视觉修辞对象主要包括三种文本形态：第一是以广告、电影、摄影、漫画、纪录片、新闻图片等为代表的媒介文本；第二是以广场、超市、纪念堂、博物馆、庆祝仪式为代表的空间文本；第三是以公共议题建构与生产实践中的图像事件为代表的事件文本。

从媒介文本的角度来讲，苏珊·桑塔格在《论摄影》中将视觉图像的意义问题置于一定的"观看结构"中予以审视，认为摄影作为一种实践形态，揭示了观看的语法，这一语法恰好指向视觉构成基础上的图像意义系统。视觉图像究竟有没有类似语言文本的"语法"这一问题一直饱受争议，学界对视觉语法的探索也从未停止。甘瑟·克雷斯和西奥·凡—勒文（1996）出版了影响深远的著作《解读图像：视觉设计的语法》，正式将视觉语法问题上升到一个理论维度，同时也在方法论上进行了大胆的探索。基于克雷斯和凡—勒文以及诸多学者的前期探索，索妮亚·福斯（2005）将视觉语法上升为视觉修辞研究的一个非常重要的理论与方法问题。

空间能够成为视觉修辞对象的学理渊源可追溯到肯尼斯·伯克。由此，修辞学开始关注符号沟通实践中的一切物质对象，视觉修辞的研究范畴已经不再局限于"修辞图像志"和"修辞图像学"，而是尝试回应现实空间中的诸多视觉对象和视觉物体，由此推进了视觉修辞研究的"实物修辞"转向。如果在视觉意义上空间编织着某种话语问题，那么从修辞学的视角考察视觉话语的建构过程与逻辑，实际上推开的是一个视觉修辞研究命题。

图像事件涉及图像符号驱动并建构的公共事件，也就是说，图像扮演了社会动员与话语生产的主导性功能，处于事件结构的中心位置（刘涛，2017a）。默里·埃德尔曼（1964）关注公共事件中沉淀下来的特殊的象征符号，认为它们具有形成符号事件的能力，即能够激起人们对于某些事件或情景的强烈情绪、记忆和焦虑。当这种象征符号主要表现为图像，其结果就是制造了图像事件。在视觉文化时代，图像逐渐取代语言文字而成为社会争议建构的中心元素，图像事件已经不可阻挡地成为当前公共事件的主要形态，同时也是视觉修辞研究最具生命力的一个研究领域（Delicath & Deluca, 2003）。

视觉修辞起源于修辞学传统，而新修辞学的兴起和视觉传播的发展才使视觉修辞真正成为一个学理问题，推进其作为一个学科领域的崛起。尽管存在一大批基于概念驱动与历史的"个案研究"，但却没有真正意义上的能够被称作视觉修辞理论的著作（Olson, 2007）。由于相对薄弱的理论成果，目前视觉修辞还只是修辞学的一个学科领域，很难在"学科建制"层面成为一个学科，依然需要进行更为系统的理论探讨和方法论研究。

三、多模态修辞

在演化过程中生命体逐步获得五种不同的感知通道，即视觉、听觉、嗅觉、味觉、触觉，五种感知渠道的获得则分别导致视觉模态、听觉模态、触觉模态、嗅觉模态和味觉模态五种交际模态的产生。因此模态可以视为交流的渠道和媒介，包括语言、技术、图像、颜色、音乐等符号系统。同时使用两种或两种以上模态或符号系统的话语称为"多模态话语"（朱永生，2007）。

无论是说话人在现场即席话语中形成的鲜活修辞行为，还是通过书面文本或其他形式呈现的多模态修辞行为，都是说话人通过多模态感官系统与外界互动实施的，因此需要以多模态的视角和方法开展研究，纳入多模态修辞学的考察范畴。黄立鹤（2018）为此作出以下界定：多模态修辞行为是指鲜活的、完整的人在各个时空间，通过各种媒介，调用多种模态资源，以言语行为有效地达意传情的活动；多模态修辞学则是指从多模态视角出发，研究人们如何调用多种修辞手段实施各种修辞行为的学问。

言语行为的实施属于多模态交互过程，因此其构成的修辞行为自然也具有多模态属性。首先，修辞主体不仅会调用语音修辞手段，还可调用其他表达手段如体貌、动作等实施修辞行为，并且将不同表达手段进行组合可以产生不同的修辞效果；其次，从发生修辞行为的情境上看，说话人实施修辞的时间、地点、环境等情境因素对修辞行为均有影响；此外修辞行为既可以发生在日常交际口语中，也可以发生在各种媒介上包括词句、语音、图像、视频等，这些都印证了修辞行为的多模态属性（黄立鹤，2018）。

多模态研究是一种整体范式，包含了如社会符号学分析、系统功能语法分析、社会互动分析、语料库分析等多种具体研究路径和方法。也正是由于多模态修辞现象的丰富多样，在选取路径或方法时，研究者应当以问题为导向，选取合适的研究路径或方法对其加以分析。面对不同的多模态修辞现象，多位学者提出了各自的研究路径。张德禄（2017）把基于社会符号学理论发展的多模态修辞框架同多模态论辩框架结合，提出了多模态论辩修辞框架，对多模态语篇修辞分析、多模态论文写作具有较强的解释力和指导力。他认为多模态修辞是指为达到说服听者或读者的目的，运用语言及其他多种模态进行论辩。在多模态修辞中，不仅论辩的模态得到扩展，单纯的语言扩展为语言与其他多种模态的结合，如图像、动作、声音等，而且论辩所适用的范围也随之扩大，不仅包括书面语写作和口语辩论等，也包括多模态产生的诸如舞台表演性论辩、广告式论辩等综合论辩形式。为分析多模态文本的修辞结构，Bateman(2008)构建了体裁及多模态模型 GeM。他提出了基于通用数据存储语言 XML 的多层次标注方案，将多模态文本视为"多层次符号制品"，并借鉴修辞结构理论探讨多模态语篇中元素组合配置的意义，进一步分析作者或者编者的修辞意图。Bateman 的 GeM 理论可用于构建多模态语料库，针对多模态研究多为个案分析的弊端，开展基于大规模语料的定量分析（黄立鹤，2018）。

人类的修辞行为复杂多样，多模态修辞学则是将多模态研究作为一种整合的研究范式运用至修辞研究中，传统意义上对语言词句层面的修辞研究可以视为多模态修辞学的一个层面。多模态修辞学的研究有利于人们正视各类真实存在的鲜活修辞行为，对各种相关学科进行整合，充分利用新的研究范式、路径或方法，深入研究各类修辞现象，以实现修辞学研究的与时俱进。

1. 冯丙奇. 视觉修辞理论的开创 – 巴特与都兰德广告视觉修辞研究初探. 北京理工大学学报（社会科学版），2003(6): 3–7.
2. 黄立鹤. 多模态修辞学的构建与研究 – 兼论修辞学与语用学的连接. 当代语言学, 2018(1): 117–132.
3. 刘涛. 媒介·空间·事件：观看的"语法"与视觉修辞方法. 南京社会科学, 2017a(9): 100–109.
4. 刘涛. 视觉修辞的学术起源与意义机制：一个学术史的考察. 暨南学报（哲学社会科学版），2017b(9): 66–77.

5. 张德禄. 多模态论辩修辞框架探索. 当代修辞学, 2017(1): 1–8.
6. 朱永生. 多模态话语分析的理论基础与研究方法. 外语学刊, 2007(5): 82–86.
7. Bateman, John A. *Multimodality and Genre: A Foundation for the Systematic Analysis of Multimodal Documents*. New York: Palgrave Macmillan, 2008.
8. Burke, K. *Language as Symbolic Action: Essays on Life, Literature, and Method*. Berkeley, CA: University of California Press, 1966.
9. Delicath, J. W., & Deluca, K. M. Image Events, the public sphere, and argumentative practice: The case of radical environmental groups. *Argumentation*, 2003(3): 315–333.
10. Edelman, M. *The symbolic uses of politics*. Urbana, IL: University of Illinois Press, 1964.
11. Eyman, D. *Digital Rhetoric: Theory, Method, and Practice*. University of Michigan Press, 2015.
12. Foss, S. K. Theory of visual rhetoric. In K. Smith, Sandra Moriarty, Gretchen Barbatsis, and Keith Kenney (Eds.). *Handbook of visual communication: Theory, methods, and media*. Mahwah, NJ: Erlbaum, 2005.
13. Handa, C. *Visual rhetoric in a digital world: A critical sourcebook*. New York: Bedford /St. Martin's, 2004.
14. Hill, C. A. & Helmers, M. *Defining visual rhetoric*. Mahwah, NJ: Lawrence Erlbaum Associates, Inc., 2004.
15. Kress, G. & van Leeuwen T. *Reading images: The grammar of visual design*. London: Routledge, 1996.
16. Lanham, R. Digital rhetoric: Theory, practice, and property. In Myron, T. (ed.). *Literacy Online: The Promise (and peril) of Reading and Writing with Computers*. Pittsburg: University of Pittsburg Press, 1992: 221–243.
17. Losh, E. *Virtualpolitik: An Electronic History of Government Media-*

making in a Time of War, Scandal, Disaster, Miscommunication, and Mistakes. Cambridge: MIT Press, 2009.

18. Olson, L. C. Intellectual and Conceptual Resources for Visual Rhetoric: A Re-Examination of Scholarship since 1950. The Review of Communication, 2007(1): 1–20.

19. Olson, L. C., Finnegan, C. A., & Hope, D, S. *Visual rhetoric: A reader in communication and American culture.* Thousand Oaks, CA: Sage, 2008.

20. Zappen. J. P. Digital rhetoric: Towards an integrated theory. *Technical Communication Quarterly,* 2005(3): 319–325.

思考题

1. 21世纪修辞学与新修辞是否一脉相承？
2. 21世纪修辞学发展的鲜明特征是什么？

1. 李克. 数字媒介语境下英语专业学生的修辞能力现状探究. 外语电化教学, 2019(1): 51–56.
2. Stroupe, C. Visualizing English: Recognizing the hybrid literacy of visual and verbal authorship on the web. In Carolyn, H. (ed.). *Visual Rhetoric in a Digital World.* Boston: Bedford/ St. Martin's. 2004: 13–37.

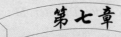

代表性新修辞学家的修辞学思想

新修辞学时期涌现出了诸多代表性的修辞学家,有 I. A. 理查德兹、钱姆·佩雷尔曼、史蒂芬·图尔明、肯尼斯·伯克等,也有诸多影响力较大的学者提出了自己的修辞学思想。鉴于前面在介绍新修辞学时期修辞学的发展时提到了某些学者的修辞思想,本章将主要聚焦新修辞学的领军人物——肯尼斯·伯克、实用论辩理论的代表人物——史蒂芬·图尔明,以及著名的女性主义修辞学者——贝尔·胡克斯的修辞学思想。

第一节 肯尼斯·伯克

一、肯尼斯·伯克简介

肯尼斯·伯克(Kenneth Burke)1897 年 5 月 5 日出生于美国宾夕法尼亚匹兹堡市的一个普通工薪阶层家庭。伯克自幼酷爱文学,做事特立独行,颇有主见,因不满大学的教育制度而中途退学,自学成才。青年时期,曾当过银行职员、撰稿人、审稿人、翻译、编辑甚至音乐评论员。从 1943 年起,伯克开始在高校任教,长达半个世纪之久,执教过的大学包括本宁顿学院(Bennington College)、普林斯顿大学(Princeton University)、芝加哥大学(the University of Chicago)、加州大学(the University of California)、哈佛大学(Harvard University)、宾夕法尼亚州立大学（Pennsylvania State University）等世界著名大学。1966年，伯克因取得出色的学术成就，被本宁顿学院授予荣誉博士学位。20世纪40–60年代是伯克创作的巅峰期，也是伯克修辞学理论的成熟期。在此期间，伯克被各类机构授予众多学术头衔，主要头衔包括古根海姆（Guggenheim）研究者、国家文学艺术院院士（1946）、普林斯顿高级研究学院研究者（1949）、美国行为科学高级研究中心研究员（1957–1958）、美国艺术与科学学院院士（1967）等，并于1981年在美国图书奖颁奖典礼上被授予国家文学奖章。晚年的伯克没有再著述新的学术论著和文学评论，但创作了大量的散文、诗歌和书信，并出版了一些诗集。伯克于1993年11月19日在新泽西的家中去世，享年96岁。

  伯克的学术生涯长达半个多世纪，在20世纪20–80年代，伯克在几十部著作中论述他对哲学、文学、社会学、修辞学的看法。1921年出版了第一本短篇小说集《白公牛》（*The White Oxen*）。1931年，出版了他的第一部文学评论专著《反论》（*Counter-Statement*）。1935年伯克的第二部专著《永恒与变化》出版，在该书中，伯克把对诗的兴趣和批评方法运用到对人类的普遍关系的研究之中。1937年，伯克在纽约的社会研究新校（the New School of Social Research）开始了他的教学生涯，讲授文学批评。同年，出版了《对待历史的态度》（*Attitudes Toward History*），对作为象征行为之文学进行了系统的探讨。1941年出版的《文学形式的哲学》（*The Philosophy of Literary Form*）收集了他于1933–1934年间写的文学评论文章，这些文章的共同特点是对符号行为之本质的探讨。1945年，《动机语法》（*A Grammar of Motives*）出版，这是伯克根据语言三分法（语法、修辞和诗学）而写的三部曲中的第一部。这本书探讨文本的内在特征，运用戏剧主义（Dramatism）和五位一体（Pentad）的方法去发现动机。三部曲的第二部是1950年出版的《动机修辞学》（*A Rhetoric of Motives*）。这部著作阐述劝说的策略。伯克所计划的三部曲中的最后一部著作是《动机的象征》(A Symbolic of Motive)，不过这本书因为种种原因没有问世。他后来撰写的主要专著是 1961 年出版的《宗教修辞》(The Rhetoric of Religion) 和 1966 年出版的《作为象征行动的语言》(Language as Symbolic Action)，这里面收录了伯克 1950–1966 年期间所撰写的各类文章。

伯克的修辞学思想对 20 世纪的西方文化与学术创新产生了深远的影响，是 20 世纪美国重要的思想家和修辞学泰斗，是新修辞学的开创者和奠基人，享有"亚里士多德第二"之美誉。伯克的思想博大精深、艰涩难懂，以至于美国专门成立了"伯克研究协会"专门研究伯克的思想，伯克的思想被称为伯克学（Burkology）。

二、肯尼斯·伯克的主要著作简介

《反论》是伯克第一部评论性专著，其中收入了诸如"心理与形式""诗的过程"等重要文章。该著作主要探讨美学及政治学方面的认同（identification）与分歧的特征。正如书名所示，《反论》中提出了与当时学术界不同的观点，总括起来，当时有三个观点伯克不赞同：（1）为艺术而艺术的观点，这个观点本身有一种为艺术辩护的作用，给人一种"艺术无用"的印象。伯克的观点是，艺术不可能与现实脱离，它有实际的意义，是人们生活的工具（equipment for living）。（2）艺术是"非道德"的。这个观点也对艺术不利，因为它同样给人一种"艺术无用"的印象。伯克认为，艺术是道德化的，因此也是与现实生活紧密相关的。(3) 艺术的游民化（bohemianization of art），这个观点与第二点有关。伯克认为，游民化艺术会导致对象征手段的神秘化，并造成文学价值方面的精英主义。简而言之，这些时兴的观点都把艺术作为一个副产品，是来自一个更关键、重要的力量或事物的一个结果而已（Wolin, 2001：43）。

伯克的第二部重要理论著作是《永恒与变化》，它标志着伯克第二个阶段的开始。《永恒与变化》写于 1932 年至 1933 年间，1935 年出版。与他早年审美主义时期强调个性不同，该著作将重点放在了意义的相互依赖、社会或集体方面。伯克的分析,就如后面的《对待历史的态度》一样,在形成那些成为他后来的文学及社会观点的理论原则中是值得注意的。如果说伯克在《反论》中对个人建构象征来应对社会政治结构,那么伯克在《永恒与变化》中更感兴趣的是文化建构社会及政治机构以应对象征结构。他对交流的研究始于他对人性"常项"(constants)的关注,他认为人们的交流会受到其倾向(orientation)(这个倾向是来源于人们的经历)的影响,而大规模的政府组织和企业结构导致了文化心理倾向,这种倾向又导致一种伦理的迷惘,需要采用政治原则和社会政治结构来加以纠正(邓志勇,2011:7)。伯克则用组织机构中的伦理和交流对认同与分歧进行了探讨,提出了阐释、变化和倾向的心理学基础。

《文学形式的哲学》是伯克思想发展过程中的一个关键节点,是一部承前启后的重要著作。它既是对先前著作的重新表述,也是对其的延伸和发展。所以,它标志了一个阶段的顶峰和另一个阶段的孕育。它以心理学和语言学理论为工具解释为什么思想和象征的"簇群"(cluster)会形成"认同"的基础,开创了心理美学的天地。他关于美学及语言的观点比其在先前的著作中的观点更加具有心理学意义。在该书中,伯克也提出了象征行动的概念,把政治、美学及修辞学融为一个整体。《文学形式的哲学》的真正成就在于伯克终于完成了他早期著作中试图寻求的一种综合。伯克在《对待历史的态度》中断言,这个所谓的"我"只不过是一个独特的对部分具有冲突的"集体的我们"的一个组合。人们可以用一种认同替换另一种认同,但却不能逃避人类对认同的需要。事实上,认同就是社会交往的功能的一种代名词。在《对待历史的态度》中,伯克探讨了修辞理论与修辞哲学组织机构和政治团体中象征形式的作用模式,为后一阶段探讨美国文化中基本的认同结构打下了基础。伯克写《对待历史的态度》时,焦点从理想合作角度看交流转移到人们实际交往中的典型冲突方式/模式,提出"接受框架"和"拒绝框架",用文类体裁来阐释为什么人会形成解释世界的不同视角和倾向。从类别上来说，或许可以说《永恒与变化》之于《对待历史的态度》就像柏拉图的《理想国》之于《法篇》，换言之，就像《理想国》描述一个理想的国度，《法篇》描述一个现实的国度，《永恒与变化》是从理想合作来思考交际，而《对待历史的态度》是关于现实人际交往典型的矛盾冲突形式和策略。

伯克的学术成就巅峰是对人类的动机、人类的关系的研究，体现在其创立的著名的戏剧主义理论之中，标志是其作品《动机语法》。伯克一直呼吁为"迈向美好的生活"采取措施，期望把人们从他认为是不良的文化思潮引开，引导人们走向一个更加人性化、更有伦理的生活思想上去。这就需要对人类的动机进行研究。为了实现这个目标，他在 40 年代开始投身于动机研究工程（Motivorum Project），探讨一种他称为动机分析的戏剧主义方法，这项任务跨度十年之久。伯克创造了三部与动机相关的著作《动机语法》《动机修辞学》和《动机的象征》，分别在逻辑学、修辞学和诗学这三个方面探讨语言结构问题，但由于种种原因最后一部没有问世。

《动机语法》一书是动机研究的基础之作，正如其书名所表示的那样，该书力求获得一种对动机结构的高度概括方式，犹如语言的语法那样的抽象和概括，这个方式就是伯克创立的戏剧主义。所谓戏剧主义，就是把语言看作行动，而不是作为传递信息的手段（Burke, 1966: 54）。伯克对戏剧主义的阐述，被收录在其作品《动机修辞学》《作为象征行动的语言》以及一些未收集出版的文章等等，但最主要还是在《动机语法》中，这使《动机语法》成为伯克最重要的著作。伯克认为，戏剧主义因素把我们的注意力引向人类的行动领域，而不是无灵的运动（motion）领域。因此，它有助于探讨人的选择和道德行为，这恰恰是科学和自然主义哲学的逻辑演绎方法不能做到的。戏剧主义并不企图追求那种科学意义上的实证知识，而是试图作为引导人们去理解和阐释人的动机的方法。

《动机语法》有几个主题。第一个主题是关于意义的本质问题。伯克认为，事物概念、行为——或许所有经验的方面——都具有意义，部分的原因是我们把其"放置"（localizing）于其他对我们来说有意义的事物、概念或行动的关系中。存在于这个"簇"里的关系是意义之源泉。第二个主题是关于戏剧五要素的凸显问题，即人们经历中的"放置"的方法。第三个主题是关于戏剧五位要素的凸显所体现的哲学思想，譬如唯物主义强调环境的影响。第四个主题是关于"放置"的方法所体现的视角主义，伯克认为，所有的观点都具有片面性。第五个主题是关于"质"（substance）的辩证特征。伯克认为质的似是而非的特点是动机研究的关键。在伯克看来，识别戏剧关系对子（dramatistic ratio）是戏剧主义分析的一个重要环节，因为某个视角下往往有多个不同的关系对子，视角一般很少由一个关系对子组成，所以就有必要寻求处于支配地位的关系对子。另外，当把来自不同哲学的关系对子进行比较去寻找共同点时，我们会发现竞争的策略在它们解释人类行为产生的方面存在区别，一旦这一点可以肯定，那么就可以更加清楚地理解这两个视角的区别（Wolin，2001：159）。戏剧主义不仅要识别哪一个关系对子成立，还要解释为什么这种关系对子成立。

《动机修辞学》是《动机语法》的续集，是伯克关于动机研究的又一重要论著。在该著作中，伯克解释了认同理论，并提出了在思想或行为上可以获得认同的方法。他颇有见地地指出："你要说服一个人，只有用他那样的语言说话，使用相同的方法，使你的手势、语调、顺序、形象态度、思想与他的毫无二致，你才能说服他"（Burke，1969b：55）。伯克认为，在我们认为一个事物应该是如何的时候，我们必须知道相应的事物或情景是如何的。语言是思想的具体化的表现，因此要传播思想就必须用公众的语法来形成。通过语言的共有特征，个人通过选择原因或动机、命名情景的方式来确定某个事物或情景到底是什么。就是这种命名方式确定了人们赋予情景或事物的价值，并且因为命名，人们也决定了他们应该赋予该事物什么价值，同时也象征了对其采取的行动。譬如，"朋友"这个术语常用"知心的"、"友好的"、"肝胆相照"等术语来描述，而"恐怖分子"

则可用"邪恶的""凶残的""无人性的"等术语来描述；称呼某人为"朋友"，就意味着要对其友好，并关心他、爱护他、帮助他；给某人贴上"恐怖分子"的标签，就意味着有权打击他、消灭他。

《动机修辞学》之后的一部重要著作是《宗教修辞学》，它对人的语言本质所具有的阐释力进行了探讨。该书名虽为《宗教修辞学》，但它并非直接研究宗教，而是探讨宗教的词汇；不是直接研究人与上帝的关系，而是探讨人与"上帝"这个术语的关系。所以，该书本质上是关于词语的研究，它形成的理论可谓"关于词语的理论"，伯克用"logology"来称呼它。为什么伯克要以宗教为研究对象？这是因为伯克认为修辞学是关于劝说的学问，而宗教语言是典型的劝说形式。伯克相信，因为关于上帝的词语意义重大，所以"宗教修辞"给人们提供了一个典型的术语工程的例子。伯克对词语研究的方法蕴涵这样的观念：即使人们使用微不足道的语言，也可能蕴涵动机并起着激励人的作用。

《作为象征行动的语言》是伯克最后一部评论性著作，它试图对象征行动进行定义并追溯这个术语的蕴涵意义，并用丰富的事例展示这种方法如何用来分析了包括莎士比亚、爱默生（Ralph Walso Emerson）、罗特克（Theodore Roethke）、威廉斯（William Carlos Williams）、巴恩斯（Djuna Barnes）等人的文学著作。伯克在书中对人进行了定义。他认为，人是使用和误用符号的动物、否定的发明者；由于他制造的工具而与他所处的自然环境相隔离；受等级精神的驱使，由于至善而变得迂腐。在这种人性论的哲学基础上，伯克建构了他的修辞学大厦。

三、肯尼斯·伯克的核心修辞学理论

伯克是20世纪著名的修辞思想家，是西方新修辞学的奠基者和引领者。其学术思想大致可分三个阶段：第一个阶段从早期的文学创作到30年代发表的《反论》；第二个阶段从发表《永恒与变化》经《对待历史的态度》到《文学形式的哲学》；第三个阶段从《动

机语法》《动机修辞学》经《宗教修辞学》到《作为象征行动的语言》。这三个阶段的研究重点不一样，但交际始终是贯穿其中的一根主线。伯克的第一个阶段主要从事诗歌、评论等工作，聚焦于文学与政治学之间的关系。第二个阶段则受美国大萧条的影响，主要聚焦于合作组织中的交际研究。第三个阶段受世界大战影响，主要探讨如何解释人类行为的动机。作为象征的语言动机研究是伯克修辞学研究的核心主题，在这一阶段，伯克提出了基于戏剧语言哲学的"戏剧五位一体"理论、"认同"理论以及"辞屏"理论，可以说，这三个理论是伯克修辞理论的精华，代表了伯克修辞学的核心思想。

（一）"戏剧五位一体"理论

伯克将自己建构的修辞理论体系称为戏剧主义，在这个体系中，一切人类关系及行为皆是戏剧，这个戏剧是建立在把人视为象征使用的动物之哲学观点之上的。人类关系的戏剧以语言（即象征）使用开始，也以语言的使用结束。

"戏剧五位一体"理论是伯克戏剧主义语言哲学观的高度浓缩，是伯克修辞体系中的核心理论，之所以称之为"戏剧五位一体"是因为它源于戏剧分析并由五个要素构成。伯克将"人生就是一场戏剧，世界就是它的舞台"这一比喻用于建构他的戏剧主义语言观。在伯克看来，这个比喻中的世界就是"词语的世界"，使用词语的人都是这个词语世界中的演员。因此，伯克将他自己称作"一个擅于创造术语的人（a word-man）"。通过这个比喻的思索，伯克发现了一种研究人类行为动机的方法。

戏剧主义是基于这样的观察：有行动的地方，必须有行动者；同理，也必须有行动者实施行动的场景；在一个场景中行动，行动者必须使用某种手段或工具；行动之所以是行动，是因为它还涉及目的。用伯克的话说，"在解释动机时，你必须有一些词能命名场景，即行为发生的背景，还有一些词能指明什么人或什么类型的人实施了这一行为，他运用了什么方法或手段，以及行为的目的"（Burke,

1969a: 41)。"场景(scene)""行动者(agent)""行动(act)""手段(agency)""目的(purpose)"是戏剧的基本要素,这五个要素既分离又统一于一体,故称为"戏剧五位一体"。对伯克来说,戏剧五要素的功能就像语法的功能。换言之,戏剧五要素显示了事物或情景与它们的原因或者动机之间的关系,就像语法揭示语义与语言的结构方面的关系一样。通过五个要素之间形成的"关系对子(ratio)",戏剧五位一体可以准确、现实地描述出某一个情景下驱动人的行为动机,不管这个动机是直白地表述还是用语言婉转地象征。

"戏剧五位一体"理论主要用来分析人们的言语行为动机。动机体现在"场景""行动者""行动""手段"和"目的"这五个要素的选择和组合上,它们可以两两组合,形成十个基本的"关系对子":场景—行动者、场景—行动、场景—手段、场景—目的、行动—行动者、行动—手段、行动—目的、行动者—手段、行动者—目的、手段—目的。如果将这十个关系对子互换位置,则又可形成十个关系对子。每一个关系对子中的两个要素都构成某种因果关系,如在"场景—行动"这对关系对子中,场景决定了行动。例如,教堂场景决定了只有某些特定的行为才能在那里发生,比如,祈祷或布道行为是合适的,而喝酒、大声喧哗等行为是不合适的。"场景决定方式,并且创设与之相匹配的行为,场景是行为的恰当的容器"(鞠玉梅,2017:35)。再比如在"行动者—行动"这一关系对中,行动者的身份、性格、性别、年龄等因素制约着某些行为的发生。例如,对于一个政治家,人们希望他的行为严肃而富于智慧,而不希望他在夜总会扮演喜剧角色。考察与分析这些关系对有助于发现修辞者的行为动机,因为这五种要素之间是一种共存的关系,体现了修辞者的"选择"与"决定"。不同的组合构建不同的动机,从而折射出不同的态度,进而引起截然不同的行为。

"戏剧五位一体"理论基于两个重要概念:"动机"和"戏剧"。动机是人们对环境做出的象征性反应。在研究人们的行为动机时,伯克提出"运动-行动"的二分法概念。运动源自人的动物性,是指人的身体的生长、新陈代谢、消化、呼吸、饥渴等生理活动,是非象征性的;行动源自人的象征性,是指人们为了达到某种目的而实施的行为,这种行为是意志性的,其最重要的表现形式是语言。象征行为将人和动物区分开来,是人的本质特征。行动的产生需要三个条件。首先要有自由,即选择。"如果你不能做出选择,你就不是在采取行动,而是物理性的被动移动,就像一枚被操控的桌球一样,只是机械地迎合它所遇到的阻力而运动"(Burke,1961:188)。其次,要有意愿或目的。一个人必须愿意做出某种选择,无论这种意愿是有意识的还是无意识的。比如,一个人不小心摔倒,这是运动。但如果这个人自愿摔倒,这便是行动。最后,行动必须包含运动。运动可以脱离行动而存在,而行动离不开运动。象征性的行动是人的本质特征,人是修辞动物,即人是具有象征行动的动物。换言之,以语言为主要象征的修辞行为是人的生存方式,人一旦运用语言,就不可避免地进入修辞环境。"修辞无处不在,哪里有人,哪里就有修辞,哪里有意义,哪里就有劝说"(Burke,1969b:172)。伯克将修辞的应用范围扩展到整个人类话语和人类行为之中。

(二)"认同"理论

伯克将修辞定义为"人使用词语形成态度或导致他人采取行动"(Burke,1969b:41)。伯克认为,人使用修辞的目的在于"用以语言为主的符号诱使那些本性上能对符号做出反应的动物进行合作"(Burke,1969b:43)。基于这一定义,伯克提出了"认同"(identification)理论,也可译作"同一"理论。伯克认为人们对"认同"的追求源于社会的分离性。因为社会是由相互分离的个体组成的集合体,认同的前提是分离。"社会就好比一架机器,人与人之间的关系就如同机器里部件之间的关系。只有当社会这架机器里的部件彼此合作、形成容器关系时它才能正常运转"(邓志勇,2011:28)。伯克修辞理论的一个基本假设是:人通过使用象征符号是能够达成认同目的的。

伯克的"认同"理论继承和发展了亚里士多德的"说服"理论,即"在每一件事上发现可用的劝说手段的能力"(Aristotle, 1954:24)。亚氏修辞理论的核心是"劝说",而伯克修辞理论的核心是"认同",劝说是单向的,认同是双向的,认同并不是要否定劝说,而是把劝说看作是达到"认同"的手段。认同是劝说的起点,也是劝说的目的。由此观之,认同理论是对西方古典修辞学说服理论的继承,但也在很多方面超越了传统的劝说理论。

首先,认同理论强调修辞者与受众的合作关系而非对抗。古典修辞学所说的说服是一种赤裸裸的劝说,强调修辞者个人的演说在听众身上的作用,隐含着修辞者与受众的对抗,或至少是一种劝说与被劝说、主动与被主动的关系。正如理查德兹(1936:24)所说,"旧修辞学是争论的产物,……它是关于词语战斗的理论,并且一直受好斗的冲动所支配"。古典修辞学,从古希腊哲辩士的诡辩学、亚里士多德的修辞三诉诸到古罗马西塞罗的雄辩说、昆体良的良言说,再到中世纪奥古斯丁的宗教演讲修辞,一直到18—19世纪的论辩演说修辞,都把修辞对象看作是被劝说的对象,是消极被动接受的一方,劝说的过程是一个单向过程。而"认同"理论所体现的是一种修辞者与受众之间的合作关系。认同理论认为受众主动参与话语建构,因而是一个双向选择的过程,认同是自然而然达成的,因而修辞行为是双方都接受的。认同是修辞者通过主动寻求与受众同质(consubstantial)的方面,进而与受众达到"同一",即认同。正如伯克所言,"劝说某人时,只有使用他那样的语言,运用同样的手势,运用相同的语序和比喻,持有相同的态度和观点,才能说服他,从而达到认同"(Burke, 1969b:55)。

其次,认同理论具有强烈的受众意识,受众不仅指他者也包括自己。传统修辞学的受众指一场演讲中在场的听众,是与演讲者即修辞者面对面的他者。认同理论认为修辞学不仅研究人际间的交流,也研究个人的独白、个人的沉思和冥想。伯克认为,从本质上看,说服自己与说服他人没有区别,听众也可指自己,即"自我即听众(self as audience)",一个人通过自己成为自己的听众,"只要他/她形成某种观点,构建某种形象,并希望据此对自己产生影响,他/她就可以成为自己的受众。这与米德所说的"我"与另一个"自我"对话不谋而合。由此观之,修辞者开展修辞活动之时,他/她就好像在使用令人愉悦的形象去影响外部受众,而非内在受众"(Burke,1969b:46)。伯克的这一观点同样具有现实指导意义,如何说服自己采取某种行动有时比劝说他人更困难。

伯克提出三种方式可获得认同,即同情认同、对立认同和无意识认同。"同情认同"(identification by sympathy)是指修辞者与受众在情感、态度、需要等心理因素方面具有相同或相似之处,强调因产生共同的情感而达到的认同。修辞者与受众具有相同的思想或观点,取得情感上的近距离交流,产生共同情感,从而达到同情认同。例如,当张三听到朋友李四的父亲去世时,对他说"听到你父亲去世的消息,我感到非常悲痛"。张三通过在心理情感上与李四产生共鸣,取得李四的认同。"对立认同"(identification by antithesis),即修辞者与受众因为有了共同的敌人、问题、挑战等而趋于认同。"无意识认同"(identification by inaccuracy)是指修辞者使用某些词语、图片等象征手段,使听众/读者情不自禁地把自己想象为属于修辞者一类或像修辞者所描述的那样。例如,当消费者看到电视广告中明星用了某品牌的化妆品后,非常漂亮迷人,想象自己用了此化妆品后会像明星一样美丽动人,于是决定购买此品牌的化妆品。此例中,广告商用了"无意识认同"的策略与消费者达成了同一,成功地促使消费者去购买其商品。伯克以汽车为例,指出人在开汽车的时候,很容易错误地将机械的能力视作自己的能力,而离开了汽车的人,凭自己的能力走得不会比骑自行车的人快。无意识认同的观点非常新颖,它在现实中对人的思维的指导意义与其理论上开拓出的研究意义同样重要,它提醒人们要审察自己的认知,调整自己的认知误区。

(三)"辞屏"理论

伯克从摄影中找到灵感,发明了"辞屏(terministic screen)"这个概念。伯克在谈及此概念时说:"当我谈到'辞屏'时,我想起来我曾见过的一些摄影。他们是同一物体的不同照片,其差别在于拍摄它们时,摄影师使用了不同的滤色镜。'呈现事实'的照片可以在特点,甚至在形式上,表现出明显的差异,这取决于摄影师使用了不同的滤色镜对所记录事件进行纪录片式的描述"(Burke,1989:115-116)。

"辞屏"是一个非常重要的概念,它产生于人的生活经历和教育背景,但又决定了人认知世界的方法和视角,其作用方式有点像过滤镜,它把某些东西过滤掉,只允许某些东西进入人的视野被感知,所以它既有选择的功能也有遮蔽的功能。在伯克的理论体系中,与"辞屏"密切相关的概念有"训练出来的无能"(Trained incapacity)和"不协调而获视角"(perspective by incongruity),这两个术语在伯克早期的著作中有详细的阐述。人们因为不同的生活经历和教育背景,每个人都会成为"训练出来的无能"之人,从而形成自己的"辞屏"。所谓"不协调而获视角"是指通过把两个看似不相干甚至自相矛盾的术语放置在一起,从而把人们的注意力引向一个真理。伯克认为,任何符号的使用只不过是一个视角与另外一个视角为了被人接受为现实而进行的竞争。根据这个观点,人们习以为常的"真理",换用另一个视角来看就可能不是真理。真理是象征行动建构的结果。伯克的观点告诉人们,现实是可以建构的,对所谓的"真理"要敢于质疑。

通过"辞屏"这个术语,伯克为修辞理论家和批评家提供了一种理解语言和意识形态之间的关系的方法。伯克认为,语言不仅"反映"现实,它也帮助选择现实和背离现实。在《语言作为象征的行动》(1966:15)一书中,他写道:"任何给定的术语都是现实的反映,就其作为术语的本质而言,它必须是对现实的选择;在这种程度上,也必须作为现实的一种偏离"。伯克将"辞屏"描述为现实的反映——我们将这些符号视为将我们的注意力引向当前主题的事物。例如，同一物体用不同的滤镜拍摄的照片，每一张都会以不同的方式吸引观众的注意力，就像学术界不同的主题会以不同的方式吸引注意力一样。伯克说，"我们必须使用术语筛选，因为我们不能说任何没有使用术语的语言；无论我们使用什么术语，它们必然构成一种相应的屏幕；任何这样的屏幕必然会将注意力引向一个领域而不是另一个领域"。伯克不仅借鉴了莎士比亚和索福克勒斯（Sophocles）的作品，还借鉴了对流行文化很重要的电影和广播，因为它们充满了"象征和修辞成分"。

"辞屏"使人们的语言使用带有明显的价值取向，渗透着使用者的意识形态。我们在使用语言的时候不可避免带有选择性，你用A表达法，就意味着回避用B或C的表达法，对不同选项的选择反映了你的价值取向和意识形态。在语言的选择使用中跳跃着修辞者的态度，隐含着修辞者的修辞动机，而动机使人类生活具有策略性和意图性。

（四）肯尼斯·伯克的辞格观

汉语中当人们谈到"修辞"一词时，人们往往将之与辞格联系在一起，认为修辞就是通过辞格的运用达到美化语言的效果。根据伯克对修辞的定义，修辞包括一切的人类话语和象征符号，辞格和普通的语言一样只是表达人们态度或观点的方式，和普通语言并无本质区别。这一观点清楚地体现在伯克对四大转义辞格（隐喻、换喻、提喻、反喻）的阐述和讨论之中，伯克指出，"不仅喻意（figurative usages）和实意（literal usages）的分野变动不定，而且四个主辞格之间也互相转化，任意指定其中一个辞格让随便什么人探讨一下它的各种可能性，如果这一探讨是足够深入彻底的话。则他一定会和余下三个辞格不期而遇"（刘亚猛，2004：221）。虽然分别以它们命名的四种不同修辞手段看起来泾渭分明，不容混淆，仔细一看却是你中有我，我中有你，难以区分得一清二楚。

在解释这四个主辞格如何游移于喻意和实意之间以及它们如何互相渗透、互相转化时,伯克提出了"修辞格其实有两套名称"这一耳目一新的观点。在比喻性语境中,它们被称为隐喻、换喻、提喻、反喻等,以话语实践者耳熟能详的"常用名"(customary names)发挥自己的功能。在非比喻性的现实语境中,它们却被"改名换姓",以另外一套虽然使人们一点也不觉得陌生却几乎不可能联想到辞格的方式大行其道。在比喻性的语境应用中,隐喻被改名为"观点/视角"(perspective),换喻被称为"简约"(reduction),提喻被叫作"表征/表述"(representation),而反喻被改为"辩证"(dialectic)之名。伯克认为,这四个日常或学术话语中常用的概念分别是四个主辞格在比喻性语境中的"化名"。以隐喻为例,在伯克看来,隐喻不过是"从其他事物的角度看待某一事物的手段,它使我们从'那个'里面看到了'这个',或者从'这个'里面看到了'那个'"(Burke,1969a:503)。"从其他事物的角度看待某一事物"是指用一种观点去理解另外一种观点。按照伯克的理解,隐喻和观点完全是一回事。

伯克的辞格观致力于推翻使辞格乃至修辞的活动范围和活动方式受到局限的各种内外"壁垒"。虽然伯克的本意在于强调修辞实践的无所不在以及修辞手段的灵活机动,但是他对"喻意语言"和"实意语言"之间、隐喻和其他主辞格之间原来十分森严的区别所进行的解构,对于西方有关语言和话语的基本观念的冲击是不言而喻的(刘亚猛,2004:228)。在伯克看来,长期被当作"修辞"对立面的日常话语、学术语言、哲学话语等等,从根本上都是基于喻意性语言的,因而与修辞并没有本质上的区别。而人们在日常交谈中,使用"观点""视角""表述"等概念时,他们其实是在使用改名换姓了的辞格。由此观之,伯克的修辞观为后来兴起的认知语言学中的"概念隐喻"理论提供了重要思路。

如前所示,伯克的修辞学思想覆盖面较广,本节仅介绍了他的核心修辞学思想,其他诸如重生修辞等观点未做充分介绍。

1. 邓志勇. 修辞理论与修辞哲学：关于修辞学泰斗肯尼思·伯克的研究. 上海：学林出版社, 2011.
2. 鞠玉梅. 肯尼斯·伯克：修辞学思想研究. 北京：中国社会科学出版社, 2017.
3. 刘亚猛. 追求象征的力量：关于西方修辞思想的思考. 北京：生活·读书·新知三联书店, 2004.
4. Aristotle. *Rhetoric and Poetics*. New York: Random House Modern Library, 1954.
5. Burke, K. *The Rhetoric of Religion: Studies in Logology*. Boston: Beacon Press, 1961.
6. Burke, K. *Language as Symbolic Action: Essays on Life, Literature, and Method*. Berkeley and Los Angeles: University of California Press, 1966:.
7. Burke, K. *A Grammar of Motives*. Berkeley and Los Angeles: University of California Press, 1969a.
8. Burke, K. *A Rhetoric of Motives*. Berkeley and Los Angeles: University of California Press, 1969b.
9. Burke, K. *On Symbols and Society*. Chicago: The University of Chicago Press, 1989.
10. Richard I. A. *The Philosophy of Rhetoric*. London and New York: Routledge, 1936.
11. Wolin, R. *The Rhetorical Imagination of Kenneth Burke*. Columbia: University of South Carolina Press. 2001.

思考题

1. 伯克修辞学的哲学基础是什么？
2. 伯克修辞学思想与古典修辞学理论的本质区别体现在哪些方面？
3. 伯克提出的"戏剧五位一体理论"分析法是如何分析人的动机的？

推荐阅读

1. 福斯，S., 福斯，K, 特拉普，R. 李克译. 当代西方修辞学之管窥. 上海：上海交通大学出版社，2021.
2. 胡曙中. 美国新修辞学研究. 上海：上海外语教育出版社，1999.
3. 胡曙中. 现代英语修辞学. 上海：上海外语教育出版社，2004.
4. Rueckert W. H. *Kenneth Burke and the Drama of Human Relations*. Berkeley: University of California Press. 1969.
5. Wess, R. *Rhetoric: Kenneth Burke: Rhetoric, Subjectivity, Postmodernism*. Cambridge: Cambridge University Press. 1996.

第二节 史蒂芬·图尔明的修辞学思想

一、史蒂芬·图尔明简介

史蒂芬·图尔明（Stephen Toulmin, 1922–2009），美籍英国科学哲学家，他最初就学于剑桥大学，在牛津大学获哲学博士，曾在利兹大学以及美国的密歇根州立大学、芝加哥大学和加利福尼亚大学等地任教，讲授科学哲学、逻辑学和伦理学课程。他的著述始于20世纪40年代末，论题广泛涉及科学史和科学哲学、认识论和伦理学等方面。

图尔明用维特根斯坦后期语言哲学观点解决科学哲学发展中遇到的各种问题，他的著述有力地论述了传统形式逻辑的局限性，主张用"实践逻辑"补充形式逻辑的不足，提出了在今天国际逻辑和论证研究中最有影响力的"图尔明论证模型"。尽管图尔明的论证模式最初并不受哲学家们，尤其是逻辑学家们的欢迎，但是却得到修辞与语言交流学者们的认同。在进行修辞论证时，相比传统的逻辑学方法，图尔明模式更加丰富多样，更适合于具体论证的描述、分析和评价，具有重要的实践意义。20 世纪 60、70 年代之后，美国绝大多数教科书都将图尔明的论述作为一个主要的理论模式加以推介，图尔明论证理论被广泛应用于修辞交流、语言教学、逻辑与哲学等领域。

二、史蒂芬·图尔明思想的产生背景

自 17 世纪欧洲进入"科学与理性"的时代起，西方论辩研究主要以逻辑为中心，试图用自然科学的标准衡量一切事物的逻辑实证主义盛行。论辩被简单分为发现命题与证明命题，归纳论据、演绎论据、证据、推理等是现代论辩研究的核心词语，"客观""理性""科学""知识"等信念深入人心。然而正当人们以为已经步入了"科学与理性"的美好王国时，两次惨绝人寰的世界大战打破了人们的美好幻想，使人们从对"科学"与"理性"的现代主义观念的盲目崇拜中醒悟过来。

从 20 世纪中叶开始，三百多年来一直在西方保持统治地位的现代主义智力秩序受到强有力的冲击，思想界开始从对科学理性不加分析的盲目信仰中醒悟过来，各种"反体制"理论风起云涌。以后期维特根斯坦为代表的一些语言哲学家系统批驳了源于笛卡尔和洛克的心智观念，提出一切知识都存在于社会和文化形态而非个人心智这一新信念。与此同时，许多以科学作为研究对象的哲学家也停止了对现代归纳逻辑的顶礼膜拜，转而重视知识的历史和社会语境。对"知识"的追求是现代主义智力议程压倒一切的中心任务，也是修辞学之所以失去其原来享有的大部分合法性的主要原因，新涌现的后现代主义思潮为饱受现代主义学术秩序压制和扭曲的修辞学科提供了极为有利的恢复条件（刘亚猛，2018）。史蒂芬·图尔明的论辩理论是在这一社会背景下应运而生的。

三、史蒂芬·图尔明的核心修辞学理论

随着现代逻辑的发展，逻辑往往被等同于形式逻辑。形式逻辑

认为三段论是证实主张的唯一适当的方法，把论证看成是高度数学化的、非个人的行为，把数学尤其是几何学作为判断所有领域论证的标准。在形式逻辑中，论证的有效性只与论证的形式有关，不涉及论证内容，"有效性"等同于"形式有效性"。在对论证进行评价时，存在着适用于任何情景的普世标准、原则、原理，而对听众的质疑和具体内容的有效性并不关心。

作为非形式逻辑理论的先驱，图尔明在著作《论证的使用》中指出了形式逻辑在研究日常生活中出现的漏洞。在图尔明看来，所谓的"普世原则"不一定与人类具体的现实生活相符，在评价时必须考虑问题的本质与类型。因此，图尔明区分了分析论证与实质论证。分析论证注重形式，结论已经蕴含在前提之中，是对普世原则的同义重复。实质论证注重内容，关注具体细节，从"根据"推理到"结论"，依据特殊情景而不是永恒不变的普世真理进行推论。它们分别代表了"形式逻辑"和"日常论证"所采用的两种推理模式。然而人们日常生活中的论证并非全都是纯粹的演绎论证，形式逻辑更加关注形式的正确性而非前提和结论的实际关系，关注"真"而非"或然性"和"可接受性"，忽视了推理论证的具体和实际过程，因而不能作为实际论证的一种切实可行的分析方法与评价工具。

图尔明认为论证是以人的活动为中心的，从事论证的人在论证实践的理性评估中极其重要。合理的程序不存在于空气之中，除了实际的推理者之外，它们是被推理的人学习、使用、修改，偶尔甚至抛弃的东西（Toulmin, 2003）。图尔明对以"准几何学的理性概念"作为逻辑摹本的论证方法提出了批评，主张逻辑应更加关注日常生活中的推理和论证。他针对传统逻辑在现实中缺乏实际效用的问题，创制完善了一个实用的由事实到主张的论辩模型，即"图尔明模式"，替代了修辞三段论成为描述论辩的标准模式。

图尔明认为，相比逻辑和几何学，逻辑和法学之间具有更自然的相似性。在法学类比的基础上，图尔明提出了一个由主张（claim）、根据（data）、理由（warrant）、支持（backing）、情态限定词

（qualifier）和反驳（rebuttal）等6个功能要素构成的过程性模式，称为图尔明论证模式。图尔明认为论辩是从公认的根据（data），经由一种理由（warrant），到提出一种主张（claim）的活动。其中，主张、根据和理由作为图尔明论证模式的基本要素，在每个论证中都必须出现。支持、情态限定词和反驳对于所有的论证来说并非必然出现，被称为补充要素。

这一模式最初将论辩中的基本要素提取出来，即主张（claim）、根据（data）和理由（warrant）。主张指的是论辩者提出的观点、意见、看法等，是对"我们要去哪里"的回答，是旅途的目的地。根据是指论题的基础，它由事实、证据等构成，是帮助我们到达目的地的"交通工具"。理由是连接根据与主张的"桥梁"，赋予从根据到主张这一步的合理性和可行性。

模式中的根据（data）对应三段论中的小前提，是论辩建立的前提和基础；理由（warrant）对应三段论的大前提，为论辩从事实到结论提供合乎情理的依据；主张（claim）对应三段论的结论，是论辩想要证明的结论。上述三个基本成分就可以构成简单的图尔明论证模式，如下所示：

但是仅仅靠这三个要素并不能完全满足日常推理的需求，因此图尔明另外提出三个补充要素来完善论辩模型。支持（backing）是用来证明理由（warrant）合理性的，支持（backing）是"理由（warrant）背后的另外的保证，没有这些支援，理由自身既没有效力也无法传播"（Toulmin, 2003）。但在某些特殊条件下"理由"并不能成立，所以需要反驳（rebuttal）来限定理由的有效范围。此外，不同的理由得出主张的力度不尽相同，有些理由可以使人毫无疑义地得出主张，有些理由只能在某些特定条件或限制下才能得出主张，因而需要情态限定词（qualifier）来表示论证力度的强弱。这 6 个要素便构成了扩展的图尔明论证模式，如下图所示：

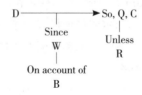

（Toulmin，2003：97）

图尔明用如下的例子更好地解释这一论证模式：

a. Harry was born in Bermuda. 哈利出生于百慕大。

b.（Since）a man born in Bermuda will generally be a British subject.（由于）在百慕大出生的人一般是英国公民。

c. Harry is a British subject 哈利是英国公民。

在这个例子中，b 是理由（warrant），为由 a 根据（data）得出 c 主张（claim）提供合理性和可行性，通过 a 和 b 最终得出了 c，这便是图尔明的简单论证模式。然而在实际论证中，为了适应不同特殊的情况，这一简单论证模式有时需要拓展，我们继续用图尔明的例子来进行解释：

d.（On account of）the following statues and other legal provisions:（据）以下条例及其他的法律规定：

e.（Unless）both his parents were aliens/...（除非）他的父母是外国人……

f. Presumably 大概

d, e 和 f 这三个要素是进一步补充说明由 a, b 和 c 这三个基本要素组成的简单论证模式，故称为补充要素。当有人质疑 b（理由）的权威时，便需要 d，即支持（backing）来进一步支持理由。e 假设了一种可以使 b（理由）失去其有效性的情况，此时 b（理由）这一原则并不适用，故 e 是反驳（rebuttal）。由根据得出主张的力度有多强，是毫无疑义还是暂时的、试探性地得出主张，因此我们需要 f，即情态限定词（qualifier）来表示论证力度上的说明，根据论证力度的不同，限定词可以是"必须""确定""可能""大概"等。由此，这 6 个相互关联的要素构成了扩展的图尔明论证模式，如下图所示：

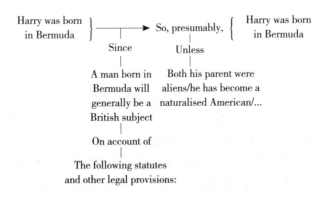

（Toulmin，2003：97）

综上所述，图尔明的论证模式为我们日常生活中的实际论证提供了借鉴。图尔明认为论证是公认的事实/根据（data），经由一种理由（warrant），到提出一种主张（claim）的活动，这三个部分构成了辩论的基本结构。此外他还提出了支持（backing）、情态限定词（qualifier）和反驳（rebuttal），与形式逻辑区分开来。图尔明模式在进行修辞论证和检验中比传统逻辑方法的三段论更为实用，具有重要的实践意义。

四、史蒂芬·图尔明的核心贡献

亚里士多德在《修辞学》中提出了修辞三段论（rhetorical syllogism），也称为恩梯墨玛（enthymeme），他认为修辞三段论是"或然式证明的躯干"，是"最有效力的或然式证明"（1954）。修辞三段论不仅用于法律、科技等逻辑性很强的文本，在日常生活和对话中也起着更为隐蔽、巧妙的劝说作用,修辞三段论是古典修辞学的核心和灵魂。

修辞三段论同形式逻辑意义上的三段论（syllogism）不同，是一种非形式逻辑的论证方法。邓志勇（2003）认为从严格的逻辑意义上来说，三段论是基于必然性，由大前提、小前提和结论部分组成，其结论已被隐含在前提之中。但修辞三段论却基于或然性，也就是说前提是或然性的、可辨的，从其得出的结论只是推测性的，它们之间是一种由此及彼、由已知通往未知的关系。图尔明论证模式被视为与修辞学紧密相关，主要是因其模式中的"理由（warrant）"与经典修辞学中另一核心概念"话题"（topos）有明显联系，而一般充当大前提的"论式"又被亚里士多德视为恩梯墨玛（enthymema）的要素，因此其模式与修辞三段论也就自然联系在了一起（袁影、蒋严，2010）。学界普遍认为图尔明论证模式本质上就是修辞三段论，它也是以或然性为基础。该模式中的根据和理由相当于修辞三段论中的两个前提，而主张则相当于修辞三段论的结论，图尔明的论证模式可视为修辞三段论在当代的重要发展。

图尔明一开始设计此论证模式时并没有考虑到与修辞的联系，但他后来也公开承认这些联系（Jasinski，2001）。图尔明模式的基础是直言三段论（categorical syllogism），虽以形式逻辑为基础，但论证结构更为复杂，追求与论证实践相匹配的工作的、实践的逻辑，弥补了传统三段论的不足。由于图尔明对传统逻辑学数学化、形式化的研究方法提出质疑，他的论证模式最初不受哲学家们，尤其是形式逻辑学家们的欢迎，其研究最终被评定为一本包含理论偏见与错误的"反逻辑著作"。然而，图尔明模式却受到修辞学家与语言交流学者们的认同，在当代论证理论、修辞学、言语交际研究等领域备受推崇。

袁影、蒋严（2010）认为图尔明模式实际仍扎根于传统三段论，他主要为了适应日常实用推理的需要调整了前提次序，突出了或然性，并加入了支持、反驳以及情态限定词三个辅助要素以增强或然性论辩的可接受性，对于日常实用推理的描写与创设具有较强的可操作性。图尔明所提供的论证模式与传统的诉诸逻辑的三段论相比，在进行修辞分析、修辞证明和修辞批评等方面更具优势(Brockriede, 1960);并且,图尔明论证模式也为现代论证提供了实用的诉诸逻辑的替代方式(温科学,2006)。

图尔明将推理从几何学的模型中解放出来,刻画了实际论证的丰富性和多样性,打破了传统逻辑三段论的束缚,更适合于论证的描述、分析和评估。同时,图尔明论证模式弥补了形式逻辑三段论的不足,有利于修辞论辩的不断发展,深深地影响了当代西方修辞学。

1. 刘亚猛. 西方修辞学史. 北京:外语教学与研究出版社, 2018.
2. 袁影, 蒋严. 修辞三段论与寓义的语用推导. 外语教学与研究. 2010(2): 97–103+160.
3. 邓志勇. 修辞三段论及其修辞运作模式. 外国语言文学, 2003(1): 13–19.
4. 温科学. 20世纪西方修辞学原理. 北京:中国社会科学出版社, 2006.
5. Aristotle. *Rhetoric*. trans. W. Rhys Roberts. New York: Random House, 1954.
6. Brockriede, W. & Ehninger, D. Toulmin on argument: an interpretation and application. *Quarterly Journal of Speech,* 1960(1): 44–53.
7. Jasinski, J. Sourcebook on Rhetoric: Key Concepts in contemporary Rhetorical Studies. Thousand Oaks: Sage, 2001.
8. Toulmin, S. *The Uses of Argument (updated edition)*. Cambridge: Cambridge University Press, 2003.

思考题

1. 中西方在进行论辩时有何异同?
2. 试着利用图尔明模式在日常生活中进行一次论辩,并解释其中运用的修辞手段。

1. 福斯,S.,福斯,K,特拉普,R.李克译.当代西方修辞学之管窥.上海:上海交通大学出版社,2021.
2. 胡曙中.美国新修辞学.上海:上海外语教育出版社,1999.
3. 刘亚猛.西方修辞学史.北京:外语教学与研究出版社,2018.

第三节　贝尔·胡克斯

一、贝尔·胡克斯简介

贝尔·胡克斯（1952年9月15日–2021年12月15日），原名格洛瑞亚·简·沃特金（Gloria Jean Watkins），笔名贝尔·胡克斯，是美国作家、女权主义者与社会活动家。

胡克斯的父亲就职于邮局，母亲是一名家庭主妇。家中姐弟七人。弟弟从小受尽宠爱，独揽特权。父亲是一名男权主义者，时常给予家中女性以语言暴力和肢体暴力。这种性别不平等让胡克斯从小学会了反叛和顶嘴。虽然总是受到父亲的惩罚，但是她从不妥协，不停地思考、写作、发声。贝尔·胡克斯本是其外婆的名字，因外婆是一位心直口快，敢于反叛的人，于是她以外婆的名字为笔名，以此表达自己寻求反抗的决心。她写道："我热切地关注批判意识的培养，不断寻求思考、教育和写作的方式以激发生活的热情，解放人们的思想，以挑战各种统治体系的方式而活着，走着。"

胡克斯于1973年获得斯坦福大学英语学士学位，1976年获得威斯康星大学英语硕士学位，1983年获得加州大学圣·克鲁兹分校英语博士学位。1976年至1994年先后就职于美国诸多大学，1994年担任纽约城市大学城市学院特聘英语教授。

在校时，胡克斯经历了各种各样的种族主义、性别歧视和阶级主义等问题。就职期间，她依旧认为学术界并非解放思想的理想之地："人们想当然地将大学想象成一片自由的沃土（就和我年轻时一样），而事实上，它和我们文化中的其他机构并无二致，也充满了压迫（repression）和遏制（containment）"。

2004年，胡克斯回到故乡肯塔基州，担任伯利亚学院阿巴拉契亚研究院特聘教授。2021年12月15日，作家和社会行动者、多元交织性女性主义领军人物贝尔·胡克斯在美国家中辞世，享年69岁。

二、胡克斯的主要修辞理论

（一）统治的意识形态

胡克斯认为男权统治的意识形态"信奉优劣概念，并衍生出优等人应该统治劣等人的思想"。她希望通过修辞学帮助人们根除西方文化中普遍存在的这种意识形态。因为这种意识形态助长了白人至上的资本主义男权制的统治，折射出了性别歧视、种族主义、阶级精英主义和异性恋主义等体系之间的复杂关系。

为根除这种意识形态，消灭性别歧视，胡克斯主张"终结男权统治的斗争应该是全球范围内男女的首要任务"。她以自身经历告诉大家，大多数人长期经历并习惯了家庭中的性别歧视和性别压迫之后，也就逐渐适应了这种生活方式和生活环境，习惯了逆来顺受，不知起身反抗。殊不知这种家庭性质的性别压迫比起种族压迫或阶级压迫，威胁更大，伤害更直接。

除了性别歧视，还有各种种族压迫、阶级剥削等问题。虽然形式不同，但都有一个共同的基础：男权统治的意识形态。因此，胡克斯主张所有被压迫者，无论是何种族、是何阶级、是何肤色，都要提高自己的思想意识，团结一致，将推翻男权统治的意识形态作为共同的责任，而且为推翻压迫者所做出的所有努力也必须是为了所有被压迫的人，而不是某一特定群体的利益。对此，还必须防止男权统治的意识形态内化的问题。在胡克斯看来，很多被压迫者已经习惯了以这种方式生活，稍有成就者甚至歧视或者蔑视同类，自视高人一等，这种行为非但没有弱化统治意识形态，反而使其更加稳固。

为了替代这种专制统治的意识形态，胡克斯提出了爱的伦理（love ethic）之说。从传统的角度来说，爱是一个人对另一个人情感上的依赖，传统的伦理学也是以男权统治为基础，维护男性霸权话语的工具。因此胡克斯认为，与传统的爱的伦理学不同，她所说的爱的伦理是尽可能地站在女性的角度去发挥女性特有的优势，把每一个人都置于爱的中心，没有专制统治，没有男性霸权。同时，爱也包括"关心、喜爱、认可、尊重、承诺、信任、诚实和坦诚沟通。"要对抗传统的男权统治，必须形成一套全新的爱的伦理学。人与人之间相互平等，相互关心，相互尊重，这样才能改变现状，突破男性霸权。

（二）边缘：反抗的阵地

1984年，胡克斯的《女权主义理论：从边缘到中心》（*Feminist Theory: From Margin to Center*）出版，从黑人女性的角度出发，为女权主义的发展提供了新的方向。这本书"第一次提出了女权主义的三分法，认为应该将性别、种族和阶级这三个角度合而为一，来共同考察女性自身的问题和女性在社会中的地位"（王国栋，2017）。在男权专制统治下，女性本无地位，黑人女性更是饱受性别、种族和阶级等压迫，被迫隐忍，掩藏自己内心的声音，埋没自己的态度和立场，没有发声的余地。她们就是被男性霸权边缘化的一个群体。

对于胡克斯来说，边缘是"一个产生激进可能性的阵地，是抵抗的空间……是反霸权话语产生的中心"。边缘地域并不是"一个人想失去的立场——不是人们为进入中心而放弃或丢弃的立场——相反，它是一个可以停留甚至是一个可以紧紧依靠的地方，因为它有助于培养一个人的反抗能力，边缘也可能带来激进的视角，透过这个视角，人们可以看见、创造并想象全新的世界。"胡克斯将黑人女性置于其理论的中心是因为黑人女性"承受着最直接的性别歧视、种族歧视和阶级压迫的压力"。

王国栋（2017）指出，性别歧视让女性在日常生活做出选择，是选择成为统治的角色，还是选择成为臣服的角色，这也就使得黑人女性仇视自己的群体。同样，种族歧视让白人女性联合，而非白人女性便会受到歧视。阶级歧视更是束缚黑人女性前进的一道枷锁。因此黑人女性处于边缘的中心，也处于反抗的阵地，有直接的经历，有发声的经验，有反抗的决心。

随着社会的不断发展前进，修辞也不断被赋予了新的内涵。其中胡克斯明确将种族、性别和阶级纳入了修辞学，而且她认为修辞学理论的发展不必局限于某种特定的身份。因此她鼓励修辞学者和修辞学家"站在不同的角度，表达不同的立场，允许我们获得全面而广泛的知识。"因此，胡克斯认为处于边缘的黑人女性便处于修辞的关键位置，她们是最有权利发声的群体。

（三）女权主义

从 19 世纪 40 年代末初见端倪，经过 20 世纪 60 年代的发展，再到 20 世纪 90 年代的再一次兴起，美国的女权主义的不断演变，很多女权主义流派应运而生，如保守的女权主义、改良的女权主义和激进女权主义等。不同流派的诞生，也让女权主义的概念发生了很大的变化。没有一个统一的概念，也便没有共同抵抗的思想基础和实践基础。因此胡克斯从广义上重新定义了女权主义。即首先要让所有人从性别歧视的压迫中解放出来，去关注性别、种族和阶级压迫等男权统治意识形态的相互关系。在这种关系中，学会认识自己，改变自己，调整自己的角色，利用这种积极主动的力量，把自己放入整个政治环境中，形成一种"亲密无间、互帮互助、志同道合"的和谐共生的人际关系，为了所有人的共同利益而斗争的一场激进的革命运动；而不是让女性不断斗争只是为了获取与男性平等甚至是超越男性，超越阶级的权利；也不是简单去获取一种为满足个人欲望，提高个人社会地位而非去争取的"女权主义者"身份，更不是一场改良的社会运动。

（四）通过修辞去殖民化

胡克斯提倡通过修辞学解决统治意识形态的殖民化问题，并且提出了两种方法：批评和创造。批评即超越性别主义、种族主义和阶级主义，对抗专制意识形态，挑战传统权威；而创造旨在找到新的方法，重塑自我，改良批评后的世界。

批评的核心是让边缘修辞者培养批判性思维，积极主动走向大众文化的视野。电视和电影就是统治意识形态的重要表征。这类媒介通过不断映射殖民化的思想，影响人们的生活，迫使大家接受殖民化的思想和价值，削弱人们抵抗的能力。通过对电视、电影等媒介方面以及个人思想和行为等价值方面的批评，鼓励大家审视、反思、探索新的理解方式，让自己的话语权发挥作用，改变周围的人，调动他们的主动性和积极性。人与人之间的对话也是参与批评的一种重要方式。通过对话参与批判和批评，被压迫者会对这些不同的意见进行分析和核查，这更进一步培养了被压迫者的批判性思维。但出于身边其他人的压力，有些被压迫者不敢发表自己的言论和意见。对此，胡克斯提出，我们时刻谨记声音被压制的痛苦，要努力维护我们说话的权利，我们要自由地说，公开地说，理直气壮地说。而且要让所有人都参与进来，做出改变。

去殖民化的另一个途径是创造，即批评过后，人们需要创造出一种全新的生活习惯和生活方式。首先要采取行动改变个人的生活习惯和生活方式，以此为批评种族主义、性别歧视以及精英主义打下基础。胡克斯通过列举自己在家中与家人的对话来证明统治的意识形态和价值观存在于我们的生活、思想、精神等各个方面。要做出改变，就得先从自身入手，改变自己的说话语气和交流方式，这样才能让身边的人耳濡目染，让他们感觉到被关心、被尊重、被肯定，从而也愿意做出我们期许的改变。

一方面要从自己着手，改变自身，另一方面也需要从他处着手，创造出新形象，尤其是改变媒体以往的表征形式。因为媒体的报道和宣传是专制意识形态统治的一种方式，往往通过丑化或扭曲被统治阶级的形象来稳固其自身的统治。因此，修辞者必须打破这种局面，创造出新的形象，向大众展示被统治阶级真实的样子和想要成为的样子，动摇和改变大众心中固有的形象。要塑造新的形象，胡克斯引入了美学的概念，认为美学形象和艺术手段在塑造新的表征形式中至关重要。游走于专制统治之外的创造，渗透于大众日常生活中的艺术可以成为一种反抗的力量。例如，通过改变家中的照片墙，让照片不再是讽刺的表征，而是展现鲜活个体、抵抗压迫的一种艺术手段，因此她也呼吁"视觉革命"。

创造非统治性替代方案的主要途径之一是采取行动（enactment）。采取行动的一种方式是向大众展现平实的写作风格，即创造出来的作品要通俗易懂，而不是佶屈聱牙，让人难以理解。作家需要站在与读者平等的角度去创作，只有受众读懂了，与作者共情，才能将有用的思想传递给受众，创作也才有了本该有的意义。此外，作者要将个人的经历和所见所闻，以故事的形式，亲口讲述给读者或者听众，让他们熟悉作者的生活方式和语言方式，从而与作者产生共鸣。即只有让更多边缘群体，尤其是没有受过太多高等教育，不想接受、也无法接受过于"高深"理论的大众能够理解和愿意接受的作品才是最有意义的。只有这样，才能让理论走出象牙塔，联系实践，真正影响和改变弱势群体的生活。胡克斯将这种行为称为"忏悔"，即激发出人们的共同经历，去干预政治生活，颠覆统治政治。

创造的另一种方式是去改造传统的教育。对此，胡克斯提出了"革命改造教育学"的概念。她认为教育是能够改变统治实施的一大阵地。胡克斯将理论和实践结合在一起的最好范例就是将"种族、性别、阶级"连锁压迫的概念渗透到教学实践中，并指出教育是实现自由的最好途径（周春，2018）。教育可以培养学生的批判性思维。教师只有通过摒弃传统的专制性的教学方式，真正做到尊重个人，重视每一个个体的存在，才有可能让教育成为一个打破统治意识形态的阵地。

三、对胡克斯主要评价

胡克斯一生笔耕不辍，著作等身。其作品中无不反映出一种抵抗的文化和解放的诗学。与传统修辞学相比，胡克斯的理论旨在创造出一种平等互惠、互尊互爱的文化，去代替统治的意识形态，对修辞学的贡献主要有三点：

首先，胡克斯重新定义了修辞学中的一些概念，例如，等级制度、等级法则等，提出并力求创造出一种全新的价值观，培养读者和修辞者在生活中的批判思维和反思意识，让大家发挥主观能动性，重新审视自己，审视自己与世界的关系，从而达到破坏传统的统治意识形态的目的。

其次，胡克斯善于利用边缘关系结构，创造出一种独立且不隶属于某一修辞群体的修辞理论。对边缘群体立场的认同，使她相信边缘修辞者能通过自己的个人经历和地位，打破常规，想出解决方案，构建非统治关心，这就决定了他们是潜在的社会变革的前沿力量，这也让其修辞理论的支撑背景变得清晰明朗。

第三，胡克斯提出在修辞上采取行动。即让修辞者"从个人角度出发，通过行动参与非统治、非剥削、非压迫的修辞，瓦解统治体系"（福斯，2021：307-308），即让生活成为采取行动的一个平台，追求平等、尊重的意识形态。

许多评论家都赞赏胡克斯试图挑战传统的意识形态的统治，为不同的种族、阶级和人物赋权而做出的种种努力，但同时也对她表达观点的方式有不同的见解。因而，胡克斯逝世之后，《华盛顿邮报》对她做出了这样的评论："为所有种族、阶级和性别的人赋权，预见到并帮助塑造美国当下正在进行的关于正义和歧视的辩论"。有人觉得她过于激进，过于直接，从政治层面讲，并不是表达观点的正确方式，而有人却觉得她言辞率真，直中要害，是体现对抗风格最有效的方式。有人觉得她的观点和章节之间缺乏系统的理论联系，难以理解，但有人支持这种写作方式，认为这是胡克斯对传统写作风格的挑战。有些评论家甚至认为胡克斯的自救作品缺乏学术活力，最终还是流于俗套。例如，米歇尔·华莱士就曾批评胡克斯的观点都是"放任自己，口无遮拦的表现。"也有人认为胡克斯的自救作品缺乏实践基础，批评她不够了解边缘群体的实际生活经历和社会定位，从而怀疑她的边缘群体代言人身份。

但胡克斯的作品中能保持多样的风格特征，目的就是扩大受众群体，吸引外界读者参与到这种修辞实践中来，这种写作风格也使她获得了包括儿童在内的广泛的读者群体。《我不是个女人吗？黑人女性与女权主义》《女权主义理论：从边缘到中心》《女权主义是为了每一个人：激情的政治》等作品都是目前女权主义的经典之作。胡克斯从女权主义的角度出发，拓展了修辞学结构，呼吁修辞者和修辞理论家转变原有的统治的意识形态和价值体系，敢于抵抗，以求做出改变，重塑文化，创造一个更加人性化的世界。胡克斯一生都在为女权主义发声，被誉为是美国最有影响力的女性主义思想家之一。

1. 福斯, S., 福斯, K, 特拉普, R. 李克译. 当代西方修辞学之管窥. 上海：上海交通大学出版社, 2021.
2. 周春. 贝尔·胡克斯的学术话语. 山东外语教学, 2018(39): 90–98.
3. 王国栋. 黑人女性的边缘化和中心化——浅谈贝尔·胡克斯的女权主义思想. 大学英语, 2017(14): 136–138.

思考题

1. 胡克斯的修辞学理论对传统修辞学的贡献有哪些？
2. 你是如何看待胡克斯的边缘立场的？

1. 赵思奇. 贝尔·胡克斯黑人女性主义文学批评研究. 北京：中国社会科学出版社, 2014.
2. 贝尔·胡克斯. 女权主义理论：从边缘到中心. 南京：江苏人民出版社, 2001.
3. 贝尔·胡克斯. 激情的政治. 北京：金城出版社, 2008.
4. 贝尔·胡克斯. 反抗的文化：拒绝表征. 南京：南京大学出版社, 2012.

第八章
修辞批评理论[1]

修辞批评是 20 世纪前半期开始盛行的一种批评范式，是一个较为系统地阐释修辞行为的过程。修辞批评由来已久，至少可以追溯至柏拉图的《费德鲁斯篇》（姚喜明，2009：230），当然亚里士多德、西塞罗、昆体良等古典修辞学家也都曾对一些修辞语篇作过评论，某种程度上可视作修辞批评早期的雏形。1925 年，维切恩斯（Herbert A. Wichelns）发表了《演讲的文学批评》一文，一般来讲，这是西方修辞批评真正开始的标志。国外对修辞批评的研究已初具规模，但修辞批评在国内的影响是近十年内才逐步发展的。修辞批评的定义五花八门，版本较多，这涉及研究者的出发角度及历史原因等问题。修辞本身就是一个可大可小的范畴，批评也是一个含义较广的术语。本章对修辞批评的内涵与外延进行了合理的定位，以期对修辞批评的基本理论做系统的梳理与定位。逻辑学对内涵与外延有着明确界定。内涵是事物本质属性之和，外延一般指事物外部的延伸。前者表示内容和本质，后者表示外观和形式。涉及修辞批评，其内涵主要包括修辞批评的概念、分类、对象以及功能；其外延则可界定为修辞批评的外在形式——分析步骤。

---

[1] 本章的主要内容改编自作者与其合作者发表在《外语教学》2014 年第 6 期上的"修辞批评再认知：内涵与外延"一文。

第一节　修辞批评的内涵

国外修辞批评研究已蔚然成风，目前来看主要集中在美国。据考证，美国有专门的修辞批评年会，迄今已经举办四十多届。从出版和发表的论文来看，修辞批评研究主要集中在理论建设、模式构建以及应用等方面。很多研究者都对修辞批评进行了界定。本章将精选国内外一些较具代表性的论著和论文中的定义，进而归纳出一个较为科学的定义。

就国外已经出版的论著或教科书来看，对修辞批评的研究成果以教科书为主。基于论著的影响力、选材的多样性以及是否包含修辞批评的定义，本章选取了以下5本（其中包含1本专著、2本论文集和2本教科书）作为参考：Hendrix & Polisky（1968）的《修辞批评：方法与模式》（*Rhetorical Criticism: Methods and Models*），Campbell（1972）的《当代修辞学批评》（*Critique of Contemporary Rhetoric*），Foss（2004）的《修辞批评：探索与实践》（*Rhetorical Criticism: Exploration and Practice*），Kuypers（2005）的《修辞批评的艺术》（*The Art of Rhetorical Criticism*）以及Hart & Daughton（2005）的《现代修辞批评》（*Modern Rhetorical Criticism*）。其中，Foss的《修辞批评：探索与实践》已再版四次（1989/1996/2004/2008）。国内方面，依据相同标准，本章将选取常昌富、顾宝桐（1998）编译的《当代西方修辞学：批评模式与方法》、温科学（2006）的《20世纪西方修辞学理论研究》、从莱庭，徐鲁亚（2007）的《西方修辞学》、袁影（2008）的博士论文—《修辞批评新模式构建研究》以及蓝纯（2010）的《修辞学：理论与实践》。通过对这些文献的研读，我们发现，修辞批评的定义版本之多着实令人迷茫与困惑，但也存在很多重叠之处。修辞批评的定义可从两个层面来理解，即广义与狭义层面。之所以如此界定，一个重要的原因在于修辞批评的对象——修辞现象或行为中的"修辞"是一个范畴模糊、界限不明的修辞学术语。除定义之外,我们将对修辞批评的功能、分类做详尽的阐述与定位,以系统地界定修辞批评的内涵。

一、修辞批评的定义

(一)广义修辞批评

广义与狭义本身是一个相对的概念,撇开广义来看狭义则看不到狭义之"狭",撇开狭义看广义也看不到广义之"广"。因此,必须依据某些标准来定位广义与狭义层面的定义。区分广义与狭义修辞批评的主要基准在于修辞批评对象涉及的范围大小、范畴模糊与否。

修辞批评从字面意义上看,就是对"修辞"的批评。"修辞"本身是一个含义模糊、界限不太明晰的修辞学范畴。亚里士多德在《修辞学》中将修辞这一概念界定为"在每一件事上发现可用的劝说手段的能力"。而西方新修辞学将一切符号化、话语化,实际上是将一切修辞化。在此背景下,"修辞"一般被界定为运用话语和象征来达到某种目的的象征行为。因此,西方新修辞学视域下的修辞批评定义都可划入广义修辞批评范畴内。这在 Foss(2004)、Kuypers & King(2005)以及 Hart & Daughton(2005)对修辞批评的界定中可见一斑。在他们的定义中,涉及修辞批评对象的关键词有:"交际(包括口头或书面交际)""象征行为""人工制品""修辞现象""社会生活"等。这些词足以划入新修辞学的范围。Foss(2004:6)把修辞批评定义为"为理解修辞过程而对象征行为和人工制品进行的系统分析与考察的一种定性研究方法"。此定义中的批评对象明显属于广义的修辞概念。Burke(1966:10)指出人性的基本特征是象征的使用,而作为象征的语言与修辞不可分开,因此修辞几乎无所不在。由此可见,象征行为是新修辞学的一个举足轻重的关键词。由此验证了 Foss 的定义受到了新修辞学的影响。另外，Hart & Daughton（2005：22）也认为，修辞批评是为识别修辞现象的复杂性而对其进行综合有效的解读与解释的一种行为，是对社会生活本身的批评。虽然未明确提及"象征行为"等字眼，但此定义中的"修辞现象的复杂性"与"社会生活"等关键词也暗含着广义的修辞范畴。至此，不难看出，Hart & Daughton 的修辞批评定义也属于广义的修辞批评。相比而言，Kuypers & King（2005）的修辞批评定义中涉及的批评对象的范围显得没有那么广泛，但也应看作是一种广义修辞批评。Kuypers & King（2005：10）把修辞界定为"为达到某种目的而运用策略的交际（包括口头与书面交际）"。Kuypers 则把"批评"定义为"运用论辩主观方法的一门艺术"。

国内学者中，常昌富、顾宝桐（1998：1）的观点——"修辞批评是一个系统地探讨和阐释修辞行为的过程"包含了一个广义的修辞批评概念，因为"修辞行为"如同"修辞现象"一样是可大可小的修辞学范畴，可以包括一般意义上的话语行为，也可包括社会行为等。袁影（2008）在其博士论文的第三章中详尽地界定了"修辞批评"，基于已有研究，在分别界定了"修辞"和"批评"的定义后，最后概括出了这样的定义："修辞批评是对象征系统借以产生影响的策略运用过程所作的系统分析和评价"。这个定义较为全面地揭示了修辞批评的概貌，可视作广义修辞批评范畴。唯一的缺憾是，作者没有意识到对修辞批评这样一个范畴模糊的修辞学术语，最好应该有广义与狭义意义上的修辞批评版本。

结合以上研究，我们认为广义的"修辞"应该被定义为"象征行为或象征系统"。另外，关于"批评"的定义，修辞批评学者对"批评"也做了多个版本的定位。Brockriede（1974：165）将"批评"定义为"评价或分析经历的行为"。Andrews（1983：105）将"批评"定义为"对人类活动产品进行阐明和评价的系统过程"。这两个定义都涉及关键词——"评价"，加之"分析"与"阐明"，实际上存在意义重叠可统一为"分析"。另外，依据我们考察的"修辞批评"的多个版本的定义，"系统的"（参看 Foss，2004；常昌富、顾宝桐，1998；袁影，2008）、"综合有效的"（参看 Hart & Daughton，2005）等关键词实际上也存在意义重合的情况，可统一为"系统的"。因此，"批评"可以理解为系统的分析与评价过程。

总起来讲，本教程认为，广义的修辞批评是对象征行为所作的系统的分析与评价过程。

（二）狭义修辞批评

要对修辞批评定位，一方面要看广义修辞批评，另一方面要了解狭义修辞批评。这里的狭义主要指将修辞批评的对象限制在一定范围内，具体来说，比如修辞文本。如果将修辞限定在亚氏的修辞定义上，那么修辞批评的对象将主要局限在传统的演讲形式中。要界定狭义修辞批评，需要了解狭义修辞学概念。狭义修辞学是以狭义修辞现象为研究对象的言语学科，而狭义修辞现象正是指狭义修辞活动中的一切言语现象，比如狭义修辞学研究优化言语的活动和优化了的言语作品。因此狭义修辞学主要关注言语现象和言语产品（可理解为包括口头和书面语篇）。

纵观国内外学者给修辞批评下的定义，不难发现有些定义属于这个范围。依据修辞批评的对象，大体可归为两类：古典修辞学的修辞范围和狭义修辞学的言语现象或言语产品。前者主要代表人物包括 Hendrix & Polisky（1968）与 Campbell（1972）。Hendrix & Polisky 在其论文集的序言中指出，修辞批评是对口头或笔头形式的信息性或劝说性语篇所作的分析、解释与评价。这个定义包含的"劝说性语篇"隶属于古典修辞学对修辞的界定范围。Campbell（1972：83）在给"修辞批评"下定义时指出，修辞批评是对劝说性语言运用所作的描述、分析、解释以及评价。此定义中的"劝说性语言运用"，亦属于古典修辞学的范畴。而后者代表学者主要包括温科学（2006）和从莱庭、徐鲁亚（2007），"言语产品或言语现象"是这一类的关键词。温科学（2006：105）认为，修辞批评指对修辞文本与修辞表现做出解释与评价,广义地说,描述演说者或作者、修辞表现或修辞文本和听读者之间关系的任何形式的批评都是修辞批评。虽然在此定义中,温科学也提及了一个"广义"概念,但这个"广义的修辞批评"仍然属于本研究中狭义修辞批评,因为修辞文本或修辞表现以及和听读者之间的关系都属于狭义修辞学领域,至多包含古典修辞学的"演讲形式"的修辞范畴。从莱庭,徐鲁亚(2007:377)认为,修辞批评是根据修辞理论标准对言语行为、语言产品(即话语或语篇)进行审视、评价或批评。此定义则更为清晰地指出了狭义修辞学所涉及的言语现象或言语产品,是一个典型的狭义修辞批评定义。蓝纯(2010:345)将修辞批评定义为"运用修辞学理论对修辞篇章进行分析与鉴赏"。鉴于 Campbell & Burkholder(1997:2)定义的修辞篇章是以劝说为目的、旨在解决问题的、公开的和艺术性的书面语或口头篇章,因此,这仍然是一种狭义的修辞批评。

简而言之,狭义的修辞批评应为对劝说性语篇和言语产品(包括口头和书面语篇)所作的系统的分析与评价过程。

当然,要进行批评,应该借助某些修辞理论。这是修辞批评的理论基础。当然这个修辞理论的依据实际上很模糊,应根据情况而定(比如戏剧主义修辞批评依据的修辞理论即是 Burke 的"五位一体理论")。因此,广义的修辞批评是依据相关修辞理论对象征行为所作的系统的分析与评价过程。狭义的修辞批评是依据相关修辞理论对劝说性语篇和言语产品(包括口头和书面语篇)所作的系统的分析与评价过程。

二、修辞批评的功能

修辞批评的内涵还应包括修辞批评的功能,即讨论修辞批评作何用。

当代西方修辞批评认为,修辞批评与文学批评的不同之处在于,文学批评专注于评价包含在大量虚构作品中的智慧、美与真理,而修辞批评则用于评价修辞话语的劝说效果,注重于发现和欣赏说写者如何运用它们的观点适应特定的听读者(温科学,2006:106)。实际上,这只是修辞批评的其中一个功能而已。

既然修辞批评的概念有广义与狭义之分,那么其功能也应有广义与狭义之分。Hart & Daughton(2005:23-28)给出了修辞批评的几大功能:标示社会发展潮流;通过对社会现象的实例分析获得一般性认识;产生元知识,拓宽社会生活研究视野;直面他人及其文化。这四个功能主要侧重在对社会以及文化的认知,范围之广令人难以控制,这属于典型的广义的修辞批评功能。当然,广义的修辞批评不仅如此。Foss(2004:8-9)提出了两个功能:发展修辞理论、提升交往能力。这也属于广义的修辞批评功能,但Foss的这两个功能不够全面,只谈及了"修辞理论"与"交往能力"。广义修辞批评中的批评对象——象征行为决定了其修辞批评功能必定与其有关。结合以上研究,我们认为广义的修辞批评功能在于:深入了解社会诸多文化现象及其发展趋势;以大视野的角度拓宽对社会诸多文化现象的认知进而揭示现象背后的历史文化背景;提升不同文化背景之间的人际交往能力;培养一种批评性看待社会生活万象的修辞意识。

由于狭义修辞批评主要与劝说性语篇和言语产品有关,因此其批评功能也理应涉及这些方面。胡曙中(2002:330)曾指出,修辞批评有三个目的:(1)准确地描写话语,以便向读者清晰地呈现个体话语的独特品质或话语类型;(2)分析话语的内在因素及话语策略,并描写话语与文化语境的关系以及影响话语的劝说性和信息性力量;(3)以一定明确的标准对话语进行评价,以便清晰地呈现给读者这些评价依据。这三个目的或功能实际上主要针对话语的描写、分析与评价,属于狭义的功能。但是,对话语的界定不清也使这些功能不够完善。

狭义的修辞批评功能主要包含三个方面:通过描写劝说性语篇和言语产品的语篇特征揭示其有别于其他语篇类型和言语产品的独

特之处；解释劝说性语篇和言语产品与其产生的社会文化背景之间的关系进而揭示其背后潜藏的修辞动机与意识形态；增进语篇分析者或读者对劝说性语篇和言语产品的批评意识。

简单来说，修辞批评的功能就是对所批评的事物有一个深层次的解读，进而帮助人们提高较为全面看待世界中万事万物的能力。

三、修辞批评的主要模式

修辞批评的内涵还包括对其的分类，分类也是事物内涵的重要组成部分。

历经近一个世纪的发展，修辞批评（主要以美国为主）出现了多达60种批评模式。模式之多，令人惊讶，结合国内学者温科学（2006）与从莱庭、徐鲁亚（2007）以及国外Foss（2004）、Hart & Daughton（2005）、Kuypers（2005）与Burgchardt（2005）的著作中涉及修辞批评模式的研究，总结来看，有四种模式属于主流模式：新亚里士多德主义修辞批评（又称作传统修辞批评、传统理性主义、新古典主义）、社会学修辞批评、戏剧主义修辞批评与后现代主义修辞批评。如果按产生的时间段进行划分，可将这些模式大致分为两个阶段：传统修辞批评阶段，新修辞学批评阶段。第一阶段主要指新亚里士多德主义修辞批评。它产生于20世纪20年代。Wichelns在1925年提出了第一个修辞批评的定义，这是新亚里士多德主义批评派的代表作。这一模式主要通过古典修辞学对劝说性演讲划分的5个阶段：修辞发明、布局谋篇、文体、记忆和演讲技巧，对劝说性演讲等修辞话语进行分析，进而考察演讲在受众中的反应。在新修辞学发展起来以前，这种批评模式一直是主流模式。它随着新修辞学的产生而衰落，但在90年代又逐渐再获新生。第二阶段主要指从20世纪60年代新修辞学的产生开始至今的新修辞学批评阶段。新修辞学也称为现代修辞学，它以Richards、Burke、Scott等人的修辞学理论为代表。新修辞学并不是一个统一的学派理论，而是用以区别于西方古典修辞学的一个概括性描述。这一时期最主流的批评模式即是戏剧主义修辞批评。这一批评模式主要基于 Burke 的"五位一体"的戏剧主义，旨在通过对象征行为从行动、场景、人物、工具和目的等五种戏剧要素的分析，揭示象征行为中的修辞动机，进而研究人们如何运用象征来改变他人的态度。除此之外，社会学修辞批评与后现代主义修辞批评也属于这一时间段。社会学修辞批评盛行于 20 世纪 60 年代，主要研究修辞与社会诸方面之间的关系，包括语体类型批评（也可称作风格批评、体裁批评）、社会运动批评和女权主义批评等流派。而后现代主义修辞批评在 20 世纪 80、90 年代盛行，是当代修辞批评的一个新的增长点。它主要运用后现代主义的相关修辞理论对象征系统中的一切文化现象进行批评，进而揭示隐藏在这些现象背后的意识形态。因此，这种批评模式又称作意识形态批评。

实际上在新修辞学批评阶段，还出现了一些其他的批评模式，如隐喻批评、伦理批评等。但这些模式的影响力没有以上列举的主流批评模式那么深远。随着理论研究的推进，许多新的修辞批评模式也逐步出现在学术视野中，如袁影（2008）在其博士论文中更是极为详尽地构建了一个本位鲜明的修辞批评新模式；李克（2011）曾基于修辞批评的理论框架尝试提出了批评转喻分析的修辞批评模式，是一次较具创新性的理论探索。

第二节　修辞批评的外延：分析步骤

本研究把修辞批评的分析步骤看作修辞批评的外延，透过分析步骤，人们可以更直白地看到修辞批评的分析与评价过程。修辞批评模式如此之多，采用同一个分析步骤是不现实的。1965 年，Wichelns 指导的博士生 Edwin Black 出版了修辞批评史上具有里程碑意义的专著《修辞批评：方法研究》（*Rhetorical Criticism: A Study in Method*）。这部著作开创了修辞批评分析方法研究的先河,但没有提出操作性很强的分析方法。后来,Campbell(1972)、Foss(2004)、Kuypers(2005)都曾较明确地提出过修辞批评的分析步骤。但总体来看,这些分析步骤都存在不同程度的不可操作性。Campbell(1972)提出了三步走,即批评者确定一篇或若干语篇的特征;对该语篇的产生机制与语境的关系进行分析;选择或创建一个批评体系并对其语篇的质量与效果进行评估。概括来讲,前两步主要指:描写所批评的话语的特征;分析所批评的话语的特征与语境及其他相关因素的内在关联。但第三步对修辞批评效果的评估则是一件不易操作的步骤。Kuypers(2005:26)也提出了"三步走"的修辞批评分析步骤:对修辞话语产生见解的概念阶段;运用批评视角进行分析、评价的写作交流阶段;接受读者反馈的交流后阶段。本教程认为,第一阶段的概念阶段不应作为修辞批评分析的步骤。产生观点属于一个预分析阶段,不属于批评阶段的步骤,只有第二步是批评的核心阶段。但 Kuypers 的提法过于笼统。相比来讲,Foss(2004:7)提出的四步修辞批评分析步骤则更受欢迎,也更直白。这四步主要包括:提出一个问题,选择一个文本;选择一个分析工具;对文本进行分析;撰写评论文章。这四步中第二、三步为核心步骤。本教程认为,既然修辞批评是一种系统的分析与评价的过程,那么分析步骤应该主要包括分析与评价,至多包含分析的前奏——比如描写,而其他步骤(如选择文本、提出问题、撰写文章等)都是批评必备的条件,不应作为修辞批评的步骤。

修辞批评的模式林林总总,若要以一个简洁的分析步骤涵盖所有批评模式是相当困难和复杂的。为了明晰修辞批评的分析过程,我们将整合以往研究以得出其在宏观层面的分析步骤。Campbell & Burkholder(1997:15)曾经较为详尽地阐述了修辞批评的分析步骤,指出修辞批评应采取描述、分析、阐释和评价四个步骤。具体来说,描写主要指对修辞行为和修辞语篇进行细致的描写;分析则指对修辞行为和修辞语篇的历史和文化背景进行描写和分析以发现修辞者的目的和动机;阐释是指选择一个批评视角;评价是对修辞行为和修辞语篇尽可能客观的评价。"描写、分析、阐释及评价"这四个步骤较为全面地揭示了修辞批评的过程，是可行的分析步骤，但也存在一些模棱两可的情况，描写与分析不同程度地存在重叠情况。分析主要指"对修辞行为和修辞语篇的历史和文化背景进行描写和分析"。《辞海》（1989年版，第720页）给出了这样的"分析"定义——"分析"是在思想中（头脑中）把事物分解为各个属性、部分、方面。可见，Campbell 提及的"分析"中包含了"描写"的成分——描写研究对象的方面与因素等。同时鉴于"分析"一般用于较为宏观的术语（比如话语分析、语篇分析）中，本教程将"描写"与"分析"整合成"描写"。"分析"阶段涉及的细节实际上是一种"解释"，解释是"分析说明"。另外，"阐释"阶段是难以界定的阶段，批评视角或模式的选择依据具体场景而定，可以取消。最后，"评价"阶段是必备的一步，但评价的细节难以操控，应予以调整。"评价"阶段主要是依据相关标准对描写阶段与解释阶段的分析结果进行总结并做出评价。袁影（2008：23）曾指出，"评价"是"分析"的目的也是"分析"最后得出的结论。当然，要做出客观评价必须依据某些评价标准。Campbell & Burkholder（1997：110-121）曾提出将效果标准、真实标准、道德标准、艺术标准作为"评价"的主要基准。蓝纯（2010：374-379）对这四个标准作了详尽的论述：效果标准就是要看修辞语篇在多大程度上实现了自己的目标；事实标准是修辞语篇在多大程度上真实、足量地呈现了外部世界客观存在的状况；道德标准是指要衡量修辞者所秉持和推崇的价值观是否符合人类社会的主流观念；艺术标准是指对修辞语篇的艺术价值和美学价值进行鉴赏。鉴于以上标准主要提及修辞语篇，因而属于狭义修辞批评范围。当然，此标准中也涉及语篇与社会的关系，因此也适用于广义修辞批评范围。这四个标准的使用也要因情况而异。

综上所述，"描写"应该是第一阶段，主要描写批评对象的相关特征（这要根据研究需要描写相关方面的特征），为下一步的解释做好准备。"解释"应该为第二阶段，主要通过探析批评对象的相关特征与其涉及的相关因素（比如历史文化背景、社会背景、语境等）之间的关系进而揭示批评对象背后隐含的动机、价值观与意识形态等。"评价"应该为第三个阶段。"评价"主要依据相关标准对描写与解释的结论进行评价，进而揭示修辞批评的终极目标。本教程认为，这个终极目标在广义上指实现象征性为的构建者与受众之间的"同一"（或"认同"）；在狭义上指通过语篇构建者对受众的劝说进而达成"同一"（或"认同"）。

修辞批评本身是一个不易掌控的修辞学概念。为了更合理地界定这个术语，本教程从内涵与外延两个层面对其进行解析。修辞批评的内涵主要包含定义、对象、功能与分类；外延则主要指其分析步骤。经过翔实论证与解析，可以得出结论，广义的修辞批评是对象征行为所作的系统的分析与评价过程。狭义的修辞批评则是依据相关修辞理论对劝说性语篇和言语产品（包括口头和书面语篇）所作的系统的分析与评价过程。由此可见两者的区别主要在于批评对象的不同。据此，本章对广义修辞批评功能与狭义修辞批评功能、修辞批评的主要模式做了概述。关于修辞批评的分析步骤，我们也提出了自己的观点：修辞批评包含三个阶段——描写、解释与评价。

1. 从莱庭, 徐鲁亚. 西方修辞学. 上海：上海外语教育出版社, 2007.
2. 大卫·宁等. 常昌富, 顾宝桐译. 当代西方修辞学：批评模式与方法. 北京：中国社会科学出版社, 1998.
3. 胡曙中. 英语修辞学. 上海：上海外语教育出版社, 2002.
4. 蓝纯. 修辞学：理论与实践. 北京：外语教学与研究出版社, 2010.
5. 李克. 批评转喻分析模式试探. 当代修辞学, 2011(4): 78-84.
6. 温科学. 20世纪西方修辞学理论研究. 北京：中国社会科学出版社, 2006.

7. 姚喜明. 西方修辞学简史. 上海：上海大学出版社, 2009.
8. 袁影. 修辞批评新模式的构建研究. 上海：上海外国语大学, 2008.
9. Andrews, J. R. *The Practice of Rhetorical Criticism*. New York: Macmillan Publishing Co., Inc., 1983.
10. Black, E. *Rhetorical Criticism: A Study in Method*. Madison: University of Wisconsin Press, 1965.
11. Burgchardt, C. R. (ed.). *Readings in Rhetorical Criticism*. State College Penn: Strata Publishing, Inc., 2005.
12. Burke, K. *Language as Symbolic Action: Essays on Life, Literature, and Method*. Berkley: University of California Press, 1966.
13. Brockriede W. Rhetorical Criticism as Argument. *Quarterly Journal of Speech,* 1974(2): 165–174.
14. Campbell, K. K. *Critiques of Contemporary Rhetoric*. Belmont, CA: Wadsworth, 1972.
15. Campbell, K. K. & Burkholder, T. R. *Critiques of Contemporary Rhetoric (2nd Edition)*. New York: Wadsworth Publishing Company, 1997.
16. Foss, S. K. (ed.). *Rhetorical Criticism: Exploration & Practice*. Long Grove: Waveland Press, 2004.
17. Hart, R. P. & Daughton, S. M. *Modern Rhetorical Criticism (Third Edition)*. Boston: Pearson Education, 2005.
18. Hendrix, J. A. & Polisky, J. B. (eds.). *Rhetorical Criticism: Methods and Models*. *Iowa*: WM. C. Brown Book Company, 1968.
19. Kuypers, J. A. (ed.). *The Art of Rhetorical Criticism*. Boston: Pearson Education, 2005.
20. Kuypers, J. A. & King, A. What is Rhetoric?. In Kuypers, J. A (ed.). *The Art of Rhetorical Criticism*. Boston: Pearson Education, 2005: 1–12.

思考题

1. 修辞批评概念的核心要素有哪些？
2. 修辞批评的步骤可用于对汉语经典英译本的翻译批评吗？你认为应该如何开展？

1. 李克. 转喻的修辞批评研究. 厦门：厦门大学出版社，2015.
2. 李克. 修辞批评视域下批评转喻分析模式新探. 现代外语，2015(2): 183-193.
3. 李克，王湘云. 修辞批评再认知：内涵与外延. 外语教学，2014(6): 5-10.

第九章
修辞能力理论[1]

修辞能力作为西方修辞学领域的基本概念,伴随西方修辞学的发展具备一定程度的学理积淀。早在西方古典修辞学时期,《论言说者》的作者——西塞罗与《论言说者的教育》的作者——昆体良等古典修辞学家都曾直接或间接论及修辞能力。其中亚里士多德对"修辞"的界定明确将修辞能力与修辞概念紧密关联,为修辞能力研究提供了重要的思路。

美国传播学会(NCA)前会长 Sproule 在西方古典修辞学知识谱系下依托亚氏理论对修辞能力的表现形式进行的探索较具开拓性;近年来伴随修辞学与交际学的交叉发展,学界对修辞能力与交际能力的研究逐渐呈交融趋势,此类研究的重要特点是将修辞能力视作交际能力或者将两者交替使用。另外,目前研究中,修辞能力的研究内容多涉及演说、论辩能力等。Sproule(1997)将修辞能力视作演说能力,并探讨了后现代主义背景下演说能力的具体表现形式;鞠玉梅(2008)将修辞能力界定为在一定的语境中生成论题,调用多种学科知识形成理性的论辩,将论辩用最有效的顺序组织起来,并且以能被他人接受的方式传递出去,劝说他人并最终导引行动的能力。该定义凸显了修辞能力的"论辩"特征。

修辞能力虽耳熟能详,但现有研究鲜见对修辞能力核心要素的构建。因此,本章尝试在西方修辞学理论基础上探索修辞能力的概

---

[1] 本章的主要内容改编自作者发表在《北京第二外国语学院学报》2019年第 4 期上的"西方修辞学视域下的修辞能力构建及其当代意义"一文。

念。诚然，修辞能力是个内涵丰富的修辞学概念，需要从根本上对其进行梳辨，同时以发展的眼光解读它。所谓根本，即是博大精深的古典修辞学；所谓发展，即是朝多元化方向蓬勃发展的西方新修辞学。

第一节 理论渊源

修辞能力，顾名思义，就是运用修辞的能力。但是仅就修辞的概念来讲，学界就众说纷纭，且随着时代发展被赋予了其不同的内涵。因此，要追溯修辞能力的概念，最重要的是梳理"修辞"概念的演变。西方修辞学历经了从古典修辞学、中世纪修辞学、文艺复兴修辞学、18-19世纪修辞学到新修辞学，再到今天的21世纪两千多年的变迁。不同的阶段对"修辞"有着不同的解读。在古希腊时期，尤以亚里士多德的修辞思想具有代表性，因为他是第一位将修辞整理成系统理论的修辞学家。在古罗马时期，西塞罗重点研究了修辞文体的重要性；昆体良则进一步突显了演说在修辞中的重要性。到了中世纪，布道修辞与书信修辞是该时期的最重要的学问。圣·奥古斯丁建议传教士应该转变演说者的角色，传播知识，取悦受众以完成基督教义的传授目标。文艺复兴时期，西塞罗的修辞学思想及演说理论等得以复苏。拉米斯将技巧与演说纳入修辞学。培根则认为修辞即是将语言力量控制于理性之下的学问。18-19世纪，修辞学者多把修辞看作一门实用艺术，注重修辞学演说技巧，也发展了修辞哲学原理，这时期的修辞学具有坚实的逻辑学与心理学基础。到了20世纪的新修辞学时期，修辞出现多样化发展趋势，被赋予多种内涵。修辞更多地关注诸如交际、论辩、话语、象征行为等领域。

鉴于"修辞"被赋予的不同内涵，修辞能力也以不同方式呈现出来。比较而言，古典修辞学与新修辞学阶段对修辞的研究更深刻、更有影响力。而居于中间阶段的修辞要么具有鲜明的时代特征，如中世纪修辞学更多地侧重布道与写作修辞，文艺复兴时期侧重修辞的人文主义特征，其独特的内涵成为广泛传播的桎梏；要么传承了古典修辞学的精髓，如文艺复兴对西塞罗修辞思想的复兴，18、19世纪的修辞学侧重雄辩术等特征。因此，古典修辞学与新修辞学视域下的修辞更接地气，探索这两个时期的修辞能力对西方修辞学的实际应用价值更明显。Sproule（1991：17）也曾论及修辞能力的主要根基在于长达 2500 年的古典修辞学传统与 20 世纪交际领域的社会科学研究。本章将基于古典修辞学与新修辞学对修辞的界定探究修辞能力的内涵，并阐释在当今时代背景下把握修辞能力的概念对促进外语能力研究以及国家修辞能力研究的重要启示意义。

第二节　古典修辞学时期的修辞能力

古希腊时期，修辞实践是社会、文化与教育领域的重要组成部分。这一时期的代表性人物是伊索克拉底，苏格拉底，柏拉图与亚里士多德。这些修辞学家虽均未直接地、系统地论及修辞能力，但可从其对修辞的论述略见端倪。伊索克拉底认为修辞教育可培养对社会事务有价值的人。他试图在抽象的修辞理论与实用的修辞技巧之间寻求一种折中的教育立场，并坚持认为修辞技巧来自处理事务的实战经验与个人天赋的结合。因此，在伊索克拉底看来，修辞能力，即具备丰富的修辞技巧与处理事务的实战经验并能成为对社会有用的人的能力，就是修辞教育的目标。苏格拉底认为，如果忽略了事实，只是孤立地钻研修辞这门"说话的技艺"，是与哲学的精神不相符。由此，最好的修辞方法即是从客观世界中收集事实。因此，依据苏格拉底，修辞能力是依据事实对受众进行劝说的能力。柏拉图则认为，修辞是用话语来影响人心的，不仅在法庭和公共集会场所，在私人会谈里也是如此；无论题材重不重要，只要修辞术运用得当，都是值得尊敬的。正因为柏拉图创造了"修辞"这个术语，他所教授的哲学与雄辩家训练年轻人在公共场合及法庭中演说的学问才得以区分开来（Campbell et al., 2015：345）。依据柏拉图，修辞能力即是运用话语来影响受众心理的能力。

　　古希腊时期最有影响力的当属亚里士多德。亚氏将修辞五艺（修辞发明、布局谋篇、文体、记忆、演说技巧）融到其修辞学思想中，并论及了三种修辞策略（情感、修辞人格与逻辑）和三种演说场景（议政、宣德、法庭演说），逐步组构了古典修辞学的理论体系。亚里士多德把修辞界定为在每一件事上发现可用的劝说手段的能力（faculty）。这一概念中包含的关键词有"每一件事""发现""劝说手段""能力"。"每一件事"表明修辞包含的范围比较广，但是古希腊时期的修辞主要限制在公共演说领域；"发现"表明对存在的世界万物的发掘；"劝说"是古典修辞学的核心，贯穿于整个时期；"能力"的选用本身就体现了亚里士多德对修辞的界定间接囊括了修辞能力的内涵，可见，亚里士多德从一开始就曾关注修辞能力。

　　古典修辞学的另一重要时期——古罗马修辞学整合了伊索克拉底和亚里士多德的修辞学传统。这一时期的代表人物是西塞罗与昆体良。西塞罗的《论修辞发明》，从劝说角度探讨修辞，重点研究了"修辞发明""风格""论辩"等概念。西塞罗重塑了修辞与哲学之间的关系，认为教授修辞这门艺术可以解决所有实际社会事务。从西塞罗的角度出发，修辞能力就是在包括演说在内的社会事务中运用修辞技巧劝说受众以解决公众事务的能力。昆体良是古罗马著名的修辞学教师，也是古典修辞学时期较明确论述修辞能力的修辞学家。其著作《论言说者的教育》借助修辞五艺等理论讨论了修辞能力较强的修辞者应该具备的品质。就提高修辞能力来讲，写、读、说三者相互关联，不可分割。当然，昆体良把修辞界定为"善言的科学"，主张修辞者追求的不是说辞，而是善言。因此，昆体良的修辞能力观旨在关注修辞者在演说、写作、阅读中运用修辞技能或善言的能力。

在古典修辞学时期，有关"修辞"及相关概念众说纷纭。结合古希腊与古罗马时期对修辞的解读来看，修辞者、修辞对象、修辞情境、修辞策略与修辞目的是考察修辞能力的五个重要参数，也是一个修辞行为的重要组成部分。涉及修辞情境，上述修辞学家无不提及以公共演说为主轴的公共事务，因为公共演说是古典修辞学时期最原型的修辞形式，不过这种形式到古典修辞学后期逐步演变为公共演说与写作。因此，相应地，修辞对象主要是公共演说与写作中的受众；涉及修辞策略，伊索克拉底指明了"演说天赋与实战经验"，苏格拉底提及了"事实"，昆体良论及"模仿、演说、读说写结合"等，相比来言，亚里士多德关于修辞五艺及三种修辞策略的论述更系统；涉及修辞目的，大多数古典修辞学家都谈及了"劝说受众"，伊索克拉底与柏拉图将其具体到"影响受众心理"，西塞罗则更注重实用性并认为"解决所有社会事务"是修辞目的。总结来看，古典修辞学时期的修辞能力可整合为：演说者掌握修辞发明、布局谋篇、记忆、文体与演说技巧等修辞五艺，合理利用情感、修辞人格与逻辑等修辞策略在以公共演说为轴心的社会事务中劝说受众以达成解决社会事务的能力。

第三节 新修辞学时期的修辞能力

一、20世纪新修辞学的修辞能力

新修辞学（New Rhetoric）的提法较早出现于 I. A. 理查德兹的修辞学思想中。当然新修辞学的发展还是依赖于诸多20世纪修辞学家的大力推动。在20世纪中叶的北美，以肯尼斯·伯克为代表的新修辞运动认为修辞影响知识生产。因此，新修辞学之所称之为"新"，主要基于其整体思想区别于古典修辞学。"修辞"在此阶段表现出多样化形式，如理查德兹将其与人际交往联系起来，佩雷尔曼与图尔明将其体现为修辞论辩方式，福柯与德里达将修辞与话语关联起来，伯克将其运用到戏剧形式中并进而延伸至社会生活等象征行为领域。

理查德兹认为，修辞学不应只关注演说与写作，更重要的是应进行哲学思考；另外，古典修辞学的劝说目标也是局限的。因此，他主张发展新修辞学，把知识作为首要出发点，并指出修辞最重要的目标是消除语言导致的交际误解，将发现不同研究领域的意义与误解的形式作为修辞教育的核心主题。因此，在理查德兹看来，修辞能力即是在演说、写作以及社会交际中有效运用语言消除交际误解以达成有效交际的能力。而这一时期的社会学家哈贝马斯对修辞学多有涉猎，致力于发展一种社会交际理论。哈贝马斯（1979：29）将交际能力界定为，说话者运用符合客观事实的完整语句促成交际双方相互理解的能力。实际上，从新修辞学中修辞与交际的紧密关系上讲，哈贝马斯的"交际能力"即是一种修辞能力的表现形式。

图尔明与佩雷尔曼是新修辞学中论辩论的代表。图尔明批判了古典修辞理论的缺陷，提出了著名的实用论证模式。进一步的研究表明，图尔明的论证模式与人际交往的论辩相关，实际上很多交际学者将图尔明看作有影响力的交际理论家。佩雷尔曼（1969）认为新修辞学理论是关于论辩的理论，论辩是运用话语策略、人类语言的自然歧义激发或增强人们更加坚持某个主张的信念。因此，依据图尔明与佩雷尔曼，修辞能力是修辞者合理运用论辩策略或模式以证实某个论点进而促成交际的能力。

20世纪新修辞学的领军人物当属肯尼斯·伯克。他对修辞的研究较具宏观性与前瞻性，将修辞发展至无所不包的象征系统。伯克一生发展了诸多修辞学理论，如辞屏、修辞动机、五位一体戏剧理论、同一等。这些理论是伯克修辞学思想的核心，对把握其修辞能力观至关重要。实际上，伯克曾一笔带过修辞能力，认为人们的基本需要中包括修辞能力，因为它是生存的工具。其笔墨主要置于与修辞能力紧密相关的修辞教育问题。在伯克看来，教育是修辞性的，这是因为他将教育看成一个关于人类需求和人类知识建构的象征行为的特殊领域。教育就是一场涉及生活各个方面的人类关系的戏剧。因此，伯克视野中的修辞情境是一种象征系统。就修辞目的来讲，伯克修辞学与古典修辞学的区别在于前者旨在促成同一。结合伯克对修辞的界定——修辞是运用象征符号按照特定的方向影响或感动受众，可将伯克的修辞能力观归纳为：修辞者运用象征系统中的象征符号劝说受众并力求达成与受众同一的能力。

相比而言，在新修辞学时期，修辞学者的研究视角更多元化，融入了交际、话语、论辩与象征系统等因素，突破了古典修辞学阶段所关注的公共演讲以及写作等领域，将修辞范围从语言层面拓展至非语言层面，甚至包罗社会万象的象征系统。因此，这时期的修辞能力较为宏观。从修辞能力涉及的参数来看，修辞情境与修辞对象扩大了象征系统的范围；修辞策略中也融入了交际策略、话语策略、论证模式等维度；修辞目的更是上升到了修辞者与受众的同一。结合以上新修辞学家关于修辞及修辞能力的观点来看，20世纪新修辞学的修辞能力可体现为：修辞者运用交际策略、话语策略、论证模式等修辞策略对象征系统中的受众进行劝说并达成与受众同一的能力。

二、21世纪修辞学的修辞能力

西方修辞学发展至21世纪，又出现了新的趋势：修辞领域更为广泛，涉及国际关系、医药健康、组织机构、体育、视觉化、社区服务等领域的修辞研究。在这一阶段，修辞呈现出更丰富的形式。首先，修辞批评研究虽由来已久，但在20世纪末期至21世纪初期这一阶段的研究更具系统性，涌现了丰硕的研究成果。学者们大都继承了古典修辞学传统，但均将旧体系加以调整以适应新的修辞情境，以解决当今社会中的修辞与交际问题。修辞能力在这一阶段首先主要体现为修辞批评能力。Foss（2004：6）把修辞批评定义为，为理解修辞过程而对象征行为和人工制品进行的系统分析与考察的一种定性研究方法。Hart & Daughton（2005：22）也认为，修辞批评是为识别修辞现象的复杂性而对其进行综合有效的解读与解释的一种行为，是对社会生活本身的批评。Campbell et al.（2015：25-26）指出，作为修辞批评者，需要依据技巧、态度与修辞行为术语库来描写、解释与评价修辞行为以理解修辞行为是否成功。这个论述涉及修辞批评的主体、策略、步骤、对象与目的。在以上界定中，涉及修辞批评对象的关键词有：象征行为、人工制品、修辞现象、社会生活、修辞行为等。这些词足以划入新修辞学的范围，属于广义的修辞批评范畴，符合后现代主义修辞学将一切符号化、象征化的特征。

更为重要的是，随着20世纪新修辞学的发展，在今天的21世纪，学界开始将语言、非语言、视频、音频等象征符号囊括在修辞中。学界对修辞能力的认识也发生了很大变化，认为人们不仅通过语言，而且还通过其他手段开展修辞行为，如手势、眼神、身势、图像、动画、动作等。同时其他交际手段在社会交际中的地位也越来越重要。这样，修辞能力就逐步扩展为多元读写能力（multileracy）。多元读写能力这个概念最初是由多国语言学家组成的"新伦敦小组"成员提出的。因此，一般来讲，多元读写能力既包含传统的语言读写能力，又涉及人类通过声音、动作和图像多模态系统所进行的更有效的交际能力。

总结来看，这一时期的修辞能力也较为宽泛，主要表现为修辞者运用批评策略、多模态的修辞策略影响受众并达成与受众同一的能力。这种能力比Burke的修辞能力观往前迈进了一步，体现了鲜明的时代特征。

结合20世纪与21世纪的修辞学发展来看，新修辞学阶段的修辞能力可概述为：修辞者运用交际策略、话语策略、论证模式、批评策略、多模态手段等修辞策略对象征系统中的受众进行劝说并达成与受众同一的能力。

第四节　古典与新修辞学视域下整合的修辞能力

　　古典与新修辞学在界定修辞上存在很多共性。比如古典修辞学关注受众分析，而佩雷尔曼与伯克对此也有所涉猎；古典修辞学深刻阐述了情感、逻辑与修辞人格等修辞策略，而理查德兹、哈贝马、佩雷尔曼、图尔明与伯克在其修辞理论中都谈及了这些策略；新修辞学中的论辩论在柏拉图与亚里士多德那里也有所体现。一般来讲，修辞学者习惯从修辞者、修辞对象、修辞情境、修辞策略与修辞目的等方面界定修辞，我们也将从这几个层面梳理古典与新修辞学视域下的修辞能力概念。就修辞者来说，古典修辞学时期主要是演说者，至多包含写作者；而新修辞学时期比较宽泛，包括演说者、写作者、论辩者、交际者、多元读写者，甚至包括一切象征行为的参与者。就修辞对象来说，古典修辞学侧重于演说中的听众或读者；而新修辞学既包括听众与读者，也包括象征行为的参与者。就修辞情境来讲，古典修辞学侧重于以公共演说；而新修辞学则将修辞情境扩大至整个象征系统。就修辞策略来讲，古典修辞学广泛采用修辞五艺与情感、修辞人格、逻辑等；而新修辞学则融入了交际策略、论证模式、批评策略、多模态手段等等多种因素，修辞五艺在该时期也得到了有效的升级。Harper（1979）分别用概念化（conceptualization）、组织化（organization）范畴化（categorization）、象征化（symbolization）、与实施化（operationalization）分别更新了修辞发明、布局谋篇、记忆、文体与演说，旨在构建一个统一的修辞能力框架；就修辞目的来讲，古典与新修辞学都将把劝说受众作为其修辞目的，只不过前者的终极目的在于解决社会事务，而后者的终极目的在于达成修辞者与受众的同一。

　　当然，下定义实际上存在很大的任意性。一个狭义的定义可区分界限分明的语言实例，而一个广义的定义则囊括被狭义定义排除在外的语言实例。因此，我们建议采取狭义与广义两种视角来界定修辞能力，以尽最大可能科学地认识修辞能力。依据修辞者、修辞对象、修辞情境、修辞策略与修辞目的等五个参数，结合每个参数涉及的范畴，我们认为，古典修辞学的修辞能力可归为狭义修辞能力，即演说者或写作者运用修辞发明、布局谋篇、记忆、技巧与演说等修辞五艺和情感、修辞人格与逻辑等修辞策略在以公共演说为轴心的社会事务中劝说受众以达成解决社会事务的能力。新修辞学的修辞能力可归为广义修辞能力，即修辞者（演说者、写作者、交际者、论辩者、多元读写者等）运用修辞策略（范畴化、概念化、象征化、组织化、实施化等修辞五艺、情感、逻辑、修辞人格、交际策略、论证模式、批评策略、多模态手段等）对象征系统中的受众进行劝说并达成同一的能力。

基于上述界定，结合修辞在古典与新修辞学时期的不同体现形式，修辞能力在古典修辞学时期可表征为演说修辞能力，在新修辞学时期则可表征为演说修辞能力、写作修辞能力、交际能力、论辩能力、修辞批评能力、多元读写能力等。修辞能力与不同时期具体的能力形式之间都有一定的重叠与交叉，要构建逻辑合理的修辞能力概念体系，需要厘清这些形式之间的内在逻辑关系。

因此，修辞能力在不同时期被赋予不同的内涵。不论是狭义的古典修辞学时期的修辞能力，还是广义的新修辞学时期的修辞能力，修辞能力所包含的参数是相对稳定的。修辞能力是修辞者的一种内在属性，是修辞者为遂行修辞任务必须具备的各种具体能力的总和，是修辞者在特定的修辞情境中采取恰当的修辞策略对修辞行为的受众进行劝说并达成同一的能力。

1. 鞠玉梅. 修辞能力与外语专业创新人才培养. 外语界, 2008(6): 47–51.
2. Campbell, K.K., Huxman, S. S. & Burkholder, T. R. *The Rhetorical Act: Thinking, Speaking and Writing Critically (5th Edition)*.

Stamford: Cengage Learning, 2015.
3. Foss, S. K. (ed.). *Rhetorical Criticism: Exploration & Practice*. Long Grove: Waveland Press, 2004.
4. Habermas, J. *Communication and the Evolution of Society*. trans. Thomas MaCarthy. Boston: Beacon, 1979.
5. Harper, N. *Human Communication Theory*. New Jersey: Hayden Book Company, 1979.
6. Hart, R. P. & Daughton, S. M. *Modern Rhetorical Criticism*. Boston: Pearson/Allyn & Bacon, 2005.
7. Perelman, C. & Olbrechts-Tyteca, L. The *New Rhetoric: A Treatise on Argumentation*. tindignarans. John Wikinson & Purcell Weaver. Notre Dame: University of Notre Dame Press, 1969.
8. Sproule, J. M. *Speechmaking: An Introduction to Rhetorical Competence*. Dubuque: Wm. C. Brown, 1991.
9. Sproule, J. M. *Speechmaking: Rhetorical Competence in a Postmodern World* (2nd Edition). Dubuque: Brown & Benchmark, 1997.

思考题

1. 修辞能力与语用能力之间的共同点与差异分别体现在哪些方面？
2. 探究修辞能力的当下意义有哪些？

1. 鞠玉梅，彭芳．伯克的教育哲学观与外语专业学生修辞能力的培养．外语界，2014(2): 76–82.
2. 李克，王湘云．国外教学环境下中国留美大学生修辞能力状况探究．中国外语，2016(4): 78–86.
3. 李克，高婷．基于扎根理论的肯尼斯·伯克修辞能力观．当代修辞学，2022(2): 29–38.
4. 李克．西方修辞学视域下的修辞能力构建及其当代意义．北京第二外国语学院学报，2019(4): 20–33.

第十章

邀请修辞理论

随着西方修辞学理论的发展,以"劝说""认同"为核心的修辞学理论受到了诸多挑战,其中就包括索尼娅·K·福斯提出的邀请修辞理论。

第一节 福斯简介

索尼娅·K·福斯(Sonja K. Foss)是当代美国修辞学专家、美国科罗拉多大学丹佛分校荣休教授。她和同为修辞学和传播学学者的双胞胎妹妹凯伦·A·福斯(Karan A. Foss)于1950年1月26日在美国俄勒冈州波特兰市出生,在俄勒冈州尤金市长大。索尼娅·K·福斯于1972年在俄勒冈大学获得罗曼语(法语和西班牙语)学士学位,1973年在俄勒冈大学获得演讲(修辞和公共演讲)硕士学位,1976年在西北大学获得传播学博士学位。她曾先后在弗吉尼亚理工大学(1977-1978)、诺福克州立大学(1978-1980)、丹佛大学(1980-1986)、俄勒冈大学(1986-1989)、圣路易斯大学(1989-1990)、俄亥俄州立大学(1990-1996)和科罗拉多大学丹佛分校(1997至2019年5月退休)任教。1985年春,她在佐治亚大学担任客座教授,1989-1990年在圣路易斯大学担任客座教授,1997-2003年、2005年春季和2007年秋季担任科罗拉多大学丹佛分校传播系主任。福斯还担任《演讲季刊》《西方传播学杂志》《话语与社会》《传播学专论》《传播学研究》等多个传播学期刊的副主编，1981-1988 年与凯伦·A·福斯共同担任《传播学中的妇女研究》联合主编。1997 年，福斯创办了"学者静修班"，为研究生及教职人员提供论文、学位论文和学术出版物撰写的个性化指导（Foss & Waters，2016）。

福斯的主要研究与教学兴趣包括西方修辞理论与批评、女性主义修辞与传播、视觉修辞等。她出版过 9 部专著，其中《修辞批评：探索与实践》《当代西方修辞学之管窥》《邀请转变》《女性主义修辞理论》等多次再版，深受读者喜爱。福斯发表在传播学期刊或书籍上的论文多达六十余篇，涉及主题涵盖邀请修辞、变革的范式、视觉论证等。

福斯的著作系统梳理了当代修辞学理论和修辞批评基本范式。她与凯伦·A·福斯和罗伯特·特拉普（Robert Trapp）合著的《当代西方修辞学之管窥》（李克译，2021）总结了包括伯克（Kenneth Burke）、胡克斯（bell hooks）、鲍德里亚（Jean Baudrillard）和福柯（Michel Foucault）等在内的 10 位当代修辞学家的理论。福斯采纳一种包容的修辞观，认为修辞即人类使用符号进行沟通；修辞批评是为了理解修辞过程而对象征行为或象征产物所进行的系统性调查与解释（Foss，2018：3-6）。福斯的著作《修辞批评：探索与实践》介绍了分析修辞作品的多种方法并辅以具体实例，包括戏剧主义法、女性主义法、意识形态法、隐喻法、幻想主题法、叙事法等。

福斯的上述工作全面概述了研究修辞学的传统理论和方法，但她的主要理论贡献在于对修辞学概念与理论的重新界定。福斯与辛蒂·L·格里芬（Cindy L. Griffin）于 1995 年在传播学顶级期刊《传播学专论》中提出了邀请修辞理论，她们从女性主义视角对西方修辞传统进行重构，大胆质疑了修辞即劝说的理论假设，拓宽了修辞理论的边界。在与凯伦·A·福斯合著的《邀请转变》中，她们拓展了邀请修辞理论，提出能够带来有效变革的演讲模式。2020 年，福斯与格里芬再度联手打造《邀请理解》，该论文集精选了邀请修辞理论提出 25 周年来的理论基础与延伸，以及研究人员在社会活动、教学实践等方面对该理论的广泛应用，描绘了邀请修辞理论令人振奋的过往与未来。福斯的理论受到很多人关注，她时常在美国国家及地区学术会议上介绍她的研究，并受邀在美国各地发表演讲。福斯还受邀在丹麦、瑞典、挪威、中国等多个国家发表过演讲，曾于2013年和2019年春天在我国内地六所高校介绍邀请修辞理论。

福斯在教学方面取得了丰硕的研究成果，在此领域还多次受到嘉奖。她曾获1993年美国演讲传播协会颁发的弗朗辛·梅里特奖，该奖项表彰了福斯对女性传播的贡献；2005年南方传播协会颁发的年度性别学者奖；2011年西部各州交流协会颁发的杰出学者奖；2012年美国传播协会颁发的道格拉斯·埃宁格杰出修辞学者奖；以及2013年科罗拉多大学丹佛分校颁发的杰出教师成就奖。

第二节 邀请修辞理论

20世纪70年代，福斯所在的传播学科缺乏女性主义视角。福斯与凯伦·A·福斯和辛蒂·L·格里芬合著《女性主义修辞理论》，系统阐述包括吉尔哈特（Sally Miller Gearhart）、安莎杜娃（Gloria Anzaldúa）、约翰逊（Sonia Johnson）等在内的9位女性主义学者的修辞理论，丰富了传统修辞的理论视角（Foss, Foss & Griffin, 2006）。福斯和格里芬基于女性主义原则提出的邀请修辞理论对当代传播学科产生着重要影响。

一、从女性主义修辞到邀请修辞

20世纪60至70年代第二股女性主义浪潮带来了修辞的女性化，吉尔哈特（Foss & Griffin, 2020：3-8）对修辞学进行严厉控诉，指出"任何劝说都是一种暴力行为""这种暴力行为存在于改变他人的意图之中"，她反对征服或转变型的沟通模式，提议修辞的女性化，认为修辞应创造一种促使成长和改变发生的氛围。

1992年，为准备参加美国性别与沟通研究会议，福斯和格里芬围绕会议主题"实现女性主义未来"讨论了什么才是实现女性主义未来的最有效策略，觉察到生活中的一些修辞经历并不能简单归为传统修辞理论中的劝说行为或事件。两位学者从这些修辞经历中进行归纳和总结，提出女性主义修辞理论。基于吉尔哈特等女性主义学者的相关论述，福斯和格里芬认为（Foss & Griffin, 2020：12-14）女性主义修辞首先应关注营造一种促进成长的修辞环境，使得个体自愿发生的改变能在此环境中产生，其次应揭示出这种修辞环境的本质特性。修辞者在这种模式下应努力创造"安全（safety）""内在价值（immanent value）""身份自由（freedom of identity）""选择（choice）""自主依赖性（autonomous interdependence）"和"秩序性（order）"六种条件。

具体而言，福斯和格里芬认为"安全"意味着为他人创造安全感，使其感受到修辞者无意伤害、贬低或轻视他人；"内在价值"意在使修辞者感知到他人所拥有的内在价值，并在修辞过程中表现出这种感知，这种内在价值不体现在个体的外在成就上，而存在于个体的独特性与本身价值中；内在价值带来"身份自由"，即个体不被强加或赋予某种身份，而拥有选择身份的自由；"选择"条件意味着修辞者努力创造可供个体依照自身情况选择和决定的多种选项；"自主依赖性"看似矛盾，实则揭示了修辞者认识到人与人之间的密切联系，寻求通过关爱和尊重维持与他人的联系，同时这种联系依赖于修辞者对他人选择的认可或双方对其共同选择的约定；最后"秩序性"条件指出女性主义修辞者为他人提供了发展所需的某种逻辑和模式，使其产生自我改变，但如果个体感到自身秩序受到威胁，则不太可能发生自我改变，而会等待适合改变发生的时机出现。当修辞者发现某个条件未能达成时，则需改变修辞方式，发展不足或不完善的条件使其有利于成长或改变的发生。

女性主义学者们对传统修辞模式的反思扩宽了修辞理论的适用范围，增进了修辞作为一门学科对更加多元化修辞现象的解释力（Foss & Griffin, 2020：17）。在次年5月的一次学术交流中，美国马里兰大学克隆普教授（James F. Klumpp）建议以"邀请修辞（invitational rhetoric）"这一新的名称替代女性主义修辞以揭示理论的复杂性与前瞻性，福斯和格里芬最终接收了他的建议。

二、邀请修辞的理论要点

福斯和格里芬（Foss & Griffin，2020：17–32）对女性主义修辞重新思考，她们认为传统修辞观念通过改变他人而操控他人，运用权力影响他人的自我价值，通常意味着对他人的价值观的轻视。这种父权制的修辞展现的是改变、竞争和统治的价值观，而福斯和格里芬认为存在一种基于女性主义价值观念的修辞选择，两位学者称之为邀请修辞。邀请修辞同时汲取了包括传统修辞理论在内更广泛的理论基础，不再是拘泥于女性或女性主义者的修辞理论。邀请修辞所指的女性主义并不是女性主义修辞群体，而是指作为邀请修辞理论基础的基于女性主义原则的价值原则，也就是说邀请修辞是适合于无论男性、女性、女性主义者或非女性主义者的修辞理论。邀请修辞理论致力于开拓修辞者的沟通方式，以更为聚焦、系统的方式描述和评估修辞的各个方面。

在1995年"超越劝说"一文中，福斯和格里芬倡议以理解为目的的邀请修辞，并将其定义为"为促进理解，营造崇尚平等、内在价值、自我决定人际关系而发出的邀请"。其中"平等"否定优势心理及精英主义，倡导创造平等型人际关系；"内在价值"肯定人类的固有价值；"自我决定"基于对他人的尊重，允许个体决定自己的生活方式，三者一同构建了邀请修辞基于女性主义的价值原则。邀请修辞者所发出的邀请意味着修辞者邀请受众了解她的世界并希望受众同她一样看待世界。在给予观点展现看法时，即使受众观点与自身不一致，邀请修辞者也会欣赏及认可他人的观点。理想情况下，受众接收修辞者的邀请，倾听和理解修辞者的观点并且呈现自己的观点，从而达成修辞者和受众对事件更精细、丰富、复杂的理解。在福斯和格里芬看来，邀请修辞者与受众间的人际关系是平等、互相尊重和彼此欣赏。邀请修辞所指的变化不同于传统修辞，"改变"不是目的，而是理解产生的结果；并且，邀请修辞产生变化的过程也不同于传统修辞，邀请修辞认为受众也能增进修辞者的认识与理解。

参与邀请修辞主要有两种方式：一是给予观点以展示修辞者对世界的看法，二是创造充满"安全、价值、自由"有利于彼此互动的外部条件以邀请他人呈现其观点。

（一）给予观点（offer perspectives）

在邀请修辞中，观点往往以给予的方式而不是论辩的方式呈现，修辞者表达观点时不会倡导受众的支持或是迫使受众接收观点。在给予观点时，邀请修辞者耐心细致、毫无保留地告诉受众自身的知识和感受以展现对世界的看法和理解，采用诸如"遇到这样的问题我会尝试某种方法，我觉得效果还不错""对这个问题，如果我们引入某种想法会怎么样呢？"这样的话语形式，而不是"你真的应该做某事""你没有考虑某个因素，因而你的想法是错的"这样的说法。邀请修辞同样适合于存在敌意的互动情景，此时给予观点的方式通常是"重新获源（re-sourcement）"，即修辞者主动从新的资源中获取能量。这同伯克（1984）所提的"不协调而获视角（perspective by incongruity）"相似，但"重新获源"强调修辞者与受众的观点所展现的框架、体系及原则平行存在。

（二）外部条件（external conditions）

想要理解彼此的观点，只是邀请修辞者给予观点不够，还应努力创造受众乐于给予观点的外部环境，达到"安全""价值""自由"的条件。"安全"指邀请修辞努力使受众免于危害，考虑其安全和自由的感受，修辞者不贬低或轻视受众和他的想法，同时受众认为自我的基本观念不会受到指责和惩戒；"价值"指修辞者认可受众的固有和内在价值，不会迫使受众融入某种身份，同时受众感受到自己的身份不是由修辞者强加或被其选择；"自由"指受众拥有选择及做决定的权力，修辞者不限制与受众的互动，修辞者的想法并不享有特权，邀请修辞参与者可以为互动带来无限的可能性。

三、邀请修辞的元理论基础

邀请修辞在批评和反思中不断发展。在2020年出版的论文集《邀请理解》中，福斯和格里芬（2020）进一步阐明了邀请修辞的价值论、知识论及本体论假设，从宏观层面解读邀请修辞所倡导的世界观。

从价值论上看，邀请修辞崇尚观点的多样性，在与他人观点的互动交流中彼此受益、增进理解；从知识论上看，因多元性依赖于关系性，邀请修辞认为知识产生于与他人的交流之中，修辞参与者彼此积极理解、倾听、探索、学习、分享、交换不同的观点，不针锋相对，对产生的知识共同负责；从本体论上看，邀请修辞尊重个体的自我决定与独一无二特性，自我决定意味着个体运用象征资源构建自我，选择合乎自我的方式回应对世界的看法；而个体的独一无二特性是自我决定的基础，它肯定无论自身还是他人的独特所在。邀请修辞定义中所倡导的"平等、内在价值、自我决定"的基本原则可视作以上元理论基础的举偶。

与此同时，福斯和格里芬认为劝说式修辞在价值论上关注某一观点的正确性及如何被他人采纳；知识论上认为知道意味着确定，也即让他人信服这种确定性；本体论上，劝说式修辞认为个体需要改变，而修辞者决定了改变的内容，因而劝说式修辞往往强调修辞者的品德，否则就会背负诡辩者的骂名。在探讨邀请修辞的元理论基础后，两位学者还进一步阐述了1995年论文中提到的对力量与变化的看法。根据其进一步解释，邀请修辞承认平等的个体间存在分配不均衡的力量，"改变"不是邀请修辞的目的，"变化"也确实因打破完整性而产生于每次邀请式交际中；劝说式修辞则依靠论证的力量对权力进行操控，修辞者故意破坏他人的完整性，挑战和改变他人既有的思维、信仰和行动方式。

四、批评与发展

因邀请修辞对传统修辞学劝说概念的质疑，自该理论提出以来，邀请修辞在修辞学和传播学界引起了广泛讨论。福斯、格里芬同其他很多学者进一步发展邀请修辞的理论，讨论邀请修辞如何实现彼此尊重及平等的核心理念。

两位学者对理论的不同维度进行了拓展。福斯与凯伦·A·福斯在合著的《邀请转变》(*Inviting Transformation*)中进一步发展了邀请修辞，并以此为基础提出了在多元观念冲击下有效进行变革的展示演讲(presentational speaking)框架。两位学者(Foss & Foss，2003：4-9)区分和阐述了五种不同修辞模式：

（1）征服修辞(conquest rhetoric)以"制胜"为沟通目标，修辞者追求自身的想法、主张或论点在针锋相对的立场中获胜，是美国政治、立法及司法体系优先采用的修辞方式；

（2）转变修辞(conversion rhetoric)基于自身观点的正确性和优越性说服受众改变观点，多见于广告、营销及宗教活动；

（3）慈善修辞(benevolent rhetoric)旨在帮助他人改善生活，常采取提供实用性信息的方式进行沟通，例如健康宣传活动；

（4）咨询修辞(advisory rhetoric)通过给予意见或建议帮助他人获取所需信息，常见于咨询和教育行业；

（5）邀请修辞(invitational rhetoric)请求他人的在场或参与，通过彼此分享观点增进理解。

两位学者指出，人们不管谈论什么，总倾向于选择前两种修辞模式以赢得或说服受众，但当他人观点与我们大相径庭时，沟通往往会陷入口舌之争，更谈不上转变了；而其他三种修辞为我们应对不断变化的世界提供了更多的沟通模式。《邀请转变》就是在邀请修辞理论视角下构建的"展示演讲(presentational speaking)"框架，涵盖"选择互动目标(choosing interactional goals)""营造环境(creating environment)""聚焦(focusing)""设计

（framing）""阐释（elaborating）""起始与结束（beginning and ending）""关联想法（connecting ideas）""发表（delivering）"和"评估选择（assessing choices）"9项要素。

2008年，博恩、格里芬及肖尔茨（Jennifer Emerling Bone、Cindy L. Griffin、T. M. Linda Scholz）通过回应六个方面的批评意见进一步阐述邀请修辞理论，并举例说明邀请修辞如何在不同场景中促进文明（Foss & Griffin，2020：33-56）。

批评#1：邀请修辞认为所有劝说都是暴力

作为回应，格里芬等人认为，所有理论都依据前人理论作为基础，但这不意味着应该认可前人理论的所有方面；福斯和格里芬提议存在一种邀请修辞，认为一些劝说是暴力（当然这值得进一步研究），但并没有宣称所有劝说都是（always）且只是暴力，因为这与邀请修辞崇尚多样化的观点不相符。

批评#2：邀请修辞适合于每种互动

这是因为有些批评家忽略了邀请修辞理论中的"选择（option）"一词，提出邀请修辞不适用于诸如干预自杀行为、支持朋友远离家庭暴力等修辞情境。实际上，福斯和格里芬提出理论时就已阐明邀请修辞是"一种有效和正当的修辞（one of many useful and legitimate rhetorics）"，是沟通的一种可选方式，而从未指出邀请修辞适合于所有场景。在上述修辞情境中，邀请修辞同劝说修辞一样，都可能带来成功的修辞效果。

批评#3：邀请修辞包含性别限制

福斯和格里芬在1995年的论文中已说明并实际应用里巴雷特（Harold Barrett）、布伯（Martin Buber）、伯克（Kenneth Burke）、赫里克（James Herrick）等诸多传统修辞学家的理论，同时在男性学者的理论基础上构建邀请修辞。并且在该论文中也包含男性使用邀请修辞的案例。两位学者指出邀请修辞不只适用于女性或女性主义者，不存在性别限制。另有学者指出邀请修辞展现了女性因生理原因更易与环境和谐相处的本能，对此，格里芬等人则回应到，邀请修辞采纳给予观点的修辞方式与女性的生理或本能没有明显联系。

批评 #4：邀请修辞基于本质主义原则（essentialist principles）

菲斯（Fuss, 1989）将本质主义定义为"对真实本质的信仰——本质是最不可减少的、不变的，因此是特定的人或事物的组成部分"。在邀请修辞理论原论文中，福斯和格里芬并没有声称男性与女性的生物本性或本质，两人只是提及传播学科的状况：女性和少数族裔无法触及公共领域。格里芬还谈到即使女性出现在公共领域，其修辞策略通常是不起作用的，因而她们常常寻求其它修辞策略推进观点。从后结构主义看，"女性主义"和"父权制（patriarchy）"是流质的、难以定义的类别，而邀请修辞理论对持续了两千多年修辞的劝说传统进行变革，实际上实现了一种非本质主义修辞。

批评 #5：邀请修辞缺乏"手段（agency）"

伯克在《动机语法》中称"手段"与完成任务相关，是行为得以实现所依赖的工具或方法。邀请修辞构建了一种不以改变或控制他人为目的的修辞模式，而批评者认为"当改变他人的努力不存在时，手段也就不存在"（Fulkerson, 1996），福斯和格里芬指出邀请修辞所采取的行为方式为营造安全、价值、自由的环境，所使用的手段为致力于理解他人的互动式手段（Foss & Griffin, 1995）。格里芬等人进一步阐释邀请修辞的工具体现在修辞者努力营造互惠、自我决定及理解他人的环境，这样的修辞环境并不是预先存在的，需要修辞者努力创造或维持。

批评 #6：邀请修辞仍然是劝说

持此观点的批评者固守所有修辞都是劝说的理论假设，但这样的观点已受到很多学者批评。同时，认为所有包含价值的沟通都是劝说的观点忽视了邀请修辞在构建文明社会中所能发挥的作用。

格里芬等人还通过演讲、视觉文本、小型论坛及公开论坛四个具体实例，展示邀请修辞如何在不同情境下创造安全、价值和自由的外部条件，并展现修辞者与受众如同通过给予观点呈现邀请的、文明的互动交流。

五、挑战与前景

邀请修辞提出二十多年来，在修辞学、女性主义、伦理学与教育学领域进行了广泛的延伸与应用，甚至对法律、英语文学和写作、公共关系、商业和管理等学科也产生了一定影响。邀请修辞理论仍在不断的发展之中，在新的传播技术冲击下面临着机遇和挑战，但可以预见的是邀请修辞在未来将是每位修辞者及修辞学者认真思考并实践的沟通方式。

在《邀请理解》论文集中，福斯及特纳（Jeanine Warisse Turner）认为个体在移动技术时代倾向于忽视沟通行为中可供使用的各种手段，从而不采纳使用邀请修辞的沟通方式。为此，两位学者提出"邀请社会在场（invitational social presence）"的概念（Foss & Griffin, 2020：157-179）以应对邀请修辞理论在移动信息时代所面临的机遇和挑战。福斯和特纳认为当下的移动传播技术具有"选择多样性（multiplicity of options）"及"互动性控制（interactional control）"两大特征，前者使得个体介入"多元沟通（multicommunicating）"——多项、有序、同时或近乎同时发生的重叠性言语行为；后者指移动传播技术可使个体对互动"广泛控制（extensive control）"，例如，实现多人同时聊天、自行决定回复消息时间、更多时间构思回复内容、更丰富的网络形象管理以及更强的人际协作能力。

移动传播技术给邀请修辞研究带来诸多机遇。首先，使得邀请修辞所崇尚的多样化观点更容易得到呈现。在移动沟通情境中，非言语情绪难以觉察，个体因而不易感知到他人的评判，个体给予观点将更加自由；同时观点的分享、获取也变得更加容易，因而有利于形成多样化的观点并且个体更容易接纳不一致的观点；其次，邀请修辞的安全、价值的条件也更容易达成。在移动传播技术下，个体更能及时给予言语的支持与鼓励，个体从拥有移动设备中获得安全感；最后，移动技术为邀请修辞"重新获源"策略提供便利，即能够通过及时从移动设备中获取新的观点或视角,及时使沟通向积极的方向发展。

同时,邀请修辞受到移动传播技术四个方面的挑战:(1)移动传播技术下,因个体倾向于维持现有人际关系、忙于管理复杂信息、倾向使用短信息等因素,个体较不易觉察到参与邀请修辞的机会;(2)个体参与邀请修辞机体能力减弱,主要表现在"深度注意力(deep attention)"容易收到干扰,另外持续注意力所需的深度阅读在移动环境下变得困难,两种因素都不利于参与邀请修辞所需要的持续努力及深入思考;(3)因互联网算法对用户浏览偏好的定制推送,个体倾向于关注自身感兴趣的观点或内容,因而个体参与多样化观点的动机减弱;(4)移动传播技术导致信息容易遭到大范围传播或故意外传,这种情况不利于安全条件的营造;(5)移动传播技术下为提高效率而进行的多元沟通忽视了对他人价值的独有关注;(6)给予观点在移动技术时代变得容易,因而修辞者不再认为有义务创造自由的外部条件,这些因素都使得创造邀请修辞所需的外部条件受到挑战。

为此,福斯和特纳提出"注意力的社会在场(attentional social presence)"概念,并指出这是一种沟通者通过关系控制将受众的注意力从当下事物转移到沟通者上的状态。它包括"计划性社会在场(budgeted social presence)""资格性社会在场(entitled social presence)""竞争性社会在场(competitive social presence)"以及"邀请性社会在场(invitational social presence)"。修辞者在数字、多元沟通中可使用前三种方法,但有意采取"邀请性社会在场"可应对移动技术的修辞"情势(exigency)"所面临的挑战。在"邀请性社会在场"中,修辞者将沟通努力聚焦于单个互动或会话中的一个或数个受众上,邀请潜在受众专心致志进行互动。

未来,福斯及格里芬认为邀请修辞理论可从以下几个方面开展研究:邀请修辞理论的进一步发展;邀请修辞如何继续启示教学实践;新沟通技术如何影响邀请修辞;邀请修辞如何带来社会变化。

参考文献

1. Burke, Kenneth. *Attitudes toward History* (3rd Edition). Berkeley: University of California Press, 1984.
2. Foss, Sonja K. *Rhetorical Criticism: Exploration and Practice* (5th Edition). Long Grove, Illinois: Waveland, 2018.
3. Foss, Sonja K., and Cindy L. Griffin, eds. *Inviting Understanding: A Portrait of Invitational Rhetoric*. Lanham, Maryland: Rowman & Littlefield, 2020.
4. Foss, Sonja K., and Cindy L. Griffin. "Beyond Persuasion: A Proposal for an Invitational Rhetoric." *Communication Monographs*, 1995(62): 2–18.
5. Foss, Sonja K., and Karen A. Foss. *Inviting Transformation: Presentational Speaking for a Changing World* (2nd Edition). Long Grove, Illinois: Waveland, 2003.
6. Foss, Sonja K., and William Waters. *Destination Dissertation: A Traveler's Guide to a Done Dissertation*. Boulder, Colorado: Rowman & Littlefield, 2007; 2nd edition, 2016.
7. Foss, Sonja K., Karen A. Foss, and Cindy L. Griffin. *Feminist Rhetorical Theories*. Long Grove, Illinois: Waveland, 2006.
8. Foss, Sonja K., Karen A. Foss, and Robert Trapp. *Contemporary Perspectives on Rhetoric* (4th Edition). Long Grove, Illinois: Waveland, 2014.
9. Fulkerson, Richard. "Transcending our Conception of Argument in Light of Feminist Critiques." *Argumentation and Advocacy*, 1996(32): 199–218.
10. Fuss, Diana. *Essentially Speaking: Feminism, Nature and Difference*. New York: Routledge, 1989.

思考题

1. 参与邀请修辞的两种方式是什么？
2. 邀请修辞思想与中国古典修辞思想是否存在某种关联？
3. 邀请修辞理论所面临的批评和挑战是什么，如何应对？

1. Foss, Sonja K., and Cindy L. Griffin. "Beyond Persuasion: A Proposal for an Invitational Rhetoric." *Communication Monographs,* 1995(62): 2–18.
2. Foss, Sonja K., and Cindy L. Griffin, eds. *Inviting Understanding: A Portrait of Invitational Rhetoric.* Lanham, Maryland: Rowman & Littlefield, 2020.
3. Foss, Sonja K., and Karen A. Foss. *Inviting Transformation: Presentational Speaking for a Changing World.* Long Grove, Illinois: Waveland, 1994; 2nd edition, 2003; 3rd ed., 2012.

第十一章
共情修辞理论[1]

西方修辞学理论博大精深,其与其他理论的结合也越来越得到学界的重视。本章将重点关注近年来新提出的共情修辞理论。该理论一经提出,不仅得到了修辞学界的关注,在传播学、政治学等领域也彰显出发展活力。本章中,我们将从共情修辞的渊源、机制及应用三个方面,深入探究共情修辞的本质,为今后共情修辞的理论与应用研究提供一定的思路。

第一节 共情修辞的渊源

一、从说服到认同:修辞发展的人文主义倾向

在修辞语境中,说服是修辞者通过刻意的努力推动受众在观念或行动上朝向修辞者所预设的方向做出改变。结果与预设完全吻合,则说服目的可谓达成,说服行为产生效果;但结果与预设不吻合,该过程仍被视为完全意义上的修辞。因为修辞的内蕴在于对行为、内容、情境等要素合理性的分析、借鉴与发展,对效果的评价只占据不产生关键影响的小部分,我们可将其解释为"修辞研究的

---

[1] 本章的主要内容改编自作者与其合作者(朱虹宇)发表在《当代修辞学》2021年第4期上的"共情修辞的学理渊源与机制构建"、《山东大学学报(哲学社会科学版)》2022年第2期上的"人类命运共同体理念的国际传播:共情修辞路径"以及华东师范大学学报(哲学社会科学版)2022年第2期上的"共情修辞视域下的国家外部认同构建"等论文。

基本属性是描写性和解释性，不是规范性和评价性"（埃默伦，2020）。

如此已足以避免修辞研究陷入马基雅维利主义及唯结果论的漩涡而受人诟病，然而说服与"强制"或"操纵"的本质关联却使其难逃厄运。这一点在古希腊时期出现的被视为"哲辩师"的群体中可见一斑，甚至有的修辞者只能自我韬晦，以隐形之术做显形之功。以说服为核心的修辞是否真的使用言语强制手段在受众中施行说服目的？我们认为此种见解失之偏颇，如果不得不谈及修辞者在修辞目的驱使下做出的改变——为影响受众观念与行为而刻意为之的姿态，则需要追溯到修辞存在的前提——或然性。说服与其说是通过语言进行操纵，不如将其释为对修辞或然性的填补。

从修辞者与受众的修辞地位来看，说服的作用目标归于受众，但是主动权明显落在修辞者身上。修辞者睥睨整个修辞活动并通过修辞行为在自身修辞能力范围内施加影响，说服成为唯一目的。不难看出，以说服为核心的修辞存在以受众为靶的解读风险，当修辞或然性显著到足以使受众知晓其掌握生杀大权，但修辞者仍以说服者的单一角色自居之时，修辞就无怪乎受到诟病，尤其在人的尊严受到前所未有之重视的人文主义时代，任何带有不平等和贬低意味的话语都难以赢得人心。当前修辞学处于一边是改变传统理念以迎合时代新需求，一边是沿袭两千多年的深厚学科根基之际，新修辞学的阐释以及认同观的出现，不仅保留了修辞学中经论证的灼见，也吸纳了新时代的人文主义精神，与传统修辞学并行不悖的同时还对修辞学重振之势大有助力。

认同观指修辞者通过某种修辞范式在与受众共同利益的基础之上获得其认同或与其达成同质。认同核心理念为修辞者通过修辞行为获得受众对其某观点或行为等的认同，在本义上强调态度层面上对修辞者持有的肯定，但是同样可体现在行为层面上显露出符合预期方向的挪移。观察认同相对于说服发展出的新修辞特征，我们不难发现认同观实则沿袭了说服观之核心，"受众""改变""目的"

等关键词在两者中均被凸显。

修辞理论的发展仰赖于同社会主流认知和信仰的契合。人文主义强调人的价值：其双重含义——作为世界观和历史观的人文主义和作为伦理原则和道德规范的人文主义，无一不赋予个人价值和平等主义以特殊关注。而认同观正是在此潮流中突破修辞传统瓶颈并显露出与社会的黏合性。虽然认同观对说服观具有显著沿袭性，但是说服是修辞者的说服，认同是受众的认同，修辞地位的"易换"充分说明受众摆脱了接受说服的绝对被动角色，其对修辞结果的关键作用受到关注并通过修辞重心的转换得以明示，体现的是积极的修辞观。此修辞观蕴含的平等与尊重是人文主义精神之核心，我们无法考究是认同观迎合了人文主义精神还是人文主义精神催生了认同观，不过可以确认的是，正是认同观对人文主义精神的把握才助推修辞开拓新的疆域并获得长远发展，此时作为修辞真正以思维模式的身份形塑着时代思潮。

由是观之，修辞发展始终带有人文主义特质，源于古罗马的"人文主义修辞文化"又得以在现代修辞研究中返归，这更加坚定了我们对人文主义之铺垫性作用的肯定，该作用非流畅的和显化的表述不能达，即需要使用适切的修辞诉诸来呈现。反观修辞学绵延数千年发展历程，理性诉诸的概念未发生大的迁移，对理性诉诸的认知稳定在一定区间。然而情感诉诸与人格诉诸却历经坎坷，尤其情感诉诸数度徘徊在被贬抑甚至消弭的边缘，经过艰难的辩证与检验之后才得以回归正统地位。情感在修辞中的影响与效用实则不容小觑，尤其在修辞人文主义发展倾向日益凸显的当下，受众对情感需求的不断增进又将修辞中的情感诉诸或对恰当情感的调用推至新高度，可以认为对情感的关注是对当前修辞学中人文主义精神的延伸。

二、情感的凸显、隐蔽与回归

修辞传统中，"以理服人"的"服人"效果似乎不言自明，一旦"理"到位，人自然会"服"。但是越来越多的理论与实践表明，纯粹的"讲理"貌似难以打动情感充盈的普通受众，没有情感的修辞行为未免容易落入学究式的、刻板的甚至带有强输性质的反作用修辞圈套。由是观之，只讲理不讲情是成功修辞者避之不及的修辞行为，实现情与理的适切交融符合修辞人文主义特性。情感在修辞学研究历史中历经了跌宕起伏的认可过程，大致可概括为凸显、隐蔽与回归三种状态，这一过程与修辞学整体的发展相似但非重叠。修辞学因外部环境的改变而做出的"自我收敛"是修辞全部要素而不仅是情感的隐蔽，因此情感的三种状态是在修辞较为平稳的发展态势之下做出的对比观察。

亚里士多德最早强调，修辞虽然关乎受众如何做出判断，但是他们似乎在不同的情感状态下做出的判断也不同。此"情感"指受众的情感，修辞者使受众产生特定情感状态，目标是"情感引导"。随后三诉诸经西塞罗的再次阐发得以登上更广阔的研究舞台，这证明古希腊修辞学发展繁荣之时情感已成为可独当一面的修辞研究领域。

但是情感真的已经成为人人可谈、人人会谈、人人在谈的修辞领域了吗？恐怕并非如此。尽管笛卡尔、培根等逻辑学家都在实践中践行着情感诉诸，却在言论表面对其大加鞭笞，笛卡尔甚至"要求从话语中剔除一切感官和感情因素"（刘亚猛，2018：281），以或然性为基础的修辞自然遭受前所未有的滑铁卢。但是已经存在并发展长达千年的学科不太可能就此没落，虽然科学的发展卓有成效地改变了社会运行与人际沟通模式，人类本性却并未被也不可能被颠覆，说服抑或获得认同仍然拥有广阔"市场"，即使这意味着以暂时牺牲情感为代价。暂从表面摒弃关注受众情感的修辞将注意力转移至逻辑推理和对朴实无华文体的锻造。逻辑推理符合科学主义的典型特征，也是传达所谓证据的具有启人心智之功用的适切表述。对朴实无华文体的热衷压抑了人们意志中的热情和奔放，但是这种自我隐蔽若是顾全大局所不得不采取的割舍，则也可谓是"舍小家为大家"的目光长远的壮举。

随着研究者对修辞学研究的视角愈加客观与全面,对情感诉诸的认识逐渐转变,情感在沉寂之后终于再次浮出自我韬晦的水面而立于修辞研究大潮。这说明人文主义始终是修辞发展势不可挡的倾向,对充斥着情感、情绪、主观态度等的人类行为进行研究不可能摆脱情感而得出纯粹"理性"的结论。这一看法虽未成主流气候,却也产生了一些令人振聋发聩的观点,其中 Lamy 对于情感的关注与研究在理性时代即将到来之际显得既大胆又鲜明。他在对修辞者说服过程的研究中秉持"激情至上"原则,认为"修辞的成败得失在很大程度上取决于修辞者对激情的利用"(刘亚猛,2018:292)。这一观点凸显了 Lamy 对传统情感诉诸的全面继承与拓展。

在人文主义与个人主义等思潮的多重助推下,情感摆脱纯粹主观主义的错误外壳,逐渐被视为修辞中重要的甚至起决定作用的因素,把握受众情感状态并将其纳入采用何种修辞策略的考量成为修辞学者的首要关切。那么问题是,当我们对修辞中的情感有了符合人文主义发展思潮的认知之后,应该做出何种改变?更具体地说,应该如何把握受众情感?如何将其与修辞行为融合?如何深化修辞的人文主义性质?前人的研究并未就这些问题给予我们充分启示,当转而以情感为起源点从心理学、哲学中找寻答案时,共情与修辞强有力的凝合性与发展的同向性足以让我们为之一振。

共情字面虽含"情"字,却并非只在情感层面达成"共",它对认知还有"共"的要求。没有情感的"empathy"无法称之为"共情",不过其在认知维度的拓展让我们认识到要理性地"共"情,认知的前期准备是一种对后期情感与共的铺垫。当认知达到一定高度,什么情该"共"、什么情不该"共"就已然明晰,和谐而适当的共情氛围才有可能形成,该氛围中的修辞有效性也将随之提升。

三、共情——情感与理智的糅合

"共情"最初来源于哲学与美学,由德语词"Einfühlung"翻译而来,后在心理学中得到深入发展。早期学者认为共情"意味着一个人能够感觉另一个人的痛苦或愉悦，在感受过程中，他体验到这种感觉并觉察到原因，但是仍会意识到'我'只是好像痛苦或愉悦。"后来对共情的认识发展为几个方面：完全进入另一个人的内心世界；敏感地察觉到他/她的情绪；不做任何评价，不揭穿这个人没有意识到的感觉；用新鲜、不带危险的眼光审视并传达自己的感觉；确认自己是否准确把握了对方的感觉并寻求反馈。自 Rogers 将共情引入心理学并给出较为全面的定义伊始，多位心理学家都对该领域展开了深入探索。

付迪等人整合了前人对共情的定义，给出了综合性较强的说法："共情是人类情感经历和社会交互的重要成分，是指通过观看或者想象能够感知、理解他人处境，能对他人的处境产生相似的情绪反应，并对导致这种情绪状态的来源有清楚认识的一种能力"（付迪等，2017）。不过共情并非一成不变的滞于固化模式的心理现象，而是不断发生着变化。由概念变迁及研究脉络可见，研究者逐渐意识到共情与社会之间的交互作用，并将其视为人际交流中不可或缺的要素。

共情作为复杂的心理过程，包括情感共情和认知共情两种路径。前者指"以相同的情感对他人的情感做出回应，即感他人所感"，后者指"扮演他人的角色或采用他人的视角，即看他人所看"（Gladstein，1983）。情感共情带有人类的本能色彩，可通过情绪感染实现，即当参与一方产生某种情感，另一方被诱发产生类似情感。情感共情以自我与他人的相似性为基础，是一个自下而上的过程。而纳入了后天学习与经验的认知共情则建立于智力理解及理性区分的基础上，通过推测他人处境产生特定心理趋向，是自上而下的心理机制。情感共情与认知共情虽然关注点不同，但是两者相互影响，情感共情可能影响认知判断，而认知共情也会在一定程度上引导情感共情的发展方向，对共情者的行为起到调节作用。

共情能力越强的人越有可能了解外界环境与他人处境，进而做出恰当的交流行为。具体到修辞情境中，对修辞者而言，其共情能力越高，对受众的感同身受越强烈，就越有可能通过更贴近受众情感预期的修辞行为取得颇为显著的修辞效果；对受众来说，共情能力能够促使其深入领悟修辞者的言辞、行为和情感，进而做出较为明智的取舍。

四、"修辞"与"共情"的学理渊源

斯密观察到共情是人类特殊而重要的情感类型，他笃信修辞性文本与共情之间具有同构性，修辞辅助共情的实现，共情只有通过修辞作为路径才能被激活并转化为在交流中产生影响的要素。共情作为独立的概念体系，在修辞中不仅存有与其深度对应的理念，而且两者在哲学原理及对人文主义的发扬上相通之处诸多。不过对共情的相关提及在近年大有大众化倾向，共情概念早已从形而上的学术探讨抑或形而下的心理咨询等专业范畴流入畅销书内容之列并成为人际沟通交流"制胜法宝"之一。然而零零散散的表面化应用除消耗共情的学理内蕴之外对概念的发展无甚功用，除非真正挖掘共情与关涉赢得他人认同的修辞之内核联结并对两者的结合运用做出展望，才能在发挥共情影响的基础上推动修辞步入创新性的跨学科研究。纵览修辞要点并结合修辞发展，我们发现修辞的人文主义发展倾向、情感诉诸、受众观、认同观分别与共情彰显出深厚的学理渊源和人文主义同源性，修辞运作的心理机制在与共情的结合中尽显无遗。

（一）修辞人文主义与共情

人文与理性并非背道而驰，"物化与僵化"才是人文主义的反抗对象，科学与理智一元论是科技的发展，却也是人文的欠缺。共情既重视理性认知与又重视情感指向的本质特征具有了填补人文主义发展之不足的优势。共情者萌生出与被共情者相似的情感并清醒认识到自身他者身份，这与完全沉浸于对方情绪或过于客观甚至冷漠对待他人事件形成对比，可被视为两者之间带有经优化后的人文主义色彩的修辞中庸之道。人文主义修辞所秉持的平等、尊重等理念无一不昭示出共情的深度参与，也可认为与修辞发展历程中的人文主义倾向相伴而来的是愈发突出的共情侧重。将共情显化于修辞是发展趋势的召唤，对共情的无意深藏或有意隐蔽都是修辞发展的损失及对其人文主义倾向的背离。

（二）情感诉诸与共情

在修辞中绵延发展的情感诉诸究其本质就是对受众情感的侧重并将激起其特定情感状态作为实现修辞目的之前的必经之路（Aristotle，2007）。对受众情感的"知晓—掌握—（内化）—转变"过程暗示修辞者已对受众达到精准的认识并具有将认识化为修辞策略的能力。除却修辞转化阶段，情感诉诸始终都将共情作为其依托，共情能力低下的修辞者是无法精准认识受众情感的，自然也无法取得令人满意的修辞效果。值得注意的是，与情感诉诸相关联的共情偏向认知共情，因为修辞行为携带的修辞目的使修辞者必须具备第三者视角。但是情感共情的参与不论从机制还是路径上看都以其情绪感染性、主观性、即时情境性等特征对情感个体产生交际价值。

（三）受众观与共情

脱离对受众的了解，修辞只能成为自说自话、没有交际意义的行为。只有同时诉诸受众的理智与情感，才有可能促使受众采取修辞者预期中的行动（刘亚猛，2018）。无独有偶，认知共情与情感共情贴合了修辞者对受众理智与情感的理解需求：前者以客观认识和逻辑分析为路径在了解受众处境的基础上做出对其情感状态的研判，后者则以情绪感染等充盈情感色彩的方式与受众达至"情感共同体"。由此共情能力是全面认识受众并作出合理修辞行为的前提。如果不诉诸共情而仅凭既往常规划定受众所期待的修辞者形象，修辞目的只会愈加难以实现。对受众的多维了解是修辞中不言自明的条件，但是从哲理层面论及作为修辞根基观念的受众似乎是紧迫的任务，因为只有对传统的受众操纵观做出有理有据的驳议，才能在新修辞情境下构拟修辞者与受众的恰当关系。如果没有共情的参与，这种关系的构拟难以实现。

（四）认同观与共情

认同观出现的背景为20世纪社会急剧发展之际，当个人自我封闭的状态被打破，原先对他人与世界的认知亟须转变甚至重塑。将"认同"作为社会洪流中修辞者取得受众信任的途径，与主流思想同向，实现了学科的自我发展与服务社会的相洽。二十一世纪以来，全球一体化仍然以不可扭转的趋势深化，但是大局一体之下的国家、民族、团体、个人等日益呈现各自的鲜明特色，一味的趋同将阻碍多元发展。对求同存异的呼声愈发高昂之际，认同观在修辞者与受众皆带有强烈个体特色的情境中显露出不易察觉的空白，而共情对参与者的绝对顾及则弥补了认同观貌似会消弭的这一点瑕疵。如此恰当的借鉴与调和恰逢其时，为已具强大解释力和实践力的修辞开拓出新的张力空间并融入更鲜明的人文主义内蕴。

由是观之，修辞与共情早已产生了不可分割的根系，从哲学或实践层面都流溢出强大的凝合力，两者在概念上的相通与实践中的糅合推动我们思索如何将它们以正式的、系统化的、有研究前景的方式结合起来，"共情修辞"的提出成为应情境召唤的因应之策和应有之义。

第二节 共情修辞的机制

一、共情修辞机制概览

基于修辞与共情作为两大学科概念所涵盖的内容、两者之间的渊源与联结以及国外学者对rhetoric of empathy的研究脉络，我们在坚持修辞者之修辞行为主体性的前提下，认为"共情修辞"应是包含修辞目的、受众、修辞者、共情、修辞策略等主要元素的运作机制。共情修辞是一种修辞运作机制,原因在于共情不只流于修辞文本表面,而是植根于修辞者思维层面的始源性修辞元素,从修辞发端就影响修辞者的决断并影响整个修辞过程的走向。我们在此将共情修辞界定为:在修辞目的的驱动下,修辞者有意识地使自己进入对受众的共情状态,在能力范围之内达成与受众情感的时间同步和类别同向,并能够清楚判断受众和自身情感类型及来源,区分受众和自我表征,随后设定并施行修辞策略,这一修辞运作机制可被称为共情修辞机制(李克、朱虹宇,2021)。共情修辞机制可大致图示如下:

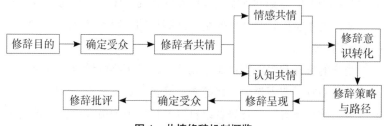

图1 共情修辞机制概览

修辞目的是修辞行为的起始点和驱动力,若无法在修辞过程中找到驱使修辞者做出特定修辞行为的目的,则该修辞行为应归属于带有随意性或偶然性的自然言语行为而非修辞行为。胡范铸(2016:2)对此曾有过深刻见解:"当行为主体明确地意识到自己是在努力追求言语行为'有效性'的时候,他是在修辞;当他没有明确认识到自己在努力'追求有效性'的时候,只要是在'使用语言实现自己意图',其实也是在修辞。""有效性"所依附的对象正是修辞目的,修辞目的的达成表明修辞行为"有效"。说服或认同是整体视角下的修辞目的,具体修辞目的依具体修辞情境而定。修辞目的是修辞区别于自然无序语言的关键,共情修辞过程中,确定修辞目的这一行为发生于修辞者有意识进入对受众的共情状态之前,不过若修辞者而后决定调整或颠覆原本修辞目的,转而在共情的推动下确定新的修辞目的,这种情况也可谓合情合理,凸显出共情修辞对于修辞效果抑或结果的影响。

共情过程指修辞者有意识达成与受众的共情。我们强调"有意识",首先因为修辞目的的存在表明修辞行为是修辞者"有意为之",共情修辞也是我们试图提倡在适宜修辞情境中使用的修辞模式,因而修辞者自然有必要也必将在有意识的共情状态下做出修辞行为。其次因为情感共情中包含情绪感染等人类本能反应,但是修辞行为的目标性使我们需要摒弃无意识的情绪或情感感染,即使涉及情绪感染,也是有意识状态下受修辞目驱使的情绪感染。共情修辞中的"有意识"能够使修辞者始终保持共情研究者在研究初始阶段就提倡的"他者视角",如此才能使共情者以客观的视角产生"旁观者清"的效果,也才能将共情修辞控制在修辞目的可影响且修辞研究可及的范围内。

受众的选择和限定直接关系到后续修辞策略的设定。当受众的范围和类型有了明晰界限,修辞者的共情才有落脚点,此时受众可被视为"被共情者"。修辞者以自身共情能力为极限值,与受众达成情感上的时间同步,避免因时间的提前或滞后而脱离受众的即时情感范围,使情感表征无法在修辞情境中发挥有效性。此外,情感类别是否同向也左右着共情修辞行为结果。若将情感视为连续统,极端积极与极端消极情感分属连续统两端,修辞者对受众的情感虽难以实现程度完全相等,却至少要在方向上具有同向性。因为共情之"共"正是强调共情者与被共情者共享情感氛围,此氛围的范围越小,两者情感距离越小,显然相反情绪类别的双方对情感范围的无限拓展已越出共情范畴,因此我们强调类别同向。共情修辞对情感程度不做要求,因为修辞者的共情能力因人而异,共情程度亦不尽相同,而且完全的程度一致几乎无法达成,只能无限接近最高值。此外,同向范围内共情程度的高低与共情修辞效果并不成正比,修辞者面对极度悲痛的受众时无需产生同等程度的悲痛情感,但是一定程度的低落、伤感等同向情感却必不可少。

情感同步仅通过情绪感染等具有情感传染性质的途径即可实

现，无法在情感共情之后通过有效的修辞手段发挥共情的积极作用。因此我们还需强调修辞者对认知共情的调用，当其能够把握整体修辞情境，才能了解受众的客观及主观处境，进而判断受众的情感类型及来源。仅认识受众情感、被受众情感感染还远不能达到认知共情标准，修辞者需知晓自身与受众相似的情感直接来自受众，间接来自修辞目的及修辞行为。自我和受众的意图表征及随后的修辞表征都有本质区别，当修辞者客观认识到自身的旁观者视角但是又对受众的状态感同身受，才可达至认知共情。

"共情准备"之后，修辞者已有意识理性认识受众主观情感及客观状态，此时设定和施行修辞手段已水到渠成。虽然修辞呈现过程仍与个人修辞能力有关，不过共情的实现有裨于修辞者与受众成为"情感共同体"，而修辞者在与受众情感趋向一致的情况下则有更小概率做出违背对方情感的修辞行为。认知共情与情感共情两种模式要求修辞者有必要在保持清醒的"他者视角"的同时激活"理性的情感"，共情氛围一旦形成，不仅能够点燃修辞者随机应变的修辞创意，也能在受众身上产生超出情感调控而有可能扩展至世界观、价值观和行动等范围。共情修辞作为理念指引，并非必须拥有专属于该领域的或带有共情色彩的修辞策略和手段，因此实践中修辞策略的选择源自普通意义上的修辞策略范围并依修辞情境而定。

二、共情修辞定位

共情修辞是我们在秉持符合修辞情境、取得更佳修辞效果的基础上提出的新型修辞模式，其本质偏向于向修辞者提供始源修辞思维模式。然而这不是对传统以说服或认同为前提的修辞行为的否定和替代，更非提倡其成为唯一修辞模式。经过形而上的学理延伸和形而下的实践验证，共情被视为促进修辞顺利进行的要素之一，因此我们欲充分利用共情的现实意义，将其从一直被忽视或遮蔽的幕后转至台前。

对共情修辞模式的使用取决于修辞情境是否需要将共情纳入考

量或者修辞者是否有意愿或有能力选择共情修辞来优化修辞效果，如果在某些"强硬"场合或情感参与度极低甚至可忽略不计的场合，使用共情修辞自然非上乘之选，或许还有浪费修辞者情感资源的风险。由此可见，共情修辞是在具体情境下采用的基于特定思维模式的修辞路径，虽然依据共情的普适性可以判定共情修辞亦有普适性，但是并不排除有些修辞情境无需应用此模式，它只是与其他修辞模式平行的选择。

三、概念纠偏

修辞的产生奠基于或然性，对情感诉诸的剖析又因关涉人的情感而带有主观评判性，因此共情修辞作为新的融合两种不确定性的概念，不免存在需着重限定和解释之处。本教程中的纠偏重点聚焦于：带有强烈人文主义色彩的共情修辞是否追求修辞关系的绝对平等？共情修辞是否将情感置于首位而对理性置之不理？共情修辞与传统情感诉诸的区别及其发展体现在何处？共情修辞与同样强调人文主义的"邀请修辞"（Foss & Griffin，2020）有何关联？针对这些原则性问题，我们将一一作出简要阐释并以此廓清共情修辞概念的边界。

（一）共情修辞与绝对平等

从说服到认同，修辞之核心概念的人文主义流变彰显出受众地位的提升以及修辞者对待受众态度的转变，邀请修辞的出现亦佐证了该变化趋势。但是主客体地位真的能够发展为绝对平等，修辞者与受众的关系可以脱离话语实践中历来重视的权力关系吗？答案显然是否定的。权力关系浸透于所有话语实践，修辞活动中因修辞目的的显然存在更无法摆脱权力关系框架的制约。修辞者在修辞情境中由主观能动性驱使萌生修辞目的，即使受众的地位得到重视与提升，修辞目的的产生已注定修辞者处于修辞权力关系上游。权力关系使得对情感的处理需格外小心，一旦陷入操纵论陷阱，受众的情感易变为与修辞者对立的状态,修辞过程的顺利进行就会失去保障,遑论实现修辞目的。

并非没有学者注意到情感维度的修辞权力关系,Zhao(2012)所提倡的"主体间性的情感关系"(intersubjective emotional relationships)就是对传统施"情"—受"情"关系的颠覆,将受众视为与修辞者处于同一情感层面的主体。双主体的修辞情感关系的确能够解决一直以来饱受争议的修辞权力问题,但是其完美主义色彩未免让人怀疑其是否具有实现的可能。一言以蔽之,修辞者—受众关系在修辞过程中必然存在,人文主义的参与只是消弭其中过于明显的足以对修辞效果产生消极影响的部分,却无法撼动本质性的权力关系,因为一旦修辞中的权力关系消失,修辞是否还是修辞就值得另议了。因此,共情修辞虽然给予受众足够的"掌控权"以夯实修辞的人文主义特征,不过修辞者与受众在权力关系中的位置或许可以朝向中间位置挪移,却谈不上"僭越"。共情修辞试图助推修辞者自身达至对受众的共情,带给受众被共情的关怀与尊重,绝对平等并非共情修辞的追求,也并非单凭共情修辞概念与实践可至。

(二)共情修辞与理性

共情修辞构拟于情感诉诸之上并将情感诉诸拓展至带有更强烈人文主义色彩的高度,但这并不表示情感处于科学与理性主义的对立面或者后者存在的前提即是抹杀前者。虽然情感与理性确实长期以来分属两种思维状态,但是在修辞行为中同时运用情感与理性才可彰显对受众的洞察,于此有两点值得注意:第一,情感是所有人类的基本特性之一,抛却情感谈问题似乎不仅非理性,而且不可想象,即使是科学主义中提倡的用科学说话或用证据说话,同样都发生于预设的话语大环境,其中受众率先产生对修辞者的信任情感并决定进行下一步的正式倾听与信息筛选。第二,共情所涵盖的认知共情是对现实的影射,与理性之内涵同源且在修辞情境中同向发展,因此共情修辞并非违背现实、理性或逻辑的纯粹情感煽动，而是在结合情感与认知的双向修辞思维导向之下的行为模式，其对情感的侧重不是湮没认知与理性的借口。

（三）共情修辞与情感诉诸

共情不等于情感，共情修辞不等于情感诉诸。情感诉诸的应用首先体现于对受众情感的侧重，继而采取修辞手段调整受众情感至易于接受修辞者影响的状态，对情感的涉及分设于源头与结果。共情修辞是糅合理念、手段与行为的综合概念，贯穿修辞活动始终。修辞行为由共情激活，对共情的使用虽然同样强调源头与结果，但是过程中修辞者始终将对受众的共情纳入考量，在显化的修辞输出中可以选择以共情性表述将思维状态传达给受众并使其意识到自身在认知上的理解与情感上的共通。情感诉诸意图通过传递信息对受众产生影响，而共情修辞则不仅强调关注受众的情感状态与信息中情感的传递，还对修辞者的情感提出要求，具有过低共情能力的人无法产生共情修辞行为或最终的行为效果不如人意。简而言之，共情修辞中的"共情"是修辞者的共情，情感诉诸中的"情感"是受众的情感，然而修辞者对情感诉诸的使用及研究者对其必要性与有效性的肯定，是验证共情修辞合理性的首要条件。

（四）共情修辞与邀请修辞

邀请修辞强调平等与尊重，致力于打造充满理解的修辞氛围，其中受众有权依据修辞者的修辞呈现作出任何选择，因为修辞者只"提供"（offering）观点并邀请受众参与讨论。我们鼓励邀请修辞所强调的对受众的尊重，但也不免怀疑绝对的尊重甚至"让位"是否抹杀了修辞的说服或认同内核，成为对传统修辞观的矫枉过正。共情虽然同样强调尊重与理解，却并非为了尊重和理解而摒弃修辞目的，其一切行为表现致力于修辞目的的达成，即说服受众或使其认同。然而修辞目的作为客观的驱动修辞活动进行的必要条件，却并不表示抹杀共情修辞行为的人文关怀特征。在修辞者正式与受众做出互动之前，前期的共情准备有可能使修辞者因更深刻与全面地理解受众而调整甚至颠覆修辞目的。邀请修辞与共情修辞是两个视域下的修辞概念，前者是传统修辞观的延伸，而共情修辞则是与传统修辞平行，是在新时代修辞情境之下以情感为趋向的修辞模式。

第三节　共情修辞的应用

一、共情修辞与建构国家认同

学界所探讨的国家形象传播或国家软实力建构，究其根本，是通过不同途径对外宣传符合他国认知水平或情感需求的关于本国的真实有效信息。从修辞学视角来看，这些宣传途径是对修辞手段的运用，包括话语修辞、视觉修辞、建筑修辞甚至身体修辞等方式，经由修辞者国家向受众国家传递修辞内容，促成受众国家产生对修辞者国家的全面或者局部认同，进而实现交流的顺利进行，这种形式的认同即国家外部认同。

话语修辞承载着国家的价值形态，是外部世界了解一个国家的直接凭借，因此也是决定是否认同该国的依据之一。现代社会并非事事趋同，不仅个人之间，国家之间亦是如此。各国共同追求繁荣发展，但又存在道路和方针的差异，而且这种差异随着发展的深入愈加明显。因此，建构国家外部认同过程中，单凭记叙或述说无法使受众充分理解与接受，共情修辞可不啻为加强修辞效果并服务于国家对外交往的目的有效手段。我们在两会外长记者会和2022年冬奥会开、闭幕式等修辞文本或大型活动中，都可找到共情修辞的明显痕迹，这表明共情修辞已经渗透入对外话语中，成为获取外部世界认同的途径之一。不过该途径还需要我们加以显化和分析，才能在今后的实践中成为规范化和系统化的修辞范式。

两会期间的外交部部长记者会每年召开一届，主题为"我国的对外政策和对外关系"。在记者会上，由中外记者就会议主题提问，中国外长现场回答。从参与方（中国外交部与世界主流媒体记者）、内容（国家对外政策和对外关系）、发布渠道（官方媒体）等可以看出，该记者会是中国展现对外交往政策与态度并塑造对外形象的重要窗口。每年的记者会都是对过去一年及现状的总结和对未来发展的展望，外长的回答体现了中国对外修辞的站位。我们发现，外长在回答中外记者问题之时，并非仅阐述中国外交客观情况，同时还会在修辞话语中彰显人本主义原则，考虑对方处境，传达关怀意愿，这是共情修辞的体现。我们以两会外长记者会现场资料为语料，分别选取基于认知共情和情感共情的两个案例，探析共情修辞在建构国家外部认同中的重要作用。

例1：

中欧关系当前总体向好，双方之间的共识远多于分歧。特别是面对充满不确定性的国际形势，中欧双方在维护多边主义、反对单边主义和保护主义等方面有着一致立场和共同诉求。另一方面，中欧关系也不时受到一些干扰和影响。我们希望与欧方加强对话沟通，妥善加以管控和处理。独立自主历来是欧洲的传统。我们相信，作为国际上的主要力量之一，欧洲一定会从自身的根本和长远利益出发，保持对华政策的独立性、稳定性和积极性，与中方一道深化各领域互利合作，共同为捍卫国际规则、维护世界和平作出贡献。（2019）

安莎社（ANSA）记者提问欧中应该如何巩固双边关系和互信。外长的回答不仅明示了中方立场，还通过"有着一致立场和共同诉求"彰显欧方"维护多边主义、反对单边主义和保护主义"的态度，其中展现出中方对欧方对该话题的情感倾向及其背后的认知原因，这是共情修辞中从认知共情到修辞呈现的阶段。陈述的客观性与合理性推动赢得欧方受众之认同的同时，也能够为后续论述的观点奠基逻辑基调。同样利用认知型共情修辞的还有随后的"独立自主历来是欧洲的传统"，相比前面相对平直的客观陈述，该句话出现的位置较为特殊。外长率先以"我们希望"表达对欧方的期待，而后使用基于认知共情的修辞话语阐明欧方外交立场，不仅起到事实陈述作用，也是一种对欧方及他国的友好提示，表面有助于赢得受众对该部分修辞内容的认同，实则将认同范围扩展至中方对欧方的期待，夯实了"无意识认同"，是共情心理与修辞手段的巧妙结合。

随后的回答中，外长并未直接表示"欧洲应当"如何做，而是率先对欧洲的"国际上的主要力量之一"这一地位给与肯定，然后站在对方立场上采用建议语气，以"我们相信……欧洲一定会……"的说法直接表达出对欧洲所怀抱的期望和信念。这一方面展现出作为修辞者的中方的希冀，一方面是对欧洲客观立场的阐述和对未来行动方向的友好提示，隐藏其中的认知共情是该修辞话语的产生根源。"自身的根本和长远利益"则是外长从现实角度点明解决该问题的出发点，以理性层面的认知共情视角支持对方做有利于自身利益之事，比直接的命令或祈使语气更有助于促进认同的建构。

例2：

这些年来，金砖机制的成长有起有伏，金砖各国面临的挑战各有不同，但正如习近平主席所说，金砖国家就像五根手指，伸开来各有所长，攥起来就是一只拳头。只要五国团结一心，金砖不仅不会褪色，还会更加闪亮。（2017）

中央电视台、中国国际电视台记者提问对主办金砖国家领导人会晤的深层考虑。金砖国家之间具有深厚的情感基础和强有力的伙伴关系，就诸多国际问题持共同意见。外长此处引用习近平主席之言，将金砖五国喻为五根手指，五根手指攥起来形成的"拳头"代表了五个国家相互团结的状态，暗示国家之间相生相依的关系。从情感层面来看，该比喻句附带了明显的友好情谊，就五国在实际合作事务中的紧密关系来看，中方这一说法合"情"合"理"，既是比喻亦是现实，此基于情感共情的共情修辞有助于拉近彼此情感与认知距离。接下来的"金砖不会褪色，还会更加闪亮"则从未来发展的角度，通过隐喻鼓励金砖国家充满自信、团结一致、共同前行，建立富有金砖特色的共同体。带有鼓励色彩的修辞表达通过与受众实现情感共情，传达情感能量，继承了传统修辞学中的情感诉诸理念，有助于拉近修辞者和受众的距离，促进受众对修辞者的认同。不过需要注意的是，由情感共情促发的共情修辞在外长记者会中的使用远少于基于认知共情的共情修辞，这与国际交往的特殊修辞情境有关，并不能以此断言何种共情修辞或者修辞手段具有更强适用性。

外长对国内外记者的提问所做出的回答中流露出情感共情和认知共情。这两种共情模式交融于国际交往，以共情修辞的形式向国内外受众传达了中国当前的发展态势以及对国内、国际热点话题的态度。我们虽无需刻意塑造或美化国家形象，但是通过共情修辞或可提升话语表达效果，在真实客观的基础上为修辞话语增添人本主义色彩与对受众的情感感染力，拉近修辞者与受众之间距离的同时，为国家外部认同的建构提供必要的受众基础，由点及面地产生国际影响并带来实际效益。

两会记者会上的修辞文本以政治性的外交修辞为主，是一个国家对外传达观点和态度的直接窗口，对中国国家外部认同的建构具有宏观指引作用。除此之外，具有全民性和非政治性特征的体育活动中同样不乏以共情修辞方式传递态度、联结情感和建构认同的痕迹。2022年北京冬奥会开、闭幕式彰显出实现文化自信的中国通过共情修辞吸引世界人民关注、传播正向能量、纠正外界偏见并建构国家外部认同。共情不仅是这两场大型修辞活动整体布局的基础，亦是取得成功的关键。中国作为共情者和修辞者，将受众的情感状态置于重要位置，每个环节无不考虑到受众的情感接受，把受众所看重、所需要、所喜爱的元素串联成浪漫温情的视觉盛宴，收获了媒体和民众的较高评价，有助于间接推动建构中国国家外部认同。

开幕式上的国旗入场环节中，由五十六个民族的代表及各行各业的代表在《我和我的祖国》乐曲声中，将国旗以手手相传的方式传递给国旗班。国旗、国旗班、国歌等元素为各国人民共同尊重，这些元素激起的爱国热情更是人类情感中最为基础的类型之一。虽然开幕式上以呈现中国元素为主，但是传达出的张弛有度的爱国热情具有足够的传染力度，或可激发出世界人民对各自国家的家国情怀。开幕式上运动员出场之前，"冰雪五环"的破冰而出表征的是奥林匹克精神不受外部艰难险阻所扰，尤其在新冠疫情形势依旧严峻的当下，举办冬奥会困难重重，但是奥运五环所象征的奥林匹克精神未被"冰封"，人类命运共同体的理念与精神在五环的映射下显得尤为突出。当各国人民的情感共鸣随五环升起，对和平的向往与追求也弥漫至世界各地。此外，开幕式和闭幕式皆以儿童作为主要表演者之一，"一朵雪花"的故事和"马兰花儿童声合唱团"唱响的《奥林匹克颂》等童真童趣却富有内涵与深情的表演，传递的是纯洁本真、不受外界杂音影响的奥林匹克精神和东道主国家的友好情感态度，此中修辞者的共情努力得以体现（李克、朱虹宇，2022b）。

各国人民共同理解和共同享有的元素虽不胜枚举，但是在冬奥会开、闭幕式这种世界性的体育盛宴上，谨慎选择修辞元素及预设其有可能激起的情感，是中国作为修辞者面临的一大艰巨任务。开、闭幕式在奥林匹克精神的指引下，以国旗、国歌、火炬、五环等为象征，将音乐、舞蹈、科技等作为修辞手段，整体呈现出有取有舍、有理有据的共情修辞印迹。中国和其他各国在冬奥会开幕式上融为一体，各国人民和运动员对开、闭幕式所呈现场景的共情推动建构中国的国家外部认同，同时中国的共情性人文关怀推动奥林匹克精神的弘扬，共情修辞的价值在这一层面体现得淋漓尽致。

二、共情修辞与传播人类命运共同体理念

共情修辞囊括在古典修辞学中就已确立的"五艺"之"修辞发明""布局谋篇""文体""记忆""发表"，人类命运共同体理念的共情修辞传播实践亦需将"五艺"纳入始终。人类命运共同体

的共情修辞传播与共情传播原理相通，该过程也始终处于传统修辞步骤的框架之下，不过更加理论化、具体化和系统化的阐释对梳理共情修辞在人类命运共同体传播中的学理逻辑与实践应用不可或缺（李克、朱虹宇，2022a）。我们在结合修辞情境与传受主体情况的前提下，认为人类命运共同体的修辞传播由"修辞目的（发明）""修辞话语内容（布局谋篇和文体）""修辞话语呈现方式（发表）"的节点来主导修辞过程，针对三个节点塑造有针对性的共情修辞实践措施对催生正向接受效果更有效。

（一）修辞目的的确立以共情为前提

修辞目的可分为普遍和特殊两个层面。通过语言更好地传达信息是具有广泛适用性的修辞目的，所有修辞实践都追求其本身交际目的的达成；而在具体修辞实践中所涉及的是依据修辞情境确立的特殊性修辞目的。修辞活动受修辞者的观点或修辞情境驱动而产生依附点，在一个修辞事件闭环内，修辞目的不随修辞活动的发展而改变，修辞目的为传播活动奠定基调。人类命运共同体的共情修辞传播过程中，共情率先体现于修辞目的的确立。

通过共情修辞视角看待人类命运共同体的修辞传播时，已经将修辞目的缩减为：宏观层面上，对受众做共情了解，并以自身修辞能力为上限产出与共情了解相符合的修辞行为；具体层面上，以共情修辞的修辞模式传播人类命运共同体理念，引导受众正确认知人类命运共同体理念并诉诸行动。共情修辞模式将引导修辞者确立更契合受众情感状态与需求的具体目标，为修辞事件把握方向。传播人类命运共同体是中国面向全球所有国家的活动，但是宏观目标并不能成为具体行动的有效指导，我们仍需依据不同国家甚至不同团体的特点及情感需求将宏观目标切分为可行的具体目标，在此之前的共情了解和修辞规划尤为重要。此外，具有人本主义特色的共情修辞允许对受众进行共情了解之后放弃最初设定的修辞目的，重新开始新一轮的修辞活动。当我们以共情修辞视角重新审视具有不同情感需求的人类命运共同体传播受众之时，可在宏观目的不变的前提下更换具体执行目的。如对待美国和对待巴基斯坦的修辞目的并不相同，与前者进行修辞传播过程中致力于纠正对中国的不实观点，通过人格诉诸和理性诉诸推动对受众积极情感的激起；与后者进行修辞传播的过程中则致力于展示中国方案，建立友好联结，以实质性成果展现人类命运共同体理念的实践价值。

（二）修辞话语内容的设计以共情为基点

话语内容的形成除原始朴素的反映真实事件的描述性语言之外，布局谋篇和文体将零散的话语内容串联成有可能产生修辞反响的文本，也是话语内容呈现的核心。目前人类命运共同体的传播主要依靠话语传达与实际政策等的施行。共情修辞若发挥作用，共情修辞话语则需成为连接目的与效果的纽带。依据共情修辞的运行机制，共情外显于修辞话语而内化于修辞目的，即修辞者率先达成与受众的共情，继而产出带有共情色彩的修辞话语。中国是人类命运共同体修辞传播行为的首要执行者，亦是共情修辞过程中的共情者。具有代表国家意义的修辞者在共情的思维框架下向外界传播修辞话语之时，受众所听、所感、所想都以与自身相似的形式表现于外，据此逻辑推测，共情修辞行为将以修辞者的共情为起点，以受众的共情为终点，情感闭环的完成主要依靠共情修辞话语。

习近平总书记于 2017 年 1 月 18 日在联合国日内瓦总部做了题为《共同构建人类命运共同体》的演讲，其中阐述了构建共同体的时代背景及发展蓝图。演讲中的修辞话语凝聚着大国气魄与担当，成为通过精准适切的话语进行传播的成功案例。演讲以近百年间全球面临的挑战为起点，在情感层面上展现当下人类整体情感状态并做出回应。习近平总书记说道："这 100 多年全人类的共同愿望，就是和平与发展。然而，这项任务至今远远没有完成。我们要顺应人民呼声，接过历史接力棒，继续在和平与发展的马拉松跑道上奋勇向前。"从修辞分析的视角探究这段文字中的共情修辞，可认为前两句话是对"人类愿望"及"任务"的理性认知,亦是对受众情感背后激发因素的客观推理,认知共情由此成为表述共情修辞话语的铺垫。第三句中"我们要顺应人民呼声"则是对受众,即"人民"情感与现实需求的话语呼应,"接力棒"和"马拉松"的隐喻强化显示了和平与发展任务的不间断性、合作性及长远性、艰难性,也是对修辞者担当与决心的修辞表述,从而形成表里合一的修辞者行动与受众情感、认知期待的和谐,微观层面的共情修辞表述由此完成,话语内容的布局谋篇和文体无不显露出修辞以共情为引擎对受众的影响。

(三)修辞话语呈现方式以共情为依托

话语呈现方式是除内容之外承载修辞态度的直观载体,是话语内容的表现形式,其范围依语境和分析目的的不同而变。本研究所论及的话语呈现方式指语气、语调、手势、站姿、文本排列及图画、声音等多模态的展现路径等一切话语内容之外有助于凸显话语内容并塑造话语效果的方式,其作用在于辅助修辞者通过话语呈现达成修辞目的。人类命运共同体修辞传播中的共情修辞机制主体部分虽落于话语内容的产生,但是话语呈现方式可直接影响传播效果,它是修辞传播过程的最后一关,也是获得修辞传播成效之前在形式上起到掌控全局作用的最终步骤。

共情修辞的话语呈现方式在范围上与传统修辞传播的话语呈现方式并无二致,即呈现方式本身并不会因为共情的加入而改变,而共情修辞的思维模式会影响修辞者对呈现方式的选择。当认识到受众的即时情感偏向于兴奋或激动,修辞者可选择含有相同或相似情感的呈现方式传播修辞内容,通过直接的情绪共情与受众成为"情绪共同体";而当受众的即时情感偏向于低落或反感,修辞者无需以同类情感呈现修辞内容,而是可通过认知共情的思维模式明晰受众情感由来,并在掌握所有必要信息之后决定采用带有相同抑或不同情感色彩的呈现方式。

话语呈现方式对演讲类修辞文本影响较为显著,这也正是演讲被当作话语分析重点研究对象的原因之一。2019年10月22日，CGTN通过YouTube发布了一条题为"China proposes community with shared future for mankind"的视频，"一带一路"作为人类命运共同体的构建环节，其背景、提出、践行、发展、挑战、机遇及发展前景皆在视频中展现。人类命运共同体和"一带一路"的提出部分皆使用了习近平总书记的原声录音，此呈现方式提升了视频权威性及震撼性，而且无形中以国家领导人为触发点，激起外部世界对作为大国的中国之信任与认同。从共情角度来看，特定部分运用国家领导人原声的呈现方式不仅是与外部世界所期待的对话方式相契合，亦是对国内受众爱国情感与国家自豪感的满足。除了习近平总书记的原声录音，该视频在快慢节奏的把握、政治场景与其他场景的切换等方面也体现出与传播宏旨的融合，这些细微的线索都彰显出视频制作者作为国家象征对国内及国外受众情感和认知的顾及，是在话语呈现方式上的共情修辞努力。

在以对话为主要修辞形式的情境中，话语方式更明显地表现出修辞者对受众的态度及隐藏于话语方式背后的多重影响因素。2021年3月18日至19日，中共中央政治局委员、中央外事工作委员会办公室主任杨洁篪，国务委员兼外长王毅同美国国务卿布林肯、总统国家安全事务助理沙利文在安克雷奇举行中美高层战略对话。该对话不仅可被看作为捍卫国家利益的沟通，也可被视为一场激烈异常的国际级别的政治修辞事件。两国代表虽然都以维护本国立场为对话前提，但是显然中方的坚决与强硬程度强于美方，至少在态度上强于美方，这在杨洁篪的对话姿态与语气上体现得尤为明显。杨洁篪在阐述中国发展、对人类命运共同体价值的遵循等问题时语气坚定平缓，对中国人民来说有助于夯实爱国情感，而对作为修辞受众的美国来说，则是对其高傲甚至敌对情感的打压。在指责美国在民主治理、国际安全等方面的不足时，杨洁篪的态度转变为愤慨，将中国对美国扰乱社会秩序行为的不满表于语气、音调等话语呈现方式，可对受众产生强烈的情感震慑。虽然杨洁篪的话语呈现方式并未展现共情修辞所定义的与受众实现完全的情感同步与同向，但是中方对受众情感的了解及其产生原因已然掌握，也就是通过认知共情对受众情感有了前期观察与客观预设，修辞事件中的话语呈现方式相应地带有了跳出情感共情而直接进入认知共情的阶段，修辞行为依然归属于共情修辞范畴。这也说明共情修辞并非一味使自身情感与受众完全相同以迎合受众的修辞喜好，而需在深刻认识受众情感的基础上依自身修辞目的选择适切的呈现方式。

第四节　小结

共情修辞将受众的情感、认知等纳入考量，赋予利益交织的严肃的国际交流以人文主义色彩，试图平衡"情"与"理"在国家外部认同的建构中的作用，充分发挥共情的亲社会行为属性。而这种亲社会属性有助于推动修辞者主动且不带偏见地理解受众，为建构修辞者国家的国家外部认同塑造良好的修辞氛围，以共情修辞催生友好情感并获得共同利益。同时，共情修辞依修辞情境结合感性与理性进行修辞话语的设计，在严肃的国际交往场合为情感坚守阵地，在传播人类命运共同体的同时发扬人本主义精神，由内而外地表露出中国作为负责任大国的全球意识。人类命运共同体传播中将共情修辞视为路径之一是因应受众情感与时代潮流之策，更是有效推动外界用行动构建共同体的先行之举。

任何新概念、新理论的产生和发展都建立于继承与创新之上，共情修辞亦是如此。其合理性、有效性及研究价值需经不断地检验和修正。我们希冀通过本研究：廓清修辞一直以来摇摆于逃避与正视之间的对待情感的态度，摆正情感在修辞中不可替代的重要地位；以共情修辞为引擎，将共情正式融入修辞研究并探寻其促进人文主义修辞发展的路径；将共情修辞应用于国际交流与传播研究，最大限度发挥共情修辞的积极作用。

参考文献

1. 弗朗斯·H. 凡·埃默伦. 秦亚勋译. 从"语用－辩证学派"看现代论辩理论与亚里士多德的渊源. 当代修辞学, 2020(4): 36-51.
2. 付迪等. 共情与反共情的整合机制. 科学通报, 2017(22): 2500-2508.
3. 胡范铸. 理论与现象:当代修辞学研究的五十个问题(上). 当代修辞学, 2016(2): 1-11.
4. 李克, 朱虹宇. 人类命运共同体理念的国际传播:共情修辞路径. 山东大学学报(哲学社会科学版), 2022a(2): 88-96.
5. 李克, 朱虹宇. 共情修辞视域下的国家外部认同构建. 华东师范大学学报(哲学社会科学版), 2022b(2): 110-118+176.
6. 李克, 朱虹宇. 共情修辞的学理渊源与机制构建. 当代修辞学, 2021(4): 57-69.
7. 刘亚猛. 西方修辞学史. 北京:外语教学与研究出版社, 2018.
8. Aristotle. *Rhetotik*. trans. Krapinger, G. Stuttgart: Reclam, 2007.
9. Foss, S. & Griffin, C. (eds.) *Inviting Understanding: A Portrait of Invitational Rhetoric*. London: Rowman & Littlefield, 2020.
10. Gladstein, A. Understanding Empathy: Integrating Counseling, Developmental, and Social Psychology Perspectives. *Journal of Counseling Psychology,* 1983(30): 467-482.
11. Zhao, Peiling. Toward an Intersubjective Rhetoric of Empathy in Intercultural Communication: A Rereading of Morris Young's Minor *Revisions. Rhetoric Review,* 2012(1): 60-77.

思考题

1. 相较于传统修辞理论,你认为共情修辞在当今有什么现实意义?
2. 回想一下,你在日常生活中是否曾经运用过共情修辞?结果如何?

1. 巴里·布鲁梅特. 邓志勇, 刘欣, 周思平译. 人类命运共同体的修辞学基础是什么？当代修辞学, 2020(6): 1-5.
2. 胡范铸. 国家和机构形象修辞学：理论、方法、案例. 上海：学林出版社, 2017.
3. Blank-Libra, J. D. *Pursuing an Ethic of Empathy in Journalism.* New York: Routledge, 2017.
4. Gladstein, A.G. Understanding Empathy: Integrating Counseling, Developmental, and Social Psychology Perspectives. *Journal of Counseling Psychology,* 1983(4): 467−482.
5. Rogers, C. Empathic: An unappreciated way of being. *The Counseling Psychologist,* 1975(5): 2−10.

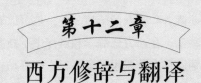

第十二章
西方修辞与翻译

第一节　西方修辞与翻译的关联

　　西方修辞学与翻译学两个学科自成体系，又互有关联。在西方，修辞学传统源远流长，知识传统丰厚。翻译研究自20个世纪下半叶成为独立学科以来，在过去的几十年中发展迅速，借用不少其他学科知识用来丰富翻译理论，修辞学为其来源之一。修辞是有效进行演讲或写作的艺术，是美学辞格手段，还包含了价值与论辩等认识世界的方法。总而言之，它是一项有效运用语言符号，通过修辞者与受众的互动，诱导、说服和影响受众的系统性研究和实践活动。翻译则是一种有着特定目的的跨语言和跨文化交际行为，原作者、译者与读者都是翻译活动的参与者。西方修辞学与翻译学虽为两个不同的研究方向，但在很多方面都相互关联，这些关联是西方修辞学与翻译学得以进行交叉研究的基础。

　　在西方历史中，修辞与翻译的关系源远流长。西方译学理论滥觞于古罗马著名翻译家西塞罗，而西塞罗还是众所周知的演说家与修辞学家。在其修辞学专著《古罗马修辞术》中，修辞与文体的作用得以充分强调。西塞罗还在《论善与恶之定义》中展现了对翻译理论的阐释，他认为由于词与词义在功能上不可分割，而修辞手段以这种词与词义的自然联系为基础，因此不同语言在修辞手段上就有了相通之处，翻译也随之可以做到风格对等；译者在翻译中应像演说家那样，使用符合古罗马语言习惯的语言来表达外来作品的内容，以吸引和打动读者和听众的感情等等，都可以看出修辞研究与翻译研究的密切联系。在西方修辞学和翻译学不断融合的研究中，可以发现修辞与翻译存在着紧密的联系，它们都贴合现实社会，出发点都是为了消除差异，化解分歧，促进理解，且都是运用语言象征，面向受众的交际活动。这些关联性主要体现在下面几个方面。

一、语言与语境方面

修辞和翻译都是以语言象征为主要手段，语言性是两者的共性。修辞是"有效使用象征的艺术"，所谓象征，是指以语言为主的信息交流符号，修辞的过程始终离不开语言的参与。翻译运用文字的象征力量，是一种有目的的跨语言和跨文化活动，翻译过程从未脱离语言的参与，理解、解释与使用语言是修辞与翻译的共同特征。

修辞主要着重于话语以及话语对人的作用，即修辞学语言关注的不是词语本身的意义，而是话语的效果，重在面向受众，使话语有效影响受众；而翻译则关注两种不同语言的转换，是各种关系与意义的重建，也可以说是一种跨文化象征符号的重建。但对于修辞和翻译而言，语言都是作用于人的主要媒介，无论是使用一种还是多种语言，这一点都不会变，因为人类都通过语言描绘其所思所想。

我们今天提出的翻译概念不仅是从一种语言到另一种语言的纯技术形式的翻译，而且是从一种形式到另一种形式、从一种文化到另一种文化的翻译，这是通过语言作为媒介来实现的（王宁，2006）。世界之所以只是一个世界，是因为它需要用语言来表达。世界是用语言表达的，语言就是世界观。伽达默尔认为，翻译和其他超越自身语言边界并可能达成相互理解的例子充分表明，人所生活的真正语言世界并不是一种阻碍对自我存在认识的藩篱，相反，它基本上包含了所有可以扩展和增强我们观点的内容。在某个确定的语言和文化传统中成长起来的人看世界的目光显然不同于另一种传统的人。由于每一个这样的世界都属于语言构成的人类世界,就从自身出发而对一切可能的观点,并对其自己世界观的扩展保持开放并相应地向其他世界开放,伽达默尔的这一观点深刻地阐释了修辞和翻译通过语言沟通弥合分歧的理论基础和实践的可能性(陈小慰,2013)。

　　语境也是修辞研究和翻译研究的共同点。在这两个研究领域中,经常出现场景和语境等学术话语。在修辞研究中,伯克强调任何话语都是发生在特定场景下的有目的的人类活动,这里的场景也就是语境。劳埃德·比彻将修辞定义为对特定情境的话语反应,认为情景语境使修辞话语产生意义,修辞情势必须作为修辞话语的必要条件而存在,话语在切合情势的过程中产生修辞意义,情势制约着修辞应对策略。在翻译研究中,语境是翻译行为产生的具体环境,通常可分为语言性语境和非语言性语境。语境通常是指翻译行为本身的语言环境,包括搭配、上下文、语义之间的联系等;非语言性语境指时间、空间、题材、读者对象及相关的社会文化背景等。诺德则把语境因素划分为文内因素和文外因素。文内因素包括题材、内容、预设已知信息、篇章结构、非文字成分、词汇特点、句子类型、文体特征等;文外因素包括作者、作者动机、接受者、交际手段、交际地点、交际时间、交际目的及功能。对译者来说,语言和文化语境能使语义更加确定。在当代语境中,修辞和翻译之间关系密不可分,二者都努力创造一个友好、互信的世界。

　　修辞与翻译不仅强调与语境的切合性,还强调根据具体情景,对语境进行重构,包括对事实的策略性构建,从而达到修辞目的。

二、动机与受众方面

　　翻译和修辞在动机和目的上存在共识。伯克认为,正是因为人与人之间存在对立或分歧,才需要通过沟通和交际化解分歧。修辞是包含某种目的或动机的行为,翻译归根到底也是实现特定目的的活动。由于人类世界存在鸿沟、分歧以及与传统或习惯体验割裂的行为，修辞的基本动机就是消除这些分歧，促进相互之间的了解。而翻译的目的也是帮助来自不同语言文化的人们更好地相互沟通理解、化解隔阂、弥合语言和文化的鸿沟。修辞通过论辩使听众认同并确认某种真理，而身处不同语言不同文化背景的人只有通过翻译和转换才可能进行交流。翻译和修辞关注的焦点都包括如何消除差异，使交际变得更加恰当有效。

具体来说，修辞和翻译都有其在特定语境中通过影响受众而加以实现的动机与目的。受众是修辞论辩的听众，亦是翻译的对象，因此在修辞研究和翻译研究中，受众都是实现修辞动机的参与对象和行为对象。以受众为中心的理论源自亚里士多德的修辞学说，佩雷尔曼进一步提高了对受众的关注度，系统性地提出所有论辩的发明构思都与受众有关，所有论辩的出发点都是基于受众，自始至终，论辩的分析与展开都建立在听众会对其认可接受的基础上。修辞是通过语言文字对读者或听众进行说服的论辩活动，要想说服受众，必须了解受众，这是确保论辩话语有效的前提条件，任何言辞都必须以受众为转移。伯克也强调了听者在建构话语时的重要性，"认同"说的理论基础便是源于对受众重要性的关注。要想说服受众，必须了解他们，这是确保论辩话语有效的前提条件。受众不是被动的接受者，他们发挥着决定论辩质量以及修辞者行为的重要作用。但受众的本质特征还是修辞者意欲影响的对象，所以大体上来说，以受众为中心的原则可以被视为一种修辞策略，因为真正重要的地方在于修辞者促使受众改变自己原来的看法、态度或行为，按修辞者的意愿行使这一修辞的根本任务，这也是修辞者修辞运作的集中体现。修辞者会采取各种有效的说服手段，根据受众的具体情况决定说什么和怎么说，来更好地完成这一任务。任何修辞行为都离不开修辞者和受众的互动，受众意识有助于修辞者在准备论辩或书写时能更好地组织话语，从而更有效地说服听众。

修辞者与受众的关系是修辞中至关重要的关系,这种对受众的重视在翻译研究中也颇有体现。阿诺德认为在翻译过程中读者应被视为重视对象,奈达认为应把读者反应作为一个系统,注重交际和语用的翻译理论家们对受众问题都予以高度重视。面对不同的受众,不仅要改变说话方式,还要改变想表达的内容。在不考虑观众背景知识的情况下向他人传达同样的想法是不现实的。翻译策略的选择受许多因素的制约,其中翻译受众及其参与程度这一因素尤为重要。因为受众在很大程度上影响甚至可以决定译者对于合适翻译策略的选择。翻译的功能学派就认为译作应该具备可接受性,应该顺应接受者所处的环境,帮助他们理解译作。读者作为译作的预期受众,知识范围受其文化制约,有他们特定的预期与交际需求。受众作为决定翻译目的与动机的重要因素之一,在翻译研究中的重要性可见一斑。

总的来说,这些动机与受众上的共识,决定了翻译与修辞两者之间关系密不可分。

三、现实交际方面

交际是修辞和翻译的基本特性。修辞的定义与交流和交际直抑或间接相关,并在人们现实生活领域发挥着重要作用。翻译的存在从根本上来说也是为了帮助使用不同语言、来自不同文化的人们进行交际。修辞和翻译都是为实践服务的学科,因此都具有很强的社会和现实特性。刘亚猛(2004)指出,在当代西方,修辞不仅不露声色地支撑着交流、传播、公关、广告及各种形式的宣传,为所有这些以象征手段调节舆论和态度的行业提供了基础观念、总体思路和基本方法,而且在保证国家根本体制的正常运转、构筑主流意识形态、维持和增强所谓的软实力等事关社会和民族兴亡盛衰的要害利益上,起着举足轻重的作用。

将翻译与修辞融合而产生的翻译修辞学关注各种现实翻译问题,尤为强调"围绕特定目的,针对特定受众,审时度势,积极作为,运用象征资源促成预期变化产生的思想和实践",对有效回应现实关切,"提升国家对外形象和加强对外沟通理解合作具有十分积极的意义"(陈小慰,2021)。在对外翻译中努力保留中国国情和中国特色,同时也充分考虑在翻译过程中所涉及的各种纵横交错的语境因素和关系,尊重译语受众的文化和语言习惯,有针对性地进行调整,让受众愿意倾听,充分发挥翻译的作用,进而更好地使原文要旨和文化特色对译语受众产生有效影响。

在多元文化的当今社会中,修辞更是成为改善人与人之间、国家与国家之间关系的手段,它在政治、宗教、外交、新闻、司法、经贸、文艺等各方面发挥着作用。语言并不像人们习惯所想的是一个单纯的交流工具,而是具有实际价值的。它与现实的经济和社会密切相关,并对其产生重大影响。而翻译活动也起着构建语言、文化和社会的重要作用。翻译是不同国家之间开展各种联系的纽带,它在政治经济与科技文化等方面的交流,国家形象的宣传与捍卫,乃至人们的日常生活中都起着十分重要的作用。翻译在受到社会意识形态影响的同时也在改变社会的面貌。所以翻译与修辞作为为实践服务的学科,在区域交流、学科建设等各项交际活动中都发挥了其重要作用。

第二节　修辞之于翻译

修辞视角的研究对翻译研究具有一定程度上的指导意义。修辞注重有效使用象征资源,关注话语在受众身上所产生的影响和效果,这样译者在从事翻译实践和进行译文评判时就能得到很好的启发。译者可以跳出文本对应、文本对比的传统思维局限,学会从修辞层面,特别是从影响译语受众的角度,来思考译文的得体性;并以受众为中心,精心设计译文话语,充分考虑话语的修辞力量以及译文对受众的翻译效果和有效影响。

传统对翻译过程的描述是从理解到再现的过程,而从修辞角度来看，翻译的过程是把握原作修辞动机、语境重构、影响受众的过程。译者要在理解原作的基础上，以实现译文的修辞动机为出发点，帮助受众克服局限性，在译语语境中对原作内容和语言进行再表述，让原语文本能够在译语语境中有效影响受众，诱导受众产生预期的认识及判断的一种行为。

当代修辞的原则之一就是随语境和对象变化而加以顺应，变换话语。由于语言、文化的差异以及整个语境的变化容易催生种种制约因素，一些对原语受众有效的修辞话语，对译语受众可能恰得其反。从有效影响译文受众的修辞目的出发，翻译的过程显然不是一个简单的文本再现过程，而是一种通过与译文受众的种种互动，运用修辞策略来克服限制，重构语境的过程。我们将从以下四个方面探究修辞对翻译的作用与影响。

一、翻译中的修辞动机

与普通修辞者有些不同，译者必须以原作为基础，根据翻译行为发起人的要求，明确翻译行为的修辞动机。在尊重原作、揣摩其修辞动机、分析其修辞策略的基础上，通过对译文的修辞运作，使原作在目标语境中转化为能够对目标受众产生有效影响的修辞文本。

翻译行为开始之前，译者首先要明确译文的修辞动机，也就是说，译文需在哪些方面来说服影响受众。例如，是要受众采取行动，认可某种态度；或是要向受众确认某个事实；抑或是要激发受众的情感，接受某种观点；还是调动受众参与改善某个具体问题。伊格尔顿曾说，意义不是简单地用语言表达或反映的东西，它根本上就是由语言创造的。这一论断实际上也强调了文本自身才是译者赖以理解的对象。所以译者要对原作意义有较好的阐释、理解和把握，而非译者单方面自发自为的行为。翻译总是置身于特定语境中，语境决定并影响词语的具体意义。虽然对原文意义的阐释从来就不单单是对原文事实的客观观察，一定会受到译者的翻译目的与社会背景的影响。而从翻译作为修辞活动的意义上说，译者是对原作文本意义的阐释，是为了把握其修辞动机，了解其影响原语受众的修辞策略，领会其话语的修辞价值，是完成翻译行为之前的必要准备。

二、翻译中的修辞语境

刘亚猛指出，西方话语传统赋予修辞的任务首先是研究如何根据面临的"修辞形势"产生、发掘、构筑和确定恰当的话题、念头、主意、论点，确定按语境要求"说该说的话"，这是有效影响译语受众的前提。译者要注重在内容和表达形式上重新建构话语，与受众建立认同联系。因为当缺乏共同经验时，交际便容易引起误解，要有效地进行交际，有必要累积共同经验。为了达到认同的效果，译者要在内容上针对受众的局限性，努力使译文话语在受众眼中是真实可信的，获得认同。与此同时，根据受众目标群体的不同，翻译的形式也要相应改变，更加需要注重话语表述规范。

详细来说，在内容方面，译者应在对原文进行分析的基础上，对原文事实进行精心选择和构建，围绕修辞目的，运用译文修辞话语，凸显某些内容，回避或淡化另一些内容，重构语境，以有效影响受众，实现预期为目的。佩雷尔曼认为，事实需要靠话语来呈现，因为事实本身不能自明，只有在受众认可其为事实时才能使其成为事实。翻译话语是一种对受众产生影响的过程，实际上就是译者有效论证某些事实、让受众对其信服、信奉的过程。对译者而言，原文就好比由各种各样的事实构成的整体，需要译者根据翻译行为的修辞动机来精心选择凸显或掩盖的内容。对那些有利于实现预期翻译目的的事实，译者需赋予它们在场的特质，有意识地提及与强调；而对那些无助于有效影响受众，甚至起反作用的事实，则应该做出必要的淡化或删减处理，进行刻意回避或掩饰。

在形式方面，需要根据受众和语境的特殊性进行适当的修辞调适。奈达提倡通过调整或重组，在译语中产生正确的对等形式，适应译语读者的经验。这里的调整或重组主要是指形式上的改变。但修辞的翻译则指顺应译语受众,对文本进行重新建构,不仅在表层形式上,有时还需要在内容上,可以把其视为一种再构思和再表达,即用切合语境、顺应受众的不同话语来说服译语受众,用译语受众能够接受的方式去传递原作内容。

由上可知,语境在翻译中的作用至关重要。实际上,以上关于翻译中的语境角色的讨论主要是一些传统的观点。近年来,有学者(陈小慰,2022)将翻译中的语境升级为"修辞语境"(rhetorical context),并对翻译中的修辞语境做了深入阐述。根据陈小慰(2022)的观点,修辞语境的提出基于比彻提出的修辞情境的理念。翻译的修辞语境一般指的是一切与翻译行为相关的修辞语境要素。它涉及促使翻译行为产生的需求或缺失、译语受众及所有与翻译话语选择和产生相关的人、事、物、关系等修辞局限和制约因素,包括原文作者/机构、翻译发起人/委托人、原作、译者、议题、文本类型、特定交际场合和各种关系。由此可见,翻译中的修辞语境可理解为比彻的修辞情境在翻译行为中的映现,当然,该概念是对翻译中的语境理论的有益补充。因此,在翻译过程中,译者既需将传统的语境考虑在内,也需将翻译的修辞语境融到翻译实践中,从而创造出受众所认同的译文。

三、翻译中的受众

伽达默尔认为,应该相信受众在阅读中会愿意"以灵活开放的心态,随时准备质疑并改变自己的固有信念"。这从某种程度上也是对受众的一种尊重。虽然差异是客观存在的,但需要相信受众的判断力,相信受众接受新知的能力,就能够与之进行对话。同一种修辞在不同文化的价值体系中会得到不同的评价,如果仅仅只是复刻原文的修辞话语,可能在理解层面上会给译文受众带来各种困难和不适,那么影响受众将无从谈起。所以译者有必要对译语受众可能面临的局限进行想象预设,因为要想说服受众,必须了解他们,这是确保翻译话语有效的必要前提条件。

要了解受众，最首要的是要看到限制因素。受众不可避免地受到语言本身的制约。由于语言的差异，原语中有些词和它们在译语中的对应词只在语义方面有着部分对应，也称之谓部分重叠。受众无法从直译的译文中正确和充分领略其基本词义，如 cast pearl before swine（对牛弹琴）。这些来自日常生活、具有丰富文化内涵的隐喻是造成受众阅读限制的阻碍因素。其次，受众还受到译语习惯、意识形态和视阈等整个社会文化环境的制约。伽达默尔说语言就是文化，是由于文化是相互认同、同属某一群体的人们共同拥有习得并代代相传的信仰、风俗、价值观、行为、制度以及交际方式的积淀总和。由此可见，文化意义远远超出人们说话和写作时使用的词语本身。语言观就是世界观，民族和文化特征因素在话语理解和传达中，同语言资源一样重要。惯习是人们通过长时间的生活实践，累积下来、被视为理所当然的一种习性。它促使行动者以某种方式采取行动或做出回应，并产生习俗、观念、态度，这也是社会中所有成员的行动原则，它们并未受到任何法则的有意识的调控与支配，都以正常状态存在。而当谈到为某个社会群体所共同拥有的预设、信念和价值系统，就需要谈到意识形态这一更深层次的文化。作为一种观点、见解或观念，意识形态是某个时代和某个社会为人们所接受的，由观念和态度构成的概念网格，而读者和译者正是通过这一概念进行阅读和处理各类文本。一个民族普遍接受的表述传统，在另一个民族眼里很可能被认为是离经叛道，偏离了社会传统。例如在欧美地区，报道一些性感女性着装较为普遍，而放到一些阿拉伯地区就需要规避当地的禁忌文化内容。这也就是伽达默尔所谓的视阈，即一个人领会或理解事物的构架或视野。每个人都处于某个传统和文化之中，并因此而处于某个视阈，文本的意义是在那个视野中被确定的。译语受众显然和原作处于不同的视阈。

再次，修辞传统的差异是译语受众面临的另一个局限。汉文化的修辞传统对文体风格与辞格比较关注。六朝骈体文的盛行更是使语言之美发挥到了极致,其影响流传至今。总体表现为喜欢凝练概括、简洁含蓄;重视词句整齐对仗、声韵和谐,讲究辞藻华丽、渲染烘托;大量使用比喻意象;喜用均衡对称的并列结构,并且汉语话语修辞也更喜欢正向表达、趋吉求利。在话语修辞策略方面,中国传统文化追求语言行为的自我连贯性或一致性,修辞特点体现为顺乎群体的规范,不轻易改变既有措辞、口径与说法。同时,崇尚谦逊的汉文化礼貌规范又在应酬方面发展出大量的自谦表达,体现出独特的自贬应答修辞策略。而西方修辞则起源于古希腊时期亚里士多德时代,建立在论辩和说服传统之上,最高层次的艺术不应让人察觉到修辞艺术是其核心原则。西方修辞学鼻祖——亚里士多德告诫修辞者应该修饰文本而让人察觉不到,侃侃而但听起来却自然而然毫不造作,唯有如此才有说服力,而不这么做则谈不上能说服受众,因为如果辞章的刻意创造显而易见,受众就感觉作者似乎别有所图,进而产生恶感。这一修辞传统造成西方话语推崇修辞文本要在表面上看似平白低调、质朴自然,不过分张扬,实际上精心构筑,耗神费力。在大多数西方人看来,过于夸张的修辞反而可能会弱化话语的修辞效果,过多地关注话语中的修饰性比喻反而可能会消解修辞目的。总之,修辞者需根据不同的受众和需要而运用不同的修辞语言。

　　但由于译语受众生活在由完全不同的观念、价值系统、语言系统和修辞传统以及社会和道德规范组成的另一个文化中,观念上的思维定式以及所处的视阈都会对理解产生影响,所以在接触其他文化时,往往会受既定思维观念的影响,用本国语言文化的意义系统阐释自己不熟悉的语言文化。即使译者本人精通不同语言、不同文化,也不可避免地会受到自己所处的语言文化环境和文化意识形态的影响。文化差异常常会导致错误传达信息并引起尴尬局面。除了顺应受众、建立认同,译者还要根据修辞目的,适当异化。通过取悦、调适、顺应、认同来影响并劝说受众只是修辞者完成修辞任务的一种方式，修辞者往往还需要通过对语言的异化，以及对受众施加各种有形无形的压力，来促使他们按照自己的意愿来改变态度或观点，因为修辞就其本质而言是一种非强制的互动手段，这历来也是西方修辞自我定义或自我表述的一个重要组成部分。说服的过程本质上是要争取对方在有争议的问题上认同于自己所持有的观点。对受众的顺应从根本上说是一种策略手段，也是一种扩大受众视阈的双赢互动过程。译者作为理解者和解释者的任务就是为受众扩大视阈。在顺应受众的同时，也要根据修辞目的，在一定程度上给受众不在预期内的他国的异化，帮助受众体验这种异化，接受新的预期，使其与文本达到视阈的融合，并最终实现修辞目的。一定程度的异化是必要的，认同感的建立，并不意味着译者总是要为受众提供他们熟悉的东西，或总是要按照约定俗成的译语风格来改写译文。不在自己原有视阈内的东西可以给人新意，偏离常规也能产生特殊的效果。

所以需要根据修辞目的的需要，译者需精心设计话语，至少用受众乐于接受的方式，改变他们的想法，以期达到修辞动机，对他们施加一定程度上的影响。

四、翻译中的整体修辞意识

拥有整体修辞意识，就是要以译语受众为中心，建立认同，并在内容和形式上进行必要的调适，运用受众熟悉的方式有效地进行说服，使受众在愿意倾听的基础上，了解并认同接受译者欲加以影响的内容。其中，关键的是使用合适的象征资源，运用恰当的说服手段，具体表现在确保译文语言让受众感到言之有理，使其信服；运用得体的诉求策略，恰当运用修辞手段，满足受众预期，激发受众情感。

要让受众感到言之有理，确保译文内容可信，就要根据译文受众在价值观与文化背景等方面的差异及修辞目的，进行调适，努力使原文信息在译语语境中言之有理，令译文读者信服。对容易引起受众质疑、妨碍其信服的信息要予以淡化处理或做必要调整。而要有效影响受众,就要诉诸受众的情感,得体运用诉求策略与修辞手段,拉近与受众的距离。修辞手段与生活体验、文化背景等联系特别紧密,使用时需注意切合语境,顺应受众,重在恰当,提高话语的美学表达效果,使语言表达更加富有说服力。诉求策略与修辞手段应用的恰当程度直接关系到受众对修辞话语的认同与否。

因此,在不同的翻译文本中,由于语言的组篇不相同,受众的预期也不相同,所以应使用不同的修辞策略与手段来实现修辞动机。例如,在新闻报道中,由于历史上骈体文的影响和中国人的赏古文风,汉语讲究词句整齐对仗、华丽抒情,重视含蓄隽永、声韵和谐,这些特点反映到其新闻用语上,往往表现为大量使用修饰词语、抽象与铺张的比喻、套语和诗意语言,用词华丽但有时含义匮乏。而英语新闻比较讲究信息性,娱乐性,新颖性,表现出富于人情味等。在语言表达上比较简洁明了、偏重客观表述事实和传递具体信息,喜用简单短小的单词代替复杂的长单词,而非过于华丽的语句。另外,从受众阅读习惯上看,汉英民族也存在不同。许多汉语读者喜欢华丽、抒情的文体和热情奔放的语言,容易为其所感染。但西方读者往往更习惯于相信就事论事的陈述,不喜欢感情色彩过于显露。就文学语篇而言,文学语篇的文学性与形式息息相关,体现在使语言信息成为艺术的东西。译者要根据受众对文学语篇话语形式的预期,用熟悉的组篇方式和语言,尽可能保留原文的修辞形式,让受众充分体验原文的世界。

还需注意的是,在翻译中由于语境的变化,保留原文话语的直译有时可能在译文中恰恰不美,而需要换一种表述方式进行调整。如,在广告宣传中,预期目的是促销,让受众接受翻译话语,对其信服,从而诱导受众完成购买行为。同时,汉英在广告话语建构方式上存在很大不同。汉语广告的组篇方式特点为讲究工整对仗,喜用四字成语和并列结构;而英语广告句法上的特点则为大量使用祈使句与疑问句等口语式的句子。因此，这就需要译者重新建构广告话语，针对文化差异，对其进行本土化处理。

第三节 小 结

在当今社会中，随着区域交流的推进，多元文化也在相互交融，修辞与翻译在交流活动中都起着举足轻重的作用。通过话语形式，促进相互隔离的人与人之间的有效和解，是修辞的根本任务。而翻译作为与人密切相关，对人产生影响的跨语言跨文化活动，也可以被视为一个修辞行为。从修辞的视角看，翻译面对的是作为现实世界受众的人。作为修辞者的译者有效地运用象征资源，才能使他们对译文话语产生认同和信服，进而达到说服、影响其改变态度或采取行动的修辞目的。西方修辞学与翻译学这两个学科可谓相辅相成，两者的结合可以开拓和深化学科视野，把修辞研究对象和适用范围扩大到不同语言和文化之间。深入研究翻译修辞，是"时代的要求，也是学科可以从中获取更多生命力、价值和意义的所在"（陈小慰，2021）。同时，翻译研究中积累的跨文化翻译成果以及与现实社会生活紧密联系的各类真实例证，对进一步深入开展修辞研究也都具有重要价值。

1. 陈小慰. 翻译与修辞新论. 北京：外语教学与研究出版社，2013.
2. 陈小慰. 再论翻译与修辞的跨学科融合研究. 英语研究，2021(2)：131-142.
3. 陈小慰. 论翻译的"修辞语境". 上海翻译，2022(4)：5-10。
4. 刘亚猛. 追求象征的力量：关于西方修辞思想的思考. 北京：生活·读书·新知三联书店，2004.
5. 王宁. 视角：翻译学研究. 北京：清华大学出版社，2006.

> **思考题**
>
> 1. 列举在生活中观察到的真实案例,分析说明修辞和翻译在区域交流以及其他方面的交际中所发挥的重要作用。
> 2. 在当今世界交流愈发频繁的大背景下,修辞与翻译的地位也愈发重要,请试着探索其原因并发现二者在交际活动中的共通之处。

推荐阅读

1. 陈小慰.译有所依——汉英对比与翻译研究新路径.厦门:厦门大学出版社,2017.
2. 冯全功.文学翻译中的修辞认知研究.杭州:浙江大学出版社,2021.
3. 谭学纯,朱玲,肖莉.修辞认知与语用环境.福州:海峡文艺出版社,2006.
4. 谭学纯.文学和语言:广义修辞学的学术空间.上海:上海三联书店,2008.

第十三章
西方修辞与写作

本章内容聚焦西方修辞学与写作研究的紧密关联,旨在回顾西方修辞与写作的交叉研究的发展,阐释西方修辞学对写作理论及研究路径的范式导向,梳理西方修辞理论对母语写作、二语写作研究和教学实践的深远影响,概览西方修辞学与写作在当代中国语境下的研究现状。

第一节 西方修辞学与写作的关联

西方修辞学作为一门旨在劝说的雄辩艺术,自诞生之初,就成为教育领域的核心科目,与语言文字素养密不可分。作为口头文本的产出与阐释活动,修辞为教育的发展提供了不可或缺的有力支撑。亚里士多德时代的修辞作为劝说与反驳的演说艺术不仅成为培养学生雄辩口才的重要手段,也为西方人文学科的建立与发展打下坚实的基础。随着人类社会的不断发展与需求变化,修辞学的理论重心与教学实践也发生了相应的转变,由单纯的演讲艺术发展成为诱发合作的多形式、多模态的象征手段。在此过程中,写作逐渐成为西方修辞学的研究对象和关注焦点,基于修辞学的写作素养与写作教学也发展成为人文教育的核心内容。

西方修辞学理论的经典内容为写作研究奠定了基石,提供了重要的理论支撑与参照,也为写作理论的建构与发展和实践教学的改革与创新提供了范式导向和现实指导。西方古典修辞学中,亚里士多德的修辞三诉诸：人格诉诸、情感诉诸、理性诉诸不仅为演说活动提供了核心参照准则，也成为分析写作文体与探究写作行为的重要理论框架。人格诉诸准则提示了写作者的主体性，为分析写作文本中作者的自我表征与身份建构模式提供了理论视角。情感诉诸准则反映了写作参与者的主体间性，为探究作者与读者的介入互动模式提供了重要参照（Hyland，2005）。理性诉诸准则凸显了写作文本的语篇逻辑，为呈现写作文本中的语步推进和体裁特征提供了分析框架。古典修辞学中强调的演讲语篇的类型划分和三段论、省略式三段论的推理模式，为写作文本的拓展提供了重要实践参照。中世纪的西方修辞学更加关注诗歌、经文、书信、法律公文等不同书面语篇的写作风格，并发展成为人文素养教育的核心学科。文艺复兴时期的修辞学通过对修辞格的探究，更加细化了对写作文体特征的分类与描述，也为写作文体的发展提供的理论支撑。19世纪的西方修辞学更加重视文学作品的赏析与教学，也明确了写作作为修辞学分支的重要地位，凸显了文学创作与人文素养在教育中的重要地位。

进入20世纪，西方修辞学在后现代主义哲学思潮、认知心理科学发展和社会文化观的影响下，呈现出了新的理论与范式转向，深化了对写作研究与实践的指导意义。20世纪60年代，当代西方修辞学的代表人物，肯尼斯·伯克（1969）提出了"同一"的重要概念和理论框架，对英语写作教学具有重大的指导意义（邓志勇，2010）。20世纪80年代，以Miller（1984）和Bazerman（2013）为代表的北美新修辞学派更加聚焦写作文本建构的交际目的、社会属性和社会文化语境（Devitt，2015），关注写作文本中体现的权利、身份和体裁的动态性（孙厌舒、王俊菊，2015）。基于新修辞学派的社会认知理论框架，写作体裁理论得到了发展与突破，呈现出动态性、情境性、二重性、社群支配性、交际目的性的特征。当代修辞理论中的现时—传统修辞学派（current-traditional rhetoric）、表达主义修辞学派（expressive rhetoric）、社会认知修辞学派（social-epistemic rhetoric）也深刻影响了写作研究与教学的写作成品—写作过程—写作后过程的发展路径。综上，修辞学为写作理论的建构与发展和实践教学的改革与创新提供了理论支撑、范式导向和现实指导。

一、修辞与写作作为一门学科

西方修辞学与写作研究、实践、教学的密切关联，逐渐促成了一个新兴学科方向——修辞与写作（Rhetoric & Composition）的产生与发展。作为独立的学科和研究领域，修辞与写作发端于19世纪80年代美国两年制学院和综合大学开设的跨学科基础写作课程，大致经历了孕育期、发展期和壮大期三个发展阶段。修辞与写作学科的诞生具有鲜明时代背景。随着北美高等教育的普及、大学的扩招及学科分类的细化，学业写作素养要求与入学新生写作能力欠缺之间的矛盾日益凸显出来。为解决这一问题，哈佛大学在1874年首次将英语写作要求纳入招生标准，并于1885年在全校范围内开设了跨学科英语写作基础课程，为修辞与写作课程的开发提供了早期范本。1949年，首届"大学写作和交流研讨会"（the Conference on College Composition and Communication，简称CCCC）在美国召开，标志着写作研究学术群体的正式确立。1950年，首份写作研究的学术期刊《大学写作和交流》（College Composition and Communication，简称CCC）正式发行，为写作研究学者提供了崭新的成果发表与交流平台。1963年，CCCC学术会议的将大会主题设定为"面向一种新修辞学"，标志着修辞与写作学科地位的正式确立，也反映了写作研究与教学实践群体达成的共识—从修辞学的历史和理论中寻找如何教授写作的灵感。

20世纪70年代，修辞与写作学科进入了发展期，其学科地位得到了很大的提升，学科建设也获得了长足的发展。在传统西方修辞学理论的基础上，修辞与写作学科吸收了语言学、应用语言学、认知心理学、社会语言学等多元学科的研究成果，为其研究理论、研究方法、教学实践发展不断注入新的活力。该时期涌现的写作过程革命（process revolution）对基于传统修辞学的写作成品导向和传统语法教学提出了批判与挑战。随着认知学科和科学方法的不断发展，修辞与写作领域的学者与教学实践者们提出了写作过程的认知模型（Flower & Hayes，1981），强调写作是一个探索发现和意义建构的过程（王俊菊，2005），推动着修辞与写作的研究范式从写作成品发展到写作过程。

20世纪80年代，在后现代主义、社会文化理论、批评话语理论等的影响下，修辞与写作进入到后过程（post-process）（Trimbur，1994）写作的研究范式和发展阶段，学者们更加关注社会转向的写作研究，透过后认知主义视角将写作素养归类到意识形态领域，将写作行为视为一种公共的、互动的和情境式的社会文化活动而不仅仅是一种内在的心理认知活动（McComiskey，2000）。20世纪末至今，修辞与写作作为一个学科方向进入了发展壮大时期，其学科建设获得长足的发展。从学术生态建设层面看，代表性的修辞与写作期刊日渐发展成熟（参看表1）为不断发展壮大的写作研究群体建立了修辞与写作成果发表的平台，定期召开的修辞与写作学术会议（参看表2）为广大写作教师群体提供了修辞与写作教学研讨的路径。从学科教育层面看，全球更多的高校建立了修辞与写作方向的博士授予点、开设分门别类的修辞与写作课程，成立了旨在提升在校学生写作素养的跨学科写作中心。新时代背景下，修辞与写作作为一门交叉融合、学术活跃的学科领域正张开双手迎接崭新的发展。

表1　修辞与写作专题国际核心期刊

期刊名称
Across the Disciplines
Applied Linguistics
Assessing Writing
College English
Community Literacy Journal

期刊名称
Composition Forum
Composition Studies
Computers and Composition: An International Journal
Computers and Composition Online
Currents in Electronic Literacy
J.A.C: A Journal of Rhetoric, Culture & Politics
Journal of Basic Writing
Journal of English for Specific Purposes
Journal of English for Academic Purposes
Journal of Second Language Writing
Journal of Teaching Writing
Kairos: A Journal of Rhetoric, Technology, and Pedagogy
Language & Communication
Literacy in Composition Studies
Philosophy and Rhetoric
Present Tense: A Journal of Rhetoric in Society
Rhetoric Review
Rhetorica
Rhetoric Society Quarterly
Teaching English in the Two-Year College
Technical Communication Quarterly
Writing Center Journal
Writing on the Edge
The Writing Instructor
Writing Lab Newsletter
WPA: Writing Program Administration
Written Communication

表2 修辞与写作专题国际学术会议

会议名称
Association for the Study of Law, Culture, and the Humanities
American Society for the History of Rhetoric Symposium
College English Association Conference
College Reading and Learning Association
Computers and Writing
Conference on College Composition & Communication
Conference on English Leadership Convention
Council of Writing Program Administrators Conference
International Writing Centers Association Annual Convention
International Society for the History of Rhetoric
Modern Languages Association Convention
Rhetoric Society of America
Symposium on Second Language Writing

二、修辞学与母语写作研究与教学

修辞学在其2500多年的发展进程中，对母语写作领域的理论建构与实践教学一直提供着重要的范式导向、理论支撑和现实指导，成为写作研究的母学科。自亚里士多德时代起，西方古典修辞学派的核心议题——劝说性（persuasiveness）以及所倡导的一次修辞活动的五大部门：修辞发明、布局谋篇、文体、记忆与发表已开始影响演说词等母语书写活动的实践与教学。为了达到在写作成品中呈现劝说性特征的目的，古典修辞学派指导下的母语写作实践突出强调充分合理的取材论证、词汇文法的准确使用和文体风格的华丽呈现；母语写作教学主要侧重素材筛选的技巧方法、词汇句法的偏误纠正和文风辞藻的恰当模仿。现代修辞学对母语写作的影响主要体现在不同修辞学派对写作核心的不同理解及教学理念的差异导向，其中以现时—传统修辞、表达主义修辞和社会认知修辞三个学派的影响较为深远。

20世纪50年代学界对修辞学历史和理论的兴趣再次复苏,以Edward P.J. Corbett、Wayne Booth、James Kinnery、Richard M. Weaver 和 Richard Mckeon 为代表的一批学者开始重新解读古典修辞学的经典著作,积极推动修辞学课程与写作教学的有机结合,凸显了修辞学对母语写作研究与教学的基础地位(胡曙中,2009)。20世纪60年代,以 Sharon Crowley 为代表的现时——传统修辞学派在母语写作领域开始占据主导地位。该学派试图通过对古典修辞学理论的重新解读和阐释来建立修辞对写作活动理解的关联,主张写作研究与教学的核心应是写作成品而非写作过程。该学派认为写作之初作者已经拥有成形的想法,知晓写作的内容,而修辞对写作的指导就是帮助作者找到一种适合的方法来组织和表达想法。在其影响下,写作实践关注的重点是怎么写而非写什么的问题,写作教学围绕的重心是语言特征的分析和书写规范的讲解。写作教师在课堂中帮助学生区分描写、记叙、说明、议论等不同的文体类型,讲授严谨的篇章结构推进模式:引言段——主体段(包括主题句、拓展句、案例或数据支撑句)——结论段。现时——传统修辞学派的教学模式易于实践操作、反馈评估,其主导编写的写作教材结构清晰、便于使用,在写作教学领域得到了广泛的推广。但与此同时,该学派因其过于注重形式,脱离现实情境,拘泥于预先构思的逻辑和论证大纲而饱受批评和指责。在其指导下的写作教学过于强调写作策略,单一依靠教师一言堂讲解的教学模式,课堂要求写作学习者或学生认真听讲,却不鼓励其进行批评性思考,没有对写作过程给予足够的重视,从而打击了学习者写作创作的积极性,未能营造出适合写作构思和产出的写作环境。

20世纪60年代,"修辞复兴"掀起的思想解放运动激发更多人文主义者对人性和人类自身创造力的推崇,"自我表达和自我塑造(self-fashioning)"成为写作的时代风尚(刘亚猛,2018:250)。在此背景下,表达主义修辞学派逐渐形成,开始对现时——传统修辞提出批判和挑战。该学派不满足对写作文本中行文正确、清晰的过度关注,主张写作应该反映作者本身的经历、经验、信念和对事物的看法,认为写作的意义只存在于作者通过自身的观察得到的事实。其影响下的写作实践重视以个人叙述的方式向读者阐述作者自身的经历,强调写作过程中的构思、起草、修改的重要性。表达主义修辞学派从交际功能出发,探究语言形式与思想的表达关系,关注"表达手段的表达性和印象性的修辞价值"(王德春、陈晨,2001:21)。受其影响,鲜明的个人写作声音被视为写好文章的基本要素,能够真实展现作者立场、信念和身份的写作文本被认为是成功的作品。作为表达主义修辞学派的代表,Ken Macrorie(1976)提出了以自由表达为核心的写作教学法,强调写作应该是清新、原创、个人的行为,所表达的应该是作者个人的看法和思想;Donald Murray(1968)则致力于把作家的写作技巧引入到大学写作课堂教学中,强调学生写作的内容要从其个人经历中挖掘,然后再用一定的写作技巧把其要表现的内容表达出来。但表达主义修辞指导下的母语写作也存在一定的局限性,主要表现在其写作主题过多关注作者主观经历、经验的阐述,过多强调作者的主观因素和向读者传达的自身想法,过多探索作者内在的感受和想法,从而忽视了写作活动的社会背景影响,没有考虑到社会习俗等因素对作者和写作的影响,导致其更像是一种唯我论。

20世纪60年代,与表达主义修辞学派同一时期产生的社会认知修辞学派更加关注"修辞的认知性,探究修辞如何借助语言符号构建知识与现实,人类在使用修辞的过程中生成与创造知识修辞与知识的产生"(鞠玉梅,2011:140)。该学派受建构主义的影响,主张修辞活动是知识生成的重要途径,认为知识具有修辞特征,知识产生于修辞互动之中,修辞生成知识,修辞是认知世界的方法,修辞的过程就是知识产生的过程。该学派认为修辞者应运用多种能力估计听/读者的心理,运用恰当的策略诱发合作。社会认知修辞学认为知识是研究背景,是构成理解语篇文本与作者的基础。作为该学派的代表,Perelman(1969)指出论辩是研究可能性、可行性和不确定性的,知识本身以论辩为基础。在指导写作实践教学中,Toulmin(2003)的论证模型为议论文写作教学提供了动态推理模式参照和写作研究的理论框架。在社会修辞学派指导下的写作教学和实践更加关注写作者如何在写作活动的参与过程中获得知识、创新知识、促成新意义的建构。写作构思成为发现知识的过程,写作活动将写作文本与知识构建进行本质上的互联。基于社会认知修辞学派的写作教学更加主张通过课堂讨论的形式鼓励学生从自我认知和社会情境双向维度探索写作的意义,在写作活动中关注社会,学会通过撰文谴责压迫性的现存社会、政治和知识结构。

纵观修辞学对母语写作研究与教学的影响,多元视角和多路径融合是未来发展的趋势。修辞学者们更加关注修辞学理论成果向母语写作教学实践中的有效转化;而写作教师们更加注重学生写作过程的修辞活动和写作成品中的修辞形式所反映的语言习得、自我表达、知识构建等深层内涵。

三、修辞学与二语写作研究与教学

20世纪70、80年代,西方教育领域出现的一系列改变,促成了修辞和写作领域对二语写作的关注。随着欧美高校留学生数量的不断攀升,对二语学习者的写作研究和教学方法越发成为语言学、教育学、修辞学、写作实践领域的重要课题。

20世纪60年代,作为解决二语写作者篇章结构问题的教学方案,美国应用语言学家Robert Kaplan(1966)首先提出"对比修辞"的术语和概念,建立起语言学与修辞学之间的联系。对比修辞作为一门跨学科研究分支,主要探讨人们的第一语言与文化对其运用第二语言进行写作时所产生的影响问题。Kaplan主张语言和写作是文化现象,每种语言都有独特的修辞规范,母语的语言和修辞规范会干预二语写作。对比修辞用内嵌文化的方式把语言和语言活动概念化,认为由于语言拥有交流和塑造文化的能力,不同语言的母语使用者用不同的修辞结构进行写作和表达意义。在分析不同语言的逻辑推进模式时，Kaplan（1966：297）发现英语在建构中呈现特殊的线性逻辑推进，英语的段落以主题句开始，而后是"一系列由主题陈述而细分的部分，每一部分都有实例和阐述作为支撑，在与整篇文章中其他思想相一致的前提下，继续形成中心思想"。相比之下，亚洲修辞结构是螺旋式的，围绕中心思想，"用多种多样的貌似不切题的观点来表现主要思想，但是永远不直接地看待它"（Kaplan，1966：302）。Kaplan 论证的要点是在特定的语言中，修辞应该被看成可利用的、可识别的部分，像语法结构一样在不同的语言中是不同的。作为对比修辞的代表人物，Ulla Connor（1996：5）把对比修辞的特征表述为"确定第二语言写作者在写作中遇到的问题，并试图通过参考第一语言的修辞策略来解释它们"。基于自己作为二语写作者的亲身经历，Connor 重述并强调了二语学习者在用英语写作时遇到的困难和障碍主要是因为他们总是尝试把母语中的单词、短语和篇章结构翻译成英语。二语学习者在转述母语话语中的故事素材时，没有让英语读者看明白，不是因为他们没有能力在两种语言之间自由转换，而是因为对他们而言，他们所熟悉的一些散漫无章的修辞无法迁移到目的语英语中。同时，英语教师没有把这些问题看作是二语学习者的修辞问题，而是继续将其归咎为二语学习者的语言错误。因此，对比修辞学者试图解释不同语言之间的修辞差异，通过将语言和写作作为受文化制约的现象而不是通用结构，尽力把语言理解为在特定情境中的不同认同方式。

　　20 世纪 80 年代，对比修辞学理论的发展为研究二语写作者的共性特征和跨文化特质提供的新的视角、路径和观点，拓展了研究路径和方法。1982 年，应用语言学界的核心期刊 Annual Review of Applied Linguistics 第 3 期开始致力于对比修辞学和以文本分析为基础的专题研究，学界开始燃起研究者对全文本分析和对比修辞议题的兴趣。Kaplan（1966）与 Connor（1996）进一步拓展了对比修辞的研究领域，用其框架来探究其他语言修辞形式的不同，同时也对课程、写作任务的选择和评估问题进行了探讨。从研究方法和实践路径层面看，对比修辞学更加聚焦篇章语言学和语篇分析，用于提升其方法论取向，更加积极和系统地研究母语和二语写作篇章结构异同。同时，对比修辞指导下的二语写作教学更加关注二语学习者的母语对第二语言习得和写作的影响，尤其是在探究二语写作者句法、段落、篇章层面特征和问题的过程中更加注重参照跨语言、跨文化的影响因素。基于对比修辞学理论，二语写作教师在教学实践中也开始思考二语学习者母语语篇规范和修辞结构对二语使用的角色、认知和文化层面的迁移。对比修辞学者和教师们逐渐认识到二语写作是一个文化现象，文化促成写作风格以适应个人的历史和社会的需求，他们开始倡导在二语写作研究和教学实践中加深了对不同语言篇章层面的结构认识，建议二语写作教师关注二语写作者带入写作活动和成品的不同文化、语言、修辞传统。对比修辞学的发展为二语写作教学的有效开展提供了重要的理论参照与路径探索。基于对比修辞学理论，二语写作教师能够更有效地识别二语写作者写作过程中遇见的问题，通过参照母语的修辞策略试图解释这些问题。Connor（1996）基于此，提出了四类写作教学路径：修辞路径、表达主义路径、认知路径、社会建构四类写作教学路径，开拓了二语写作教学法的发展空间。

　　早期的对比修辞因其针对研究二语写作者语篇问题提供的解释框架过于静态，其主张过于包罗万象，将大范围内的文化刻板地或简要地表述为一个整体而备受批评。为突破这一局限性，Matsuda（1997）建构了基于对比修辞学的，纳入写作社会文化环境、读写者互动的二语写作动态模型，帮助一线写作教师从对比修辞学研究中获得启示，应用于二语写作教学实践。以此为开端，后期的对比修辞学者开始探究更加动态的解释模型，主张写作本质上是作者和读者交互活动。另外，对比修辞特别是篇章对比研究、过程法写作对比研究和外语环境下的分体裁对比研究对于写作教学的启示，对比修辞对跨文化环境下的第二语言写作评估都具有启示意义。

　　综上所述，对比修辞学为二语写作研究、实践和教学的开拓发展产生了深远的影响，因为它不把语言看作是通用的，而是认为语言具有内在的社会性和修辞性，从而使教师能够以一种不太规范、不太以错误为中心的方式帮助学生构建知识和创造知识。对比修辞学理论的提出和对二语写作的实践指导帮助解决了长期困扰二语写作者尤其是二语写作学生的问题，即大部分通常被设想成没有充分写作准备的学生，有助于英语教师关注、认可、融入二语学习者母国文化中形成的知识和概念；也便于教师从对比视角找到学生书写问题的根源，充分利用一语修辞的知识储备和给养，解释一语和二语的差异，帮助学生更好地掌握二语写作规范。在对比修辞学指导下的二语写作课堂中，学生们开始意识到写作规范是在社会中衍生的，通过对比修辞理解特定语言的细微差别可培养他们的元语言意识和多元语言观。

第二节 中国语境下的修辞与写作研究

进入20世纪，修辞与写作研究在中国语境下进入了崭新的发展态势。2020年，在《中国大百科全书》中，"修辞学与写作"条目被正式纳入"修辞学"领域，标志修辞与写作作为一门独立的学科在中国学界得到广泛认同（刘东虹，2020）。与此同时，越来越多的中国学者开始在中国语境下探讨修辞与写作的理论内涵与实践教学，其中包括西方修辞学理论和研究范式演变对中国英语写作教学研究的启示；跨文化修辞与中国二语写作研究与教学的关联性；西方修辞理论模型对中国二语写作教学的指导意义；当代修辞学派对中国英语写作教材编写的启示等。

2018年，教育部高等学校外国语言文学类专业教学指导委员会英语专业教学指导分委员会发布《普通高等学校本科外国语言文学类专业教学指南》，明确将提升思辨能力纳入英语专业本科生培养目标体系；2020年，教育部高等学校大学外语教学指导委员会发布的《大学英语教学指南》中也将培养人文精神和思辨能力纳入公共外语教学的培养目标。越来越多的中国高校开始开设英语修辞学、英语修辞与写作等课程。这些都标志着中国语境下的修辞与写作在外语教育领域的地位不断得到提升，修辞与写作对培养中国学生的人文素养和提高中国教师的教学水平正发挥着重要作用。

1. 邓志勇. 修辞理论与修辞哲学：关于修辞泰斗克尼斯伯克的研究. 上海：学林出版社, 2010.
2. 胡曙中. 西方新修辞学概论. 湘潭：湘潭大学出版社, 2009.
3. 鞠玉梅. 社会认知修辞学：理论与实践. 北京：外语教学与研究出版社, 2011.
4. 刘东虹. 中国英语学习者论证图示的变化—基于 Toulmin 模式的纵向研究. 现代外语, 2020(6): 793–805.
5. 刘亚猛. 西方修辞学史. 外语教学与研究出版社, 2018.
6. 孙厌舒, 王俊菊. 二语写作体裁教学研究的回顾与反思. 解放军外国语学院学报, 2015(1): 44–50.
7. 王德春, 陈晨. 现代修辞学. 上海：上海外语教育出版社, 2001.
8. 王俊菊. 英语写作认知心理研究. 济南：山东大学出版社, 2005.
9. Bazerman, C. A *Theory of Literate Action*: *Literate Action (Voll2)*. Fort Collins, Colorado: The WAC Clearinghouse, 2013.
10. Burke, K. A *Rhetoric of Motives*. Berkeley and Los Angeles: University of California Press, 1969.
11. Connor, U. *Contrastive Rhetoric*：*Cross-Cultural Aspects of Second-Language Writing*. Cambridge: Cambridge University Press, 1996.
12. Devitt, A. J. Genre performance: John Swales' genre analysis and rhetorical-linguistic genre studies. *Journal of English for Specific Purposes,* 2015(19): 44–51.
13. Flower, L., & Hayes, J. R. A cognitive process theory of writing. College *Composition and Communication,* 1981(32): 365–387.
14. Hyland, K. Stance and engagement: A model of interaction in academic discourse. *Discourse Studies,* 2005(2): 173–192.

15. Kaplan, R. B. Cultural thought patterns in inter-cultural education. *Language Learning*, 1966(16): 294–309.
16. Miller, J. Genre as social action. *Quarterly Journal of Speech*, 1984(1): 151–167.
17. Macrorie, K. *Telling Writing*. Rochelle Park, NJ: Hayden, 1976.
18. Matsuda, P. K. Contrastive rhetoric in context: A dynamic model of L2 writing. *Journal of Second Language Writing,* 1997(1): 45–60.
19. McComiskey. B. *Teaching Composition as a Social Process*. Logan, UT: Utah State University Press, 2000.
20. Murray, D. M. *A Writer Teachers Writing*: *A Practical Method of Teaching Composition*. Boston: Houghton Mifflin, 1968.
21. Perelman, C. *The New Rhetoric*: *A Treatise on Argumentation. trans.* John Wilkinson and Purcell Weaver. Nortre Dame: University of Nortre Dame Press, 1969.
22. Toulmin, S. *The Uses of Argument. Cambridge*: Cambridge University Press, 2003.
23. Trimbur, J. Taking the social turn: Teaching writing post-process. *College Composition and Communication,* 1994(45): 108–118.

思考题

1. 西方修辞与写作的关联是什么？
2. 如何用西方修辞学理论指导我国二语写作教学？

1. 邓志勇．高级英语写作．上海：华东师范大学出版社，2008．
2. 李克．数字媒介语境下英语专业学生的修辞能力现状探究．外语电化教学，2019(1): 51–56.
3. Crowley, S. The Methodical Memory: Invention in Current-Traditional Rhetoric. Southern Illinois University Press, 2010.

第十四章
中西修辞传统的对比

西方修辞学传统在诸多研究中被探索和审视，这些研究不仅为我们提供了关于西方文明、西方思想和观念的发展以及西方演讲和辩论理论的信息，还进一步了解了西方文化中的人们如何通过符号的创造和互动来理解世界。然而，想要把握完整的人类修辞学研究，还要考虑到非西方文化的修辞学传统，因为它在符号的形成和使用方面与西方修辞学之间存在着一定的共性与差异。因此，本章将以中国古典哲学和历史为背景，对中国古典修辞学进行考察和研究，并尝试探究中西修辞传统的共性和差异。

第一节　中国古典修辞学发展历程

与公元前四世纪以前的古希腊人一样，中国古代人的修辞经验也很丰富，可一直追溯到夏朝（约公元前21世纪），内容涵盖神话与理性，形式包括口头与书面。西方修辞学的起源是以"rhétorikè"一词的出现并具体应用于政治和教育领域为标志，但中国古典修辞的起源却无法如此精确地加以界定。中国古典修辞理论，除了后来墨家所阐述的理论外，都隐含于关于伦理学、认识论和治国论的著作中。可以说，尽管中国古典修辞的历史源远流长，但始终缺乏系统的修辞理论体系，有修辞而无修辞学体系。

夏商时期，约公元前21世纪至公元前11世纪，中国的修辞经验主要表现为神话传说的口头传播，以及祭祖仪式和占卜仪式。其中，口述诗也是一种交流信息、培养审美情趣的常用交流手段。仪式的交流，通常伴随着音乐和表演，传递和延续了中国文化价值观的特点，强调道德、秩序和等级。随着人们对人情、军事权宜之计和规则的道德行为的日益关注，官员和君王之间、统治者与群众之间的劝导成为一种重要的修辞活动。其中，最受欢迎及最有效的劝说行为莫过于诉诸"天命"。"天命"能监督和控制人们的行为并根据道德行为规则给予人们一定的奖励和处罚。

到了周朝，大约公元前11世纪至公元前6世纪，贵族统治阶级建立了一个井然有序的社会。周礼的广泛传播促进了文化价值观的加强、道德行为的确立以及社会秩序的建立。随着文化水平的提高和书面文本的产生，各种形式的口头交流，包括政治和仪式活动中的劝说性辩论，都得以通过文字的形式记录下来，修辞诉求也随之扩展到了道德和理性的领域。

春秋战国时期，公元前770年至公元前221年，诸侯争霸，外交活动频繁，各个国家之间的权力斗争和军事权宜之计急需大量有经验的政治顾问。政治顾问和统治者之间进行的劝说活动是这一时期修辞活动的中心。为了应对政治和社会生活中的紧急状况，当时的关键人物提出了各种恢复秩序和重建中国社会和文化的方案。讨论的中心主题是语言的使用以及劝说在塑造和重塑人类思想和行动方面的影响。一个相对自由地表达思想的环境促进了不同学派之间的智力辩论，这反过来又刺激了语言和劝说性话语的形成。但由于当时的社会体制影响了自由的修辞劝说活动，如此绚烂耀眼的政治修辞犹如昙花一现，许多修辞思想都如同零珠碎玉，并未形成系统的修辞学理论。

中国古典修辞学观点并不是单一的。不同的思想流派强调语言、劝说和论证的不同侧面。以孔子、孟子和荀子为代表的儒家学派专注于道德问题，特别是言论对道德的影响以及说话人的道德品质对道德行为和社会秩序造成的影响。与儒家不同，墨家学派则主张绝对功利主义的"尚质"，不求夸饰，名实合一。道家的老子提出了一种反理性和超越性的哲学和修辞学研究模式,强调交流的矛盾性和审美性。最后,法家的韩非子以加强中央集权的政治权力为重点来处理语言、劝说和论证,并对劝说中的人类心理学提供了敏锐的洞察力。通过这些不同流派和思想家之间频繁的互动,在彼此的批评和回应中,中国古典的修辞概念和修辞思想得到了长足的发展。

中国古典修辞学思想的发展路径可以被比作一个由层层相连但又独立的圆圈组成的螺旋,每个圆圈都代表着一个有自身内部统一性和一致性的思想流派。每个思想流派都做出了独特的贡献,同时保持了自身的哲学特性。这种思想的连续性和差异性在各个思想流派内部和之间体现出来。

第二节 中西修辞传统的共性

一、历史悠久

中西古典修辞学历史悠久,都是各自修辞学的理论源泉,对以后各个时期的修辞学发展产生了深远的影响。

西方修辞学的历史可追溯到2000多年前的古希腊,当时的城邦制度使公民畅所欲言,用语言维护自己的利益和声誉,这样人们就很注重语言的力量,擅长演讲和庭审。早在公元前五世纪,克拉克斯(Corax)和提希厄斯(Tisias)就已编纂出最早的修辞手册,后来又出现了雅典"口才热"与哲辩师。普罗泰戈拉为修辞研究打下了坚实基础,他提出"人是一切事物的尺度"。高尔吉亚被称为"即兴发言的发明者",在表达风格上力求创新。他给修辞下了一个被普遍接受的定义:修辞是达成说服的能工巧匠。他著名的演说"海伦赞",与他此前提出的其他论点一起,为修辞研究提供了一个颇为完备的理论框架。在这一框架下,修辞被界定为一门旨在进行劝说的艺术,同时也是一种能够通过言说操纵人类情感、态度和行为的力量。修辞的基本运作方式和所瞄准的目标被确定为说服。综上,

第十四章 中西修辞传统的对比

西方古典修辞思想以及修辞研究传统早在公元前5世纪结束之前就已经具有基本形态。

西方修辞学的发展可以被划分为古典时期、中世纪时期、文艺复兴时期、启蒙时期与20世纪新修辞学时期等。古典时期是西方古典修辞发展的巅峰时期，亚里士多德把修辞发明系统化，他提出的修辞发明、布局谋篇、文体、记忆以及发表一起，被确定为修辞的五大部门或"五艺"。虽然亚里士多德的《修辞学》尚未明确提出这五大部门，却已经有了对前三个的深入讨论。除了高屋建瓴的亚里士多德修辞理论，西塞罗、昆体良等修辞学家纷纷构建了自己的修辞学理论。中世纪时期，传统的以论辩说服为基础的西方修辞学走入下坡路，取而代之的是宗教修辞。在残酷的宗教统治下，书信、布道等方面的修辞研究成为主流。文艺复兴时期，传统西方修辞学再度焕发生命力，但这个时期的修辞研究更多是复兴古典时期的修辞理论和改造中世纪时期的修辞实践。启蒙时期，科学实证主义占据主导地位，修辞的地位相形见绌。17至20世纪，西方修辞学由盛转衰又转盛，起起伏伏，终于在20世纪得以全面复兴，新修辞学理论不断被提出，修辞学与其他学科的交叉研究空前深入。

几度沉浮，颠沛流离，西方修辞学的历史长达两千五百年之久，而中国修辞学也是同样历史悠久。泛舟于中华文化时空交错的历史长河中，我们会发现中国修辞学的发展源远流长。早在先秦时代，就有了孔子"辞达而已矣"、老子"信言不美，美言不信"、孟子"言近而旨远"的说法，还有了像《墨子·小取》《鬼谷子》《韩非子》等关于论辩和劝说技巧的专论。春秋战国时期，修辞学的发展一度达到顶峰，其发达程度不亚于西方的古希腊与古罗马时期。那时的门客、策士可以自由地向各国君主推销自己的治国思想和政治主张。有关这些游说之士论辩的记载可以在《春秋左传》《战国策》等古籍中找到。尽管这些论述是零星的、不成系统的，但其对后世的修辞学发展都产生了不同程度的影响。现代修辞学的许多重要理论，比如陈望道的修辞要适应题旨情景的理论和修辞现象的两大分野的观点都可以从先秦诸子有关修辞的论述中找到渊源（鞠玉梅，2007）。

虽然汉语文本中并没有与修辞相对应的一个统一的术语，但这并不意味着中国古代没有修辞。事实上，古代汉语对语言在社会、政治以及个人生活中的力量和影响有着充分的认识。在汉语语境中，与语言、言语、说服、论证有关的词汇在汉语修辞经验的形成中发挥着重要作用。许多文言文本中蕴含着修辞经验和概念化，隐含着历史、伦理、政治、认识论等多元的修辞主题。由此可见，中国修辞学起源很早，历史悠久，且思想十分丰富。

二、实用价值高

修辞是人类共有的一种社会性的实践活动（鞠玉梅，2007）。关于西方修辞学的诞生，有一种广为接受的观点是修辞作为一种"艺术"于公元前5世纪中叶诞生于地中海的西西里岛。该岛东南部的锡拉丘兹城发生革命，居民为了捍卫自身利益以及争取参政议政的资格，必须改进口才，增强演说论辩能力。克拉克斯和提希厄斯因此编纂出最早的修辞手册。因此修辞的出现是用以指导语言实践，具有很高的实用价值。后来，随着古希腊古罗马文化形态的发展和演变，公共事务越来越繁杂，这对人们的交流能力的要求越来越高。同时，绵延了几十年的波斯战争和伯罗奔尼撒战争对希腊传统社会结构和社会意识的冲击越来越大，话语实践需要不断更新与发展，西方修辞学逐渐发展成了一门学科。亚里士多德第一次将修辞学与实用主义结合起来，构建了较为统一的西方修辞学体系。

中国古代有关修辞的论证中也有许多类似的观点。如从《周易》以来，"修辞立其诚"就受到高度的重视。韩愈曾在《答李翊书》中说过："根之茂者其实遂，膏之沃者其光晔，仁义之人，其言蔼如也。"这里把人的诚信和其说话的分量紧密结合起来。再如中国古典修辞学的经典论文《墨子·小取》中，也有"夫辩者，将以明是非之分，审治乱之纪，明同异之处，察名实之理，处利害，决嫌疑，焉模略万物之然，论求群言之比。"的说法，这里阐明了"辩"这门学问的目的在于辨明万事万物的根源、探求各种言论的利弊。《墨子·小取》中的另一句名言"以名举实，以辞抒意，以说出故。以类取，以类予。"提到了概念化、推理、类比等多种逻辑学推理方法，说明中国古典修辞学的作用在于借助合适的语言技巧来准确地传情达意。简而言之，中西修辞传统都很重视修辞的实用价值。

三、重视口头论辩

中西修辞学最早都以口头论辩为主，因为人类文明的发展就是先有的口语，后来才产生了书面语。口语修辞既包括日常生活中的谈话、对话，也包括各种正式场合的演讲、辩论等。西方修辞学传统可追溯到古希腊罗马时期，那时盛行演讲和法庭辩论，一个人口才良好，才能有机会从政治生活和社会生活中脱颖而出。修辞一词有多种定义，但它通常被认为是说服的艺术，是口头和书面表达上的艺术运用。最初，以普罗泰戈拉和高尔吉亚为代表的古希腊哲辩师就用口头辩论和演讲来宣扬自己的政治、理性主义和人文主义的观点。西方修辞学传统认为，书面语修辞以象征化的概念为中心，以适应题旨和情境为第一要义；而口语修辞则是以人为中心，尤其是在交际活动中常以听众为中心，修辞者要随着听众的变化和反映不断调整。

春秋战国时期，口语修辞遍及诸子百家的游说辩论中，奠定了修辞理论的基础。例如，《论语》是思想家、教育家孔子的弟子及再传弟子记录孔子及其弟子言行而编成的语录文集。它以口语为主，辞约义富，在简单的对话中阐述孔子及儒家学派的政治主张、道德观念和伦理思想等，其中表述了孔子对口语修辞的见解。墨家学派代表人物墨子也是在各地聚众讲学，以激烈的言辞抨击各诸侯国的暴政，《墨子》一书中收集了许多墨子的语录。

第三节　中西修辞传统的不同点

一、劝说、认同与达意

　　西方古典修辞学从一开始就是以劝说为目标。诞生于古希腊和古罗马的西方修辞学，其发展受到经济、文化、艺术、政治等多方面的影响，其中最重要的因素便是其民主的城邦制度。在城邦制度下，公民拥有最大程度的自由，他们可以四处发表演讲和进行论辩，以巧舌如簧的修辞技巧打动听众，为自己博得声誉和利益。按照公共话语领域典型受众的种类，西方古典修辞学中的劝说活动可被分为庭辩演说、议政演说和宣德演说。为了达到理想的劝说目的，劝说者需要充分了解听众的年龄、职业、心理状态和社会地位等，还要在互动过程中想办法调节受众的情感，使之处于最易于接受说服的状态。为了达到劝说的目的，亚里士多德提出了人格诉诸、情感诉诸和理性诉诸的劝说手段。因此，西方古典修辞学从一开始出现到后来逐渐体系化的发展，都是以劝说为中心的。

　　进入 20 世纪，随着传播学的发展，有关西方修辞学的研究进入了"新修辞学"时期。肯尼斯·伯克是此阶段最具声望、影响力最大的一位修辞学家。他从心理学和社会学的角度出发研究修辞，认为修辞活动的本质、标志和目的是认同。他提出了三种认同——"同情认同""对立认同"与"无意识认同"。其中，他认为同情认同最接近亚里士多德修辞学劝说的意义的目的；对立认同则能打开人的认知，从对立面出发认识世界；无意识认同最具认知和哲学上的价值。伯克通过这个概念启示人们要不停地内省和审视自己的认知。伯克新修辞学理论可以被看作是亚里士多德修辞学理论的拓展，他将无意识的因素补充进西方修辞学的研究中，"认同"成了新修辞学的关键词和认知目的。

　　"修辞立其诚"是中国古代修辞学的传统。中国古代修辞学从一开始就不是为了演讲和劝说,而更重视语言如何达意。也就是说,西方古典修辞学侧重于如何说服听众和读者;而中国古代修辞学强调调适语言以适应语境的需要,达到较好的效果。作者的思想感情先发,而后才有了修辞。孔子曾曰:"辞,达而已矣。"写东西只要能达意就够了,不需要华丽的辞藻和多余的技巧,这也反映了中国古典修辞学更重视个人情感的表达。再比如,在《论语·雍也》中,孔子曰:"质胜文则野,文胜质则史。文质彬彬,然后君子"。这段话阐明了孔子的修辞观,那就是强调内容与形式的统一,不偏不倚地把自己想表达的观点传达给听众就可以了,也就是"达意"即可。

二、学科独立与附庸

西方古典修辞思想以及修辞研究传统早在公元前5世纪结束之前就已经具有了基本形态,理论架构被搭建起来,并开始作为一门学科被广泛关注和研究。公元前4世纪,哲辩大师高尔吉亚的弟子伊索克拉底创办正规学校,并确立了基础教育,他的办学理念是基于他自己的新修辞思想。后来,柏拉图对修辞采取了非常严厉的批评态度,他指责修辞重形式,轻实质。他对修辞的批评是古希腊修辞思想不可或缺的组成部分,标志着修辞批评的诞生和修辞学科的进一步成熟。亚里士多德反对柏拉图的将知识看成对事物本质,也就是所谓"理念"的把握;他认为知识是多元的,既包括通过思考和理解获得的总体知识,也有通过经验获得的特殊知识,还有介于两者之间的或然知识。亚氏对修辞学的内涵和外延作出了界定,并对修辞手段的分类和修辞发明进行了深入探究。从亚氏起,西方古典修辞学已经成为一门成熟的独立学科。

而中国古典修辞学并不是一门独立的语言学科,修辞学的丰富资源往往与文学、逻辑学等研究成果混杂在一起。也就是说,修辞学多处于附庸地位,很少有人把修辞学专门当作一门独立的学科进行探索和研究,也少有专述修辞的书籍和文论出现。但在中国古代修辞学长达两千多年的颠沛流离中,各家各派提出的各式各样的修辞理论、修辞手法已经涉及了修辞学说的各个方面，实在难言中国古代没有修辞学。

　　总而言之，西方修辞学具有完整的理论体系，很早便被作为一门独立的学科进行研究；而中国古典修辞学则具有更明显的附庸特征，没有成为一门独立学科。但是，进入20世纪以来，中国修辞学不断的发展和完善，中国修辞学体系从无到有、从小到大。20世纪30年代初期，陈望道的《修辞学发凡》首先构建起了比较完备的汉语修辞格体系。20世纪50年代起，对语言单位的修辞研究被纳入其中，如语音、词汇、句式、语段、语篇乃至文体风格等，现代汉语修辞体系更加丰富。至20世纪80、90年代，该方面的研究达到巅峰。至此，日臻完善的汉语修辞体系被建立起来。同时，随着汉语修辞学理论的日渐发展和成熟，其学科地位也在不断提升。

　　中西修辞传统都具有悠久的历史，注重实用价值和口头论辩，并且对后来的不论是修辞学的发展还是其他人文学科的发展都产生了深远的影响。但没有一个修辞体系是在真空中诞生或发展的。任何修辞体系的意义阐释总会与其所存在的社会、政治和哲学语境密切相关。因此，中西修辞传统在研究内容和研究方法上存在较明显的差异。探究中西修辞传统的共同和差异之处是提高对修辞学的认识的重要过程，并且对我们继承修辞学传统、提高中国修辞学的学术研究地位具有重大意义。

鞠玉梅. 关于中西修辞传统的思考. 齐鲁学刊, 2007(3): 79-83.

思考题

1. 为什么要研究和学习中国古典修辞学？
2. 中西古典修辞学传统主要有哪些异同之处？

1. 刘亚猛. 西方修辞学史. 外语教学与研究出版社, 2018.
2. 温科学. 20世纪西方修辞学理论研究. 中国社会科学出版社, 2006.
3. Aristotle. On Rhetoric: A Theory of Civic Discourse. trans. Kennedy, G. A. New York: Oxford University Press, 2015.